岩波現代文庫／学術 410

人権としての教育

堀尾輝久

JN147559

岩波書店

まえがき

憲法・教育基本法体制が成立して半世紀が経とうとしている。この間、民主主義は根づき、人権としての教育は発展したであろうか。激化する受験競争と管理主義教育のもとで、教師と生徒の、生徒たちどうしの、はたまた親と子の関係においても、人権侵害は、以前にもまして拡がっているのではなかろうか。校内暴力や教師の体罰があらわな人権侵害であることは明らかだが、内申書や進路指導を通しての隠された人権侵害があり、親たちの無言のまなざしも、子どもを抑圧する刃となっている。

教室で見捨てられた子どもたちは、その鬱憤を暴走族に託し、あるいは登校を拒否し、教師は生徒の非行対策と受験対策に追われるなかで、その権威を自ら傷つける事件も跡をたたない。教師の人権も損われている。

日の丸、君が代の強制は、学校から自由の雰囲気を失わせていく。教育裁判の動向も教育と人権をめぐる問題状況を深刻なものにしている。喧伝された「教育の自由化」論も、教育の商品化と教育費負担増に手を貸したにすぎない。

こうして、現代の学校と教育は、その量的拡大とは裏腹に、「人権としての教育」の実感からはほど遠いところにある、といわざるをえない。

他方でしかし、このような状況のなかで、国民教育創造の運動、国民の自己教育の運動は、地道に、多面的に発展している。ＰＴＡ改革を通しての父母の教育への参加、教育委員会改革への市民のとりくみ、教科書裁判や環境問題へのとりくみ等、その運動は多様である。そこに通底して流れているものは、教育を、自分たちの生活に根ざした要求を基礎に、自分たち自身でその蒙を啓き、自らを自由にするための、生涯を通しての不断の努力としてとらえ、その観点を若い世代の成長・発達の視点とつなぎながら、学校での教育をとらえ直す努力である。そのなかで、「人権としての教育」は、それへの不断のたたかいなしには実現しないという自覚もまたたかまっている。

この間、国際的にも国連では、「子どもの権利条約」(一九八九年)の締結を見、ユネスコから「学習権宣言」(一九八五年)がだされ、人権としての教育の自覚化と人権教育の内容も深まりを示している。

本書は、このような状況に対して、「人権としての教育」が現実に根づくことを願っての研究者の立場からのコミットメントに他ならない。

そのため、まず第一部で、国民とりわけ子どもの学習権の思想の展開を歴史的にあとづけながら、それが人権のカテゴリーに加わる新しい権利であるにとどまらず、人権思想そのものをゆたかに発展させる契機となることを示し、国民の学習権を中心とする国民の教育権の構造を明らかにしようとした。

第二部では、「人権としての教育」の理念が、戦後史の歩みのなかで、それを押しつぶそうとするものとのたたかいのなかで徐々に確立してくる過程を示し、教育の本質とその条理を深くとらえることが、人権としての教育を具体的・現実的に保障する教育法制成立の前提となることを示そうとした。

日本の教育が、そして世界の教育が、人権をふまえて発展し、同時に、子どもの発達と学習の権利の観点からの教育のとらえ直し、国民の学習権の思想からの生涯学習のとらえ直しを通して、人権そのものの内実もまたゆたかになっていくことを期待している。

（一九九一年）

目　次

第一部　国民の学習権と教育権

第一章　国民の学習権——人権思想の発展的契機としての

はじめに——なぜ学習権を問題にするか

今日の教育をめぐる対立を、国家の教育権(論)と国民の教育権(論)の対立としてとらえる見方が一般化している。

しかし、それでは、国家と国民の教育権はどのように異なるのかという点になると必ずしも十分に共通理解に達しているとはいえない。そして、国家教育権論者も、今日では、その主張を明示的に国家教育権論と呼ばず、国民に固有の教育権があることは一応認めながら、議会制論と国政の国家への信託論を援用して実質的に国家教育権を主張する場合が多い。本来、主権論と一体であるべき教育権論にあって、国民主権の現憲法下で、国家教育権論は原理的に成り立たないことを承知しているからであろう。

このことの前提のうえで、それでは国民と国家の教育権論の構造はどこが違うのか。

そもそも、教育権とは、狭義においては、誰に教育する権利(権能)が属するかということであり、それは、親の教育権、教師の教育権、あるいは国家の教育権として表現されるものであるが、広義においては、教育にかかわる当事者(子ども、親、教師、国または公共団体等)の権利・義務の関係、責任と権限の関係の総体を教育権と呼び、それがどのような構造をもつかで国民の教育権(論)と国家の教育権(論)に分たれる。その違いは基本的には子どもと国民の学習権の視点の有無、およびそれを誰が保障するかという点に関する論議の対立にあるといえる。

さらにまた、財界と政府主導の「生涯教育論」が提起されているとき、それに対決する視点として、国民の、その生涯にわたっての学習権の思想を対置することはきわめて重要である。この意味における国民の学習権とは、国民の知的探求の自由、真実を知る権利の総称であり、それは文化や教育に関する基本的人権の確立へ発展する観点である。そして、今日、幼児教育から高等教育まで、さらに、地域と職場の全教育を通して教育改革の必要が叫ばれているとき、その全体を貫く思想こそ、国民の全生涯にわたっての自己実現の権利としての学習権の思想だといえよう。少なくとも国民の学習権の視点を含んで、教育改革は構想されなければならないだろう。

その上さらに、学習権(知的探求の自由・真実を知る権利)を軸とする国民の教育・文化への権利、広く知的・文化的領域にかかわる人権の確立は、国民が政治の主人であり、労働の主人であるとする思想と固く結びついて、人権を発展的に、構造的に把握するた

めの重要な観点となろう。(1)

一　人間の本質と学習

人間は人間的環境のもとで、文化との接触のなかで、学習を通して発達する。人間の発達にとって、文化と学習の関係がきわめて重要であることは、野生児の例をもち出すまでもない。

ところで日本語の日常的用語としての「学習」は既存のもの(知識や技術)を受動的にうつしとる機能としてとらえられがちである。しかし、学習とは本来、人間にとって基本的な探求的活動そのものだといってよい。

まだことばをもたない子どもが、天井から下がったひもにたまたまふれ、電灯の点滅による視覚刺激と、ひもをひっぱる運動をくり返しているうちに視覚と手の運動を結合するシェマ(感覚運動的シェマ)が構成される。ひもをひっぱれば電灯がつくという、単純な事柄も、子どもにとっては、試行錯誤をふくんだ探求の過程であり、子どもは新しい刺激を同化しつつ、既存のシェマをその新しい状況に合せて調節する。学習とはこの同化と調節の過程に他ならず、「発達とは同化と調節のたえざる均衡への過程」(ピアジェ)だとすれば、発達とは即ち学習の過程に他ならない。

二歳を過ぎた子どもが、自分の父親に向って、それまでパパと呼んでいたのがある日突然おじさんと呼んだりする。それは、隣の年上の子が、当の人をおじさんと呼んだから、その子もおじさんと呼んでみたのである。それは、当然の修正を受けて、自分にとってのパパと隣の子にとってのパパは違うのであり、自分にとってのパパは、隣の子からみればおじさんであるといった関係がわかるための必要なステップであり、有意義な、かつ必然の誤りなのだ。

あるいは、ブロックあそびに熱中する三歳児は、色と形を意識し、その組み合せに没頭する。そしてつくり出されたものに、自分の記憶にあるイメージ(たとえば、電車、ヘリコプター、怪獣)を結びつけ、両者のごくわずかな類似に着目して、自分のそのものについてのイメージや表象をたしかめ、補足し、変形させていく。

子どもにとっての基本的活動であるあそびはすなわち学習であり、学習は想像力を媒介とする創造の過程である。子どもの活動を少しでも観察したことのある者は、その好奇心、探求心に、驚嘆しないではおれまい。そして、そのような知的・身体的緊張を伴う学習こそは、子どもにとって、本質的なものであり、学習によって人は人として成長する。

視野を個体の発達から人類の歴史に転じてみるとき、人類の文化の持続発展の歴史は、類としての人間の探求と学習の活動に支えられてきたといってよい。人類はその歴史を通じて、自然に働きかけ自然を手なずけ、人間自らを変えてきた。そして近代にいたって、自然に対してと同様、人間の自然と社会の関係を対象化し、そこに法則を発見することを通して、社会事象(人事)を治める可能性がみえてきた。社会的関係を知ることによって、またその関係の背後にある本質を知ることによって、自分たちの集団を自ら治める(self-govern)ことが可能になる。人は己を知り社会を知ることによって、己を治め社会生活の主人たりうる。知ることは治めることに通じている。

　人間は、ホモ・サピエンスとして、その知的活動に本質的特徴が求められるが、他方でそれは、ホモ・ファーベル(工作人)としてものをつくり出すところにその特質がある。人間は思索する存在であると同時に、行動し工作する存在である。

　人間がものを創り出す時、そこには、イメージや表象が介在する。マルクスをもち出すまでもなく、人間は先行する一定のイメージ・表象(Vorstellung)に依ってものをつくる。たとえその精緻さにおいて劣ろうとも、そこに、蜜蜂の労働と本質的に区別される人間労働の特質がある。知的活動を媒介とする労働にこそ人間労働の本質があるといってよい。

　農夫が四季の移り変わりや、植物の生長の秘密を経験的に学び、大工が木目の性質を見きわめて、美しくかんなで仕上げる。その労働は本質的に経験の蓄積と積極的な活動を伴う探求的活動である。ルソーが、習慣の奴隷になることをいましめ、コンドルセが、もし今日の自分が明日の自分と同じであるなら、今日の自分は昨日の自分の奴隷に過ぎないとのべたように、人間は生涯を通じて、日々新たに、つねに創造的であることによって、自分自身の主人たりうるといえる。生涯を通しての不断の学習と創造的活動を通しての自己ののりこえに人間の本質があるといえよう。

二　憲法的権利としての学習権

学習と知的探求は、人間の本質に根ざし、それなしには人間的発達はありえず、それなしには文化をもつものとしての人類の歴史はありえず、それなしには日常の生活は新鮮さと生きる喜びを欠いた、ひからびたものになる。のみならず、今日においては、公害や環境破壊のなかで、生存そのものさえおびやかされる状況のなかで、なによりも学習が、人間的成長・発達の権利として、さらに文化的生存の権利として、確認され主張される必然的根拠がある。それは基本的人権の一つであり、同時に国民主権の実質を支えるものといってよい。

その権利は、なるほど憲法の条文を探しても見当らない。そのことで、文部省の役人は法律の条文に書いてない権利はまゆつばものだというであろう。[2] しかし、教育法学会第一回研究総会(一九七〇年)での高柳信一の報告にもあったように、この教育にかかわる権利を「憲法的自由」として提起する根拠は十分に説得的だとわたしも考えている。

そもそも、近代憲法における人権規定は、限定的に列挙されているものではけっしてない。近代の人権思想においては、トマス・ペインがいうように、「憲法は政府に先立ち、人民は憲法に先立つ」(3)というべきであり、したがってまた基本的人権も「人は人として平等である」(4)という信念とともに自明のものであり、それを否定するものにこそ、その挙証責任があると考えられていたといってよい。因に、アメリカ憲法は、当初人権規定をもたなかったが、その理由を、起草者のひとりハミルトンはこう説明していた。「このアメリカ憲法のもとでは、国民はなにものも譲り渡してはいないのだ。国民はすべてを保有している。それだから、とくに保有する規定を設ける必要はない」と。ここには、人権規定が制限的、列挙的なものではない理由が見事に示されている。

人権の根拠は、人間が人間であることの自覚を自己のなかで深め、それを同じく他人に認めることを措いてない。さきのペインは、そのことをこうのべる。「人間が造物主の手によって作られた時点……その時点で、人間は一体何であったか。人間だったのである。人間であることが、その高貴な、そして唯一の肩書だったので、これ以上高貴な肩書は、人間に与えることはできはしない。」この彼にとって、(フランス)革命は、圧制のもとでの民衆のみならず、貴族を「人間にまで高めた」ものであり、その意味でも、革命とは「人間性の復興」だという。そして人間にとっての「自然権とは、生存しているとの理由で、人間に属する権利のことなのである」。そして、そのなかには、「すべての知的権利、ないし精神の持つ権利」が含まれており、この権利は、人間社会における市民的権利の基礎をなし、社会においても、「この権利を放棄することはない」とのべている。フランス革命期の思想家コンドルセにおいても、この信念は共通している。「精神の自由」と「理性への信頼」こそ、彼の思想の、したがってまた、その教育思想の根底をなすものであった。そして、すべての人間に、人間として当然認められる「精神の自由」「知的権利」には、当然「真実を知る権利」と「探求の自由」、「学習の権利」と「教育の自由」が含まれているというべきである。こうして、人権原理を中核とする近代憲法は、当然に「精神の自由」の一環として国民の学習権を「憲法的権利」として含んでいたし、思想史的にも、それは本来的に「近代」に属するものということができる。

さて、国民の学習権は基本的人権の一つであり、それは、国民主権と一体のものということができる。もし、国民の知的権利、学習の権利が保障されていないなら、国民主権はその瞬間に無内容な、否、国民を欺瞞するイデオロギーに転化してしまうからである。そして、国民の学習権が、人間が人間である限り譲り渡すことのできない権利だということが確認されるなら、それは、「すべての国民のその全生涯に亘っての真実を知る権利、探求の自由」として確立される必要がある。

「国民の生涯を通じての学習権」の思想は、なによりもまず、人間の本性に根ざし、人間の創造性と文化の永続性、人間の未完成さと、より完成した姿《ビルト》へ向っての不断の努力のなかに、その根拠がある。この思想は、生涯に亘っての国民統制的発想からくる「生涯教育論」とは、鋭く対立するものである。「自己学習の権利」の思想を軸とする生涯教育論の源流は、これまたコンドルセに求めることができよう。

人類の歴史に、理性への限りない信頼と、人間の完全性《ペルフェクティビリテ》へ向っての断えざる進歩のあとを見るコンドルセにとって、不断の学習による理性の発現と、現在の自分の不断ののりこえこそ人間の人間たる所以であった。彼はこうのべている。「教育は、……既成の意見を承認することではなく、逆にそれは、つぎつぎに現われる世代の、しかもいよいよ明知なる世代の自由な吟味に既成の意見をさらすということでなければならない。」

コンドルセにおける「新しい世代の権利」の主張は、「生涯を通しての学習」による理性の不断の開花の主張と結びついていた。彼は教育と学習の機会を学校外に開くと同時に、一七九三年には自ら『社会教育誌』(Journal d'instruction sociale)を発行し民衆の啓蒙に努力した。そしてこの思想は、フランス民衆教育思想の底流に生き続けたといってよい。

そして一九三〇年代には、生涯を通じての教育と、その観点からの学校観の転回を求める主張が現われていた。たとえば哲学者G・バシュラールは、『科学的精神の形成』[5]を論じた著作のなかで、「いわゆる学校にとじこめられた文化は科学的文化の否定そのものだ」と断じ、学校でつくられたいわゆるよい頭(la tête bien faite)というのは、閉じた頭(la tête fermée)であり、それは科学の進歩と思考の発展のなかで、つねに点検され、つくりかえられ(refaire)ねばならないのであり、「継続的文化の原理(le principe de la culture continuée)にもとづく永続的な学校(l'école permanente)によってしか科学は存在しない」とのべ、文化と科学に向って開かれた「生涯を通して継続する学校」の必要を提起した。そこでは、「教えられるものこそが教えなければならない」とされて、教えるものと教えられるものの弁証法が示されている。この時、おそらくバシュラールは、マルクスの「教育者こそが教育されなければならない」という有名なテーゼを想起していたに違いない。彼はまた別の書物[6]で、「科学的思考は、永続的教育学(pédagogie permanente)の状態のうちにある」とのべ、「どのような文化哲学も、教育学レベルの思想を自分のうちに含んでいなければならない。すべての文化は、学習計画、サイクルと固く結びつけられている。科学的文化にとりつかれた人は、永遠の学び人(un éternel écolier)だ」とものべている。そして、この永続的教育学《ペダゴジー・ペルマナント》もまた永続的学校《エコール・ペルマナント》と同様に、現にある学校と結びついた教育学の否定の上に成立するものであり、それは、生涯を通して学ぶ人の主体性において成立する新たなるペダゴジーを求めるものであった。そして、このような思想の背後には、人間は未完成(inachèvement)だという人間観があり、これはコンドルセの「人間の無限の完成性(perfectibilité indéfinie de l'homme)」と同一の思想的風土にあるものといってよい。人間を未完成としてとらえることは、完成への可能態としてとらえることに他ならず、完成性への過程としてとらえる発想は、現在を未完成とみなすがゆえに現在に対して批判的視点と、それをのりこえる展望とをもつことができるのである。さて、コンドルセ以来の民衆の継続的な自己学習の思想は、人民戦争の経験をえて、ランジュバン・ワロン教育改革案、とりわけその民衆教育(éducation populaire)の主張のなかに継承発展させられているといってよい(7)。

わたしたちは、これらの発想に学びながら、わたしたち自身のことばでつぎのように言うことができよう。国民の学習権の思想とは、国民こそが学問と文化の創造の主体であり、その結果を享受する主人であるとする思想であり、それはいわゆる教育機関に閉じこめられた文化、そのことによって死んでしまった文化を学校の外に解放することによって、すなわち国民ひとりひとりの生涯にわたっての探求と創造にゆだねることによって、社会全体を生きた学校に変えることだと。

ところで、この規定はなお一般的、抽象的である。そこで、その生涯にわたっての学習権の内容を、いくつかの相に分けて考えてみたい。

今日、学習権の自覚の広がりとともに、その用法も多様である。たとえば、それは国民・市民の学習権、住民の学習権、労働者の学習権、子ども・青年・成人の学習権、児童・生徒の学習権、あるいは障害者の学習権等の表現に示されているように、発達年齢段階に応じての、その人の活動の場面に応じての、あるいはその人の態様にかかわっての多様な用法がみられる。それらのすべてを貫いて、すべての人の、あらゆる機会、あらゆる場所においての、すなわちその全生涯と全活動の場面を通しての学習権を、その諸相に即して具体的にとらえ、それを構造化する必要があろう。

三　国民の学習権の諸相

(1)市民の学習権　国民の学習権が国民主権と一体のものであり、前者は後者の実質を保障するものであるとすれば、国民の学習権は、とりわけ市民の学習権として、その主権者としての自覚と、それを裏づける政治的学習を中心にするといってよい。それは、主権者国民としての、その主体性を支える教養への権利、政治的あるいは公的情報に近づき、それを知る権利を含んでいる。

かつて主権が国民に存在するなどということが考えられなかった、いわゆる旧《アンシャン・》体制《レジーム》のもとで、国民が支配の対象であるということは、同時に国民が真実から切り離されているということでもあった。そこでは、真実と国民の関係は、いわば単純な断絶であり、「依らしむべし、知らしむべからず」の原則が支配していた。この事情はわが国においても同様であった。一国の暴政と国民の無知は分ち難い関係にあったといってよい。

かつて福沢諭吉は、その『学問のすゝめ』において、「愚民の上に苛《から》き政府あれば、良民の上には良き政府あるの理なり」、「一国の暴政は必ずしも暴君暴吏の所為のみに非らず、其実は人民の無知を以て自ら招く禍なり」とのべ、人民が「暴政を避け」んがために「学問に志す」ことをすすめた。『学問のすゝめ』はその生涯にわたっての学習のすすめであったが、とりわけそれは一国独立を担う市民の教養《ビルドウンク》（形成）を課題としていたといってよい。

ところで、近代国家は、大衆教育の機会を整備し、義務教育は普及し、国民と真実との関係には、かつてのそれとは異なった問題状況が現出している。それは、旧体制のもとでの「依らしむべし、知らしむべからず」の関係から一変し、教育の普及は、国民に真実が知らされているというたてまえのもとで、少数者の政治支配が貫徹している。それは情報を管理統制し、人の内側を制することによって可能である。

ナチズムが義務教育の普及したドイツを支配し、「独裁は人民の無知のうえに君臨する」という古典的テーゼが再検討をせまられたとき、ナチズムの研究家S・ノイマンは、教育と文化政策を通しての大量の「政治的無知」に支えられて独裁は可能となったのであり、その意味でなお、独裁は民衆の無知に依拠するという古典的テーゼは誤っていないと論じていた(8)。教育によって文盲はなくなっても、政治的無知という新たな無知を、教育そのものがつくり出していたと考えれば、高い教育水準のうえに独裁がなぜ成立したかのなぞは解けるというのである。この問題はナチに限らず現代の大衆デモクラシーにおける支配のからくりに共通しているといってよい。アメリカのラディカルな社会学者W・ミルズも、大衆デモクラシーにおける支配のからくりを「大衆操作」に求め、それを可能にする現代社会の特徴の一つに「真実からの疎外」をあげ、学校は知的凡庸と国家への忠誠心の礼拝場と化し、権力はマスコミを通して国民に気づかれないように秘かにその思うように世論を方向づける(これを操作《マニピュレーション》という)ところにその支配の特徴を見出している(9)。

この分析の正しさは、エルズバーグ事件(ベトナム戦争に関する米国防総省秘密文書のすっぱ抜き)や、ウォーターゲート事件を通して、いまや誰の目にも明らかになったといってよい。

このような状況のなかで、市民の真実を知る権利、学習と探求の自由が自覚されてくる。それは必然的に、とりわけ政治的公的情報に関する「知る権利」へと発展していく必然性をもっている。たとえば、ベトナム戦争が、いかに国内国外の世論をあざむいて遂行されたか。ベトナム平和調印を翌日にひかえた朝日新聞（一九七三年一月二六日夕刊）はこう伝えていた。

「はじめに「わがザンゲ録」から――。六四年八月五日付朝日新聞夕刊一面トップに「トンキン湾で米艦二隻に魚雷攻撃。米、北ベトナムの故意の攻撃と断定」というワシントン特電が載っている。「米国は、北ベトナムがなぜこのような冒険的挑発行為に出たのか理解に苦しむ、と大きな衝撃を受けている」というこの電報が、いかに真相から遠くはずれたものであったかは「ペンタゴン・ペーパー」（ニューヨーク・タイムズが一昨年すっぱ抜いた米国防総省秘密文書）を読んだ人にはおわかりであろう。実は、この記事を書いたのは私（松山特派員）である。当時は私だけでなく、西側のあらゆる新聞記者がホワイトハウスの発表をだいたい信用して紙面を作っていた。米国の大統領が、まさかすぐシリの割れるようなウソをつくはずがない――」（傍点堀尾）。

米国の大統領がクロをシロといいくるめ、しかもそれを疑ぐり深い記者諸氏が信じていたということは、わたしたちに二重の衝撃を与える。

それでは、新聞記者は、なぜホワイトハウスの発表を信じるようにさせられたのか、松山記者は、こう続けている。

「当時を振返って暗然とした気持になる米人記者は多いはずである。ニューヨーク・タイムズのトム・ウィッカー元ワシントン支局長は、にがにがしく思い出を語る。——六六年秋、ぼくはワシントンのある夕食会で、米政府の高官に「君の新聞はなぜウソばかり書くのか」と、満座の中で非難された。その高官は、その場で電話を取上げて南ベトナムのユエを呼出し、ニューヨーク・タイムズが報じたように放送局が仏教徒に占領された事実があるかどうか、を質した。海の向うから聞えてくる声は「ノー」だった。数カ月後、ぼくはユエにいって、その夜電話に出たという軍人と会った。彼は首をすくめていった。「真相はお宅の新聞の通りです。でも、ワシントンからの問合せにそう答えるわけにはいきませんでしたよ」——。上から下までウソで固めて進んだのがベトナム戦争の特色だった。」

これを読んで過剰な情報社会にあって、いかに真実はかくされ、虚偽が捏造され民衆は無知にされているかを、そして、そのことによって政治の主人としての国民(市民)が、実は支配の客体に過ぎなかったことを思い知らされる。そこに「真実からの疎外」の現代的構造がある。ことは外国の話ですまされない。わが国においても、沖縄返還協定をめぐる密約のすっぱ抜き事件(毎日新聞西山記者事件)は記憶に新しい。あるいは、国会議員の正当な質問が、逆に懲罰にかけられ、マスコミに対する陰に陽にの圧力と統制の事例は挙げればきりがない。ロッキード事件究明を抑える圧力も強い。

市民の、真実を知る権利、学習の権利は、このような現実のなかで、国民主権の真の実現の課題と結びついて自覚され、主張されている。そしてそれは、「国民の知る権利」を、憲法的権利として確立することを求める動きへ発展しつつある。

(2)住民の学習権　市民は、地域住民として、その生活圏において生存し生活を営んでいるのであり、その生活の場としての地域が、開発政策のもとで崩壊しつつあると同時に、他方において地域住民の自治意識を喚起し、地域の自治体闘争は時とともに活発になってきている。そしてそのなかで、住民の学習権の自覚もまた高まってきた。

住民運動とともに歩んできた宮本憲一は「地域開発は、まず、資本、とくに巨大資本を規制しうる人民の権力が必要だ」とのべ、「草の根民主主義」の必要とともに、さらに、「地域開発の基礎条件」として、住民の「文化の高さ」をあげ、「地域開発は自然・人間の健康・経済・文化のすべてに影響をあたえる。このような影響を総合的に判断しうるためには、住民の文化意識が高くなければならない。……拠点開発を最初にストップさせた三島・沼津・清水二市一町の運動は、科学運動あるいは文化運動であったといってよい」とのべて、その運動を紹介している。(10)

よく知られているように、三島・沼津の運動においては、数百回の学習会がくり返され、そこでは、住民の体験が重んじられ、抽象論からではなく具体的な事実から理論を学ぶ方法がとられた。そのなかで教師や専門科学者の果した役割は大きいが、しかし、それは彼らが啓蒙家としての役割を果したのではなく、住民と専門家、教師が、「対等の住民として自己教育するという原則」がとられたのであり、そのなかで、研究者の研究をかえ、住民のなかから新しい研究的指導者が生まれてきたのであった。

宮本憲一は、つぎのようにその運動を総括してその著を結んでいる。「六〇年代からはじまった住民運動は無限の可能性をひめている。三島・沼津にはじまり、むつ小《お》川原《がわら》・志布志《しぶし》、沖縄へとつづく学習を土台とした住民運動は、まさに地方文化の高さをしめすものである。おそらく、研究者の研究をかえ、学際的協力をつくりだし、優れた思想家を生みだすのは住民である。住民が自らの地域の主人公として新しい開発の思想をもちはじめたときに科学は前進し、思想の体系がつくられるといってよい。そのいみでは、日本列島の未来は、住民の自己教育を土台にした地域の自治体運動にかかっているといえるかもしれない。」

そして、いうまでもなく、地域住民運動は開発や公害反対運動だけでない。各地にみられる民主教育を守る会や、地域教育懇談会、父母の教科書学習会等、いまや教育運動は、教師の運動とともに地域住民の運動を視野に入れずして論ずることはできない。全入運動から教科書裁判支援に結集した力は、各地で新しい課題にとりくんでいる。他方、六〇年代に強行された多様化政策の破綻は、小学区制と地域総合高校の創出をいっそう切実かつ緊急の運動課題とするにいたった。そして、これらはいずれも、住民の文化運動、学習運動を含んではじめて可能なのであり、これからの政治運動の質をかえる動きに他ならない。このような動きのなかで、住民の学習権の自覚がかつてなく高まってきたといってよい。

(3)労働者の学習権　労働は本来人間の本質の自己実現であり、経験と学習をもとにしての構想力と創造性にその本来の姿がある。労働者が奴隷の労働(疎外労働)から脱して、労働の主人たるべきだという自覚と結びついて、労働への権利の実現をめざす運動のなかで、教育への権利がとらえなおされ、労働への権利要求は教育への権利要求と結びつけられて要求されてきたことは、教育権思想の歴史の教えるところだといってよい。

近代教育の思想は、イギリスでは、最初の労働者の自覚的運動であったチャーチスト運動のなかで、あるいは二月革命やパリ・コンミューン、インターナショナルの歴史と結びついて、深められていった過程自体がこのことを物語っている(11)。

労働権と教育権の原理的な結びつきについての問題は一九七二年の教育法学会研究総会での、牧柾名《まきまさな》の報告の中心テーマであった。そして最近では現実の労働運動のなかで、学習権要求は新しい形態をとり、国際的労働運動の一つの焦点を形成しつつある。たとえば、ＩＬＯは一九六五年の第四九回総会で「有給教育休暇(paid educational leave)に関する決議」を採択し、一九七一年の総評主催の職業訓練国際シンポジウムの共同コミュニケは「学校教育、養成訓練、成人教育を体系化し、労働者の要求にもとづいて、教育と訓練を受ける権利とそのための保障とが、全労働者の基本的権利として、確立されること」とうたっている。

わが国においても、すでに一九六〇年代初頭(六〇—六二年)に行なわれた総評・中立労連主催の職業技術教育研究集会第二回アピールにおいて、「すべての労働者は、年齢、性別にかかわりなく、公共的な職業技術教育を受ける権利があり、国はこれを保障しなければならない。とくに青年労働者の権利は尊重されなければならない」とのべていた。

このように労働の権利と結びつく教育への権利の自覚が内外の労働者階級の運動のなかで生まれてきている。そして、このような職業技術教育を含めての労働者の学習権の自覚の深まりは、他方で、企業の経営・管理の一環としてすすめられているいわゆる企業内教育・訓練の質をきびしく問いただす性質のものであるが、それは具体的には、たとえば国鉄労働者がマルセイ運動に対して、企業内での教育にも教育基本法の精神が貫徹されなければならないとして、これに抗議している動きのなかに、労働者の学習権の自覚の今日の水準が示されているといってよい(12)。

(4)子ども・青年の学習権

国民の学習権のなかで、とりわけ子ども・青年の学習権は特別に重要な意味をもち、人権の構造のなかで特殊に重要な位置を占めている。

国民の学習権は、最も具体的かつ切実な形態としては、発達の可能態としての子ども・青年の学習権だといってよい。子ども・青年にとって学習の権利は、その人間的な成長と発達の権利と不可分一体のものであり、発達と学習の権利は、おとなとは違った存在としての「子どもの権利」の中心をなす。

その上、子どもの発達と学習の権利が保障されない場合には、やがてその子が成人して行使する諸権利(生存権・労働権・参政権等)も空虚なものになるという意味で、子どもの学習権は、まさしく人権中の人権、その他の人権を内実あらしめるための人権だと考えられる。

さらに、子どもの学習権は、それ自体自己充足的な権利ではなく、その発達の段階にふさわしい学習を組織し、援助する者の存在を予想する。子ども・青年の学習権は、「教育への権利」として、その権利を現実的に貫徹する。これはその両親と社会(古い世代)に適切な教育を求める。両親は、その子の発達と学習の権利の保障の第一次的責任(子のための親権)をもち、それは保母や教師に信託されて、保育所や学校が組織される。さらに社会全体が、次代を担う新しい世代の学習と発達の権利を保障する責務を負っている。その際、教育が「不当な支配」に服することなく、権力と権威から自律し、真理と真実のみに基づいて行なわれることによって、その新しい世代の発達と学習の権利は保障される。それは教育者に高い専門的力量を求めるものである。子どもの学習権は、必然的に狭義の教育権を予想しその質を問いただす視点であるとともに、広義の教育権の構造化にとって決定的に重要な契機となる(子どもの学習権に関しては、次章で再論する)。

以上のように、国民の学習権は、発達の可能態としての子どもや青年にとっては、その人間的成長・発達に不可欠の学習の権利であり、同時にそれは、未来の主権者にふさわしい、かつまた、人間的労働と文化創造の主体にふさわしい人間的力量を最大限に発揮できるような教育を求める権利であり、地域住民にとっては、地域開発の名による公害と生活破壊から自らの命と暮しを守り、地域に根ざす文化創造の主体として、同時に地域・自治体の自治の担い手にふさわしい政治的・社会的な知識とモラルの確立のための自主的かつ集団的な相互学習への権利であり、さらに市民として、国民として、国民主権を真に担う政治的自覚と力量を身につけるための不断の自己点検、相互点検の機会の保障を求めるものである。かつまた、労働者にとっては、その労働が真に人間的な労働となり、その労働のなかに人間性の発現を示すことと不可分の探求と創意工夫の権利であり、その労働の果実のゆくえについても、その現状の把握と批判の力を養う機会を保障し、その力量を高めることを求めるものだといってよい。

総じて、国民の学習権の思想は、国民ひとりひとりが政治の主人(国民主権)であり、文化創造の主体的担い手であり、かつまた、労働の奴隷ではなく、まさに人間的労働の主人であるということ、そしてそうあるべきだという主張と不可分に結びついた権利の思想だといえよう。

すでに、わが教育基本法は、その第二条で教育の方針として、「教育の目的は、あらゆる機会に、あらゆる場所において実現されなければならない。この目的を達成するためには、学問の自由を尊重し、実際生活に即し、自発的精神を養い、自他の敬愛と協力によって、文化の創造と発展に貢献するように努めなければならない」と記している。「あらゆる機会に、あらゆる場所において」とは、国民ひとりひとりが、その全生涯を通してその全生活の場でということであり、このことをより自覚的、主体的に表現したものが、「国民の学習権」に他ならない。

四　人権の発展的契機としての学習権
――守る人権から要求する人権へ

以上のような国民の学習権の視座を通して、いわゆる近代的な権利と自由をとらえなおすとき、その権利と自由は、従来の相貌をかえてあらわれる。

(1)報道の自由のとらえなおしの視点としての国民の学習権　報道の自由（憲法第二一条）は、古典的な市民的自由の系として、「表現の自由」ないしはそれと結びついたプレスの

「知る権利」を含んでいる。ところで報道の自由は、これまでともすればプレスの特権的自由と解されることが多く、しかもそれが権力と資本に支配されることによって情報が歪曲され国民に真実をおしかくす役割さえ果してきた。しかし、この報道の自由は国民の学習権の観点を媒介させることによって、国民の側、情報の受け手の側からの「国民の知る権利」の系としてとらえなおされることになる。

奥平康弘は、「知る権利」の国民的観点からの法的構成をめざす好論文[13]で、「資本の論理を媒介させることにより、統制され、多様性、多元性を喪失」している「マスコミの現状のなかで、表現する者の側にだけ、表現の自由の権利主体をみとめるのでは、すなわち、「マスコミの自由」だけでは、真の表現の自由は充足できないという認識が、「知る権利」観念を生ませたのである。いわば表現の自由の権利主体に関する選手交替、主客転換をはからなければならないという考えのあらわれである」とのべている。そして、この主客を転換させた観点こそわれわれの表現でいえば、「国民の学習権」の観点だといえよう。

「国民の知る権利」とは、政府に、政治的公的な情報を国民に知らせる義務を負わせ、マスコミに、積極的にその情報に近づき国民に必要な情報を正確に報道する責任を負わせるものということができる。

それでは「国民の学習権」と「国民の知る権利」の関係はトートロジーなのであろう

か。「国民の知る権利」は今日、憲法学においては「個人の人格の発展と自己実現を可能にするための個人権（personal right）」であるとともに、「政治的な意思形成の前提となり、政治過程への参加を確保するための公的な性格をもつ権利」であり、その「重点および現代的意義は後者にある」とされ、それは、「教育的な情報の自由を含みつつ政治的な報道の自由を本旨とする権利」として法理論化されつつある。[14] このことを認めるなら「国民の知る権利」を「国民の学習権」と同義語化すべきではなく、逆に、「国民の知る権利」は、広く「国民の学習権」の一つのコロラリーであり、国民の学習権の観点こそ、報道の自由、とりわけ政治的公的な報道の自由としての「知る権利」を「国民の知る権利」へと転換させる観点として相互に関連づけるべきであろう。

国民の知る権利は、国民主権と政治的自由と不可分のものであり、本来その起源において古典的な権利であるにもかかわらず、大衆社会状況を媒介とする「新しい権利」として、主張されるにいたっている。ニューヨーク・ヘラルド・トリビューンの顧問弁護士で、「知る権利」の提唱者K・クーパーはいう。「市民は、十分で、正確に提供されるニュースを受ける権利がある。一国においても、世界においても知る権利の尊重なしに政治的自由はありえない。[15]」ところで、いみじくもウォーターゲート事件が示しているように、公権力（大統領）は、国民を信頼せず、国民の私事のすみずみまで、手段を選ばず「知る権利」を行使し、他方、国民は、必要なことは何事も知らず、虚偽の情報を信じこまされている。そしてこのからくりによって今日の大衆民主主義は機能しているのであり、それゆえ、「国民の知る権利」は、国民主権の内実をつくり出すことと結びついてこそ、その今日的な課題性を具現するものだといってよい(16)。

(2) 学問の自由のとらえなおしの視点としての国民の学習権

わが国における「学問の自由」と「大学自治」の展開史をみればわかるように、それは、市民的自由の系譜とは異なって、特権的な自由として主張され、定着していった。

大学自治の画期をなす帝大七博士事件に際し、井上哲次郎は、『太陽』(一九〇六年一月号)に「帝国大学論」を書いて帝国大学の政治権力からの独立の必要を力説したが、そのなかで、帝国大学はすでに学科目を整備され、私立専門学校のような「速成学校」とは断然その趣きを異にしているのだから、帝国大学だけは特段の自治が保障されなければならないと論じた(17)。そして、この特権的自治論はつぎのような学問観と対応していた。井上はその論争相手に、「氏は僅に東京専門学校(早稲田大学—堀尾)を卒業したる位にて、我輩の著書を批判すべき力なきは、固より論を俟たざるなり」、「氏抔《など》が大学の教育をも受けずして、をこがましくも優勝劣敗等の事に嘴を容れ、学者を以て自ら居るを以て之れを観れば、我邦文学の程度の卑きこと、推して知るべきなり(18)」と罵言をあびせる神経の持ち主であった。その特権的学問観は学問と教育の区別論に必然的につながっていた。

彼は南北朝正閏《せいじゅん》問題に際して、学問と教育が区別さるべきこと、教育においては、国民道徳の形成という観点こそがその原理たるべきことを主張していた。(19)

かくして、学問の自由は、国民教育と断絶し、専門学校を越えて、ひとり帝国大学にのみ保障さるべき特権的自由であり、自治に他ならなかった。しかもそれは、「国家ノ須要ニ応ズル」学問(帝国大学令)に許された自由であった。このような学問の自由観は、ファシズムに抵抗した自由主義者の大学自治論にも、色濃く影響を与えることになった。たとえば河合栄治郎は、「たとへ社会に自由がなからうとも、大学だけには自由が保障されなければならない」として大学における学問の自由を主張した。(20)これをファシズムの下における大学人のぎりぎりの抵抗の表現だと評価するむきもあろうが、しかし、社会に自由がないとき大学に残された自由は空しく、これが真に抵抗の自由であるなら、それを守る力はすでに失われているといわなければならない。これは、わたしたちにとってにがい歴史の教訓であろう。

戦後の大学改革は、国民教育改革の一環としてなされ、そこにおける学問の自由も、それを基礎づける論拠は、かつての井上に代表されるような特権的なものから、国民的観点へと決定的に転回した。因に、学問の自由を規定した憲法第二三条を虚心に読めば、それが、なによりも国民ひとりひとりの権利であり自由であることは、誤読の余地はない。

にもかかわらず、法律の世界においては、なお、戦前的・伝統的学問の自由観から訣別できず、それを大学自治論へと短絡させて特権的自由と解する説から今日においても完全に解放されてはいないように思われる。(21) しかし、憲法第二三条は、国民ひとりひとりの基本的人権の一つとして学問の自由、探求の自由を規定した条項である。学問の自由は、もはや大学人の特権ではない、それはなによりも国民ひとりひとりの知的探求の自由、真実を知る権利・学習の権利の系としてとらえられるべきものである。学問研究の主体は国民に他ならない。学問の自由は、市民的自由と別のものではない(高柳信一)。この視点は、従来の独善的な象牙の塔的大学観への批判と、産学協同による学問の退廃の批判の視点となり、より積極的には、「学問の国民化」(上原専禄)の主張となる。(22)

「学問の国民化」とは、学問の主体が国民であること、専門研究者の研究の自由は国民の学習権の信託にその根拠をもつこと、したがってまた研究の内容は国民的課題に応えるべきものであること、その研究成果は正しく国民に伝えられ、教育と学問とが不可分のものとして結合され、それを保障する国民教育制度が確立さるべきこと、そのため大学は国民教育の一環として位置づけられ、「国民のための大学」として再生すべきことを求めるものだといってよい。

アメリカの政治学者ミクルジョンも、専門研究者の学問の自由は、「人民の自由の特殊的従属的形態」であり、専門研究者は、「本来人民に属し人民みずから行なうべき知的活動」を「継続的」に行なうことを「信託」されているのであり、「かくしてわれわれは、人民の代理者として行動するが故に、人民はその仕事の分野で必要な自由をわれわれに付与する。一言でいえば、われわれの学問の自由の窮極的な正当性は、われわれの目的のなかに見出さるべきでなく、人民のなかに見出さるべきものである」とのべている(23)。

内田義彦も、今日の社会科学が「国民操作の学」として発達してきたので、学問が真に国民のためのものになるためには、国民ひとりひとりがアマチュアとして学問創造に参加しなければならないと主張している(24)。

そして、今日では、とりわけ国民が学問研究の主体であるという観点が、単に権利論的視座において意味をもつにとどまらず、その実質においても、国民が同時に地域住民のひとりとして、地域開発反対運動や公害反対闘争のなかで、あるいは教育に関する住民運動のなかで、学習運動を展開し、それが運動の質を高め、政治的な力量を高める力になっている点に注目したい。学問の国民化は、同時に国民の学問化であり、それは究極的には、ひとりひとりの国民がその実質において学習と探求の主体となることだといえよう。

こうして、国民の学習権の視点は、必然的に「学問の国民化」を求め、学問の自由を、特権的自由から、国民ひとりひとりを探求的主体に育てる権利へと転回させる視点となる。同時にそれは、専門研究者の研究の自由の根拠を明らかにし、その研究の社会的責任を自覚させる契機となる。

(3)「教育の自由」を「国民の教育権」と結合させる視点としての「国民の学習権」

教育の自由は、歴史的にみれば、教育に対する公権力の統制からの自由、教育の自律性(権力からの独立性、中立性)の観念を発展させるのに役立った。それは、思想・信条の自由と結びつき、他方で親が子どもの教育を選ぶ自由(親権論的視点)と結びついて、法制史的には、私立学校設立の自由と解された。

しかし、「子どもの権利」が認められ、子どもこそが教育の主人であり、子どもの発達段階にふさわしい教育を保障する責任を親と社会が負うという観念の成立とともに、「教育の自由」は、「教育への権利」(right to education, droit à l'enseignement)と一体のものとして把握されるようになる。さらに、国民主権と教育への権利が不可分のものとして結びつけられて、国民の教育権思想を生みだすにいたった。杉本判決は、この思想を判決に結晶させたものといえる。

子ども・青年の学習権の視点は、「教育の自由」についての古典的な観念を「教育への権利」と結びつけ、憲法第二三条と第二六条を統一的に把握する視点だといってよい。この両条文を支える共通の視点こそ、国民ひとりひとりが探求の主体であり、学問・文化の創造を担い、その成果を享受する主体であるとする思想であり、そのためにそれは一方で、学問の国民化を求めると同時に、とりわけ、発達可能態としての子ども・青年に「教育への権利」が具体的に保障されることを求めるものである。

教育の自由が、教育の国家からの自律性、独立性と、教師の研究と教育実践の自由の保障、そして、両親がその子どもに代わって、彼にもっともふさわしい教育を選ぶ自由を主要な内容としているのに対し、「教育への権利」は、ジャン・ピアジェが世界人権宣言第二六条解説[25]でいうように、それは「個人が自分の自由に行使できる可能性に応じて正常に発達する権利」であり、「社会にとっては、これらの可能性を……現実化する義務」であり、それは具体的には、「各人に読み書き算の取得を保証するよりもはるかに重い責任を負わすこと」である。「それは本当の意味ですべての子どもに彼らの精神的機能の全面的発達」を保障することであり、「個人のなかにかくされていて、社会が掘りおこさなくてはならない可能性の重要な部分を失わせたり他の可能性を窒息させたりしないで、それらの可能性を何一つ破壊もせず、だいなしにもしないという義務をひきうけること」なのである。教育への権利の思想は、教育を選ぶ自由を前提とし、それを越えた思想だといってよい。

教育の自由を「教育への権利」(受ける権利、要求する権利、拒否する権利)としてとらえなおす視点は、教科書の自由に対しても新たな視点でのとらえなおしを求める。教育の自由は教科書の自由(執筆の自由、採択の自由)を含んでいる。ところで教科書執筆の自由は、他方で、表現の自由の系と解される。そして、表現の自由の系としてのプレスの自由(知る権利)が、国民の学習権の観点を媒介させることによって、その自由が「国民の知る権利」に従属するものとして位置づけなおされたと同様に、教科書執筆の自由も、単なる表現の自由の系としてではなく、児童・生徒の学習権保障の観点に従属するものとして位置づけなおされる。そして、そのことによって、教科書の自由は、教育権論に不可欠の構成要素となり、国民の教育権に内在的に位置づけられることになる。

(4)職業選択の自由を労働と自己実現の権利に変える視点としての学習権　近代国家は、身分制と世襲制を打破し、職業の自由と機会均等の原理を確立した。それはわが憲法でも第二二条の職業選択の自由として規定されている。しかし、職業選択の自由は、現実の資本主義社会では、失業の自由につながり、身分制にとって代わった財産の原理は、現実の社会の流動化を抑え、ひとりひとりの個人的な人間的資質の発現をおしとどめてきた。したがって、職業の自由が真にひとりひとりの個性の発現と結びつき、職業がその個性を発揮する機会となるためには、その子どもと青年の時代における発達と学習の権利が充足されていることが前提となるべきであり、かつまた、その労働がその人間の自己実現《セルフ・リアライゼイション》の機会とならなければならない。そのことは、労働そのものが、学習と探求の過程となることを意味しよう。同様に幸福追求の権利もまた、発達と学習の権利が充足され、ひとりひとりが自由な探求と自己実現の主体であってはじめて、それが「不幸になる自由」ではなく、真に個性的な幸福追求の自由と権利の実質をもつことになろう。

(5)国民主権の実質を保障するものとしての国民の学習権　国民に保障されている政治的自由も「自由な投票」の擬制による「支配される自由」に堕することなく、主権者としての自覚に基づく自治《セルフガヴァン》の権利の行使でなければならない。自治の権利は、自己学習の権利と不可分一体である。その真実を知る権利の行使によってのみ、政治や社会についての正確かつ十分な情報に基づく科学的判断と主体的選択が可能になる。

「国民の思想(意見)を選定する権利を僭有する権力は、国民主権の一部の事実上の簒奪」(コンドルセ)に他ならない。政治は日常的な討議と批判、要求と変革の対象となり、自治体における住民自治の確立が、国民主権の実質的なとりでとなり、国民が同時に地域住民として、政治と文化の担い手になる展望も開けてこよう。

こうして、「国民の学習権」の視点を媒介して古典的自由をとらえなおすとき、表現の自由は「国民の知る権利」へ、学問の自由は「学問の国民化」へ、教育の自由は「教育への権利」へ、職業の自由は「労働と自己実現の権利」へ、そして、政治的自由は「主権者国民の自治の権利」へと発展的にとらえることが可能となる。こうして国民の学習権の契機は、人権を消極的人権から積極的人権へ、守る人権から要求する人権へと転換させる契機となる。

同時にまた、国民の学習権は、マスコミ・ジャーナリズム関係者、専門研究者、教師等、国民の精神的自由と権利にかかわりをもつ職業人、専門家に対して、その専門職業の存在理由と、その専門的自由の根拠を問いなおす視点となる。その職業に付随する自由と責任の根拠は国民の学習権(国民の真実を知る権利、探求の自由)の信託に求められ、その結果、マスコミ関係者に対しては、その自由(「知る権利」)は国民に真実を伝えるためのものであるという自覚をうながし、学問研究者に対しては、その自由(「学問の自由」)が国民の探求の自由の信託に応えるべき社会的責任の意識に裏打ちされていることを求め、教師に対しては、その責任と権限(「教師の教育権」)の窮極的な根拠が子ども・青年(生徒・学生)の学習権の充足という任務によって規定されているという自覚をうながす契機となる。

かくして、国民の学習権は、それ自体人権の一つであると同時に、その他の人権の実質を規定し方向づける意味において、まさしく人権中の人権、とりわけ基本的(基底的《フンダメンタル》)な人権といえよう。

おわりに――教育改革の基本的視点としての国民の学習権

教育改革の基本的視点は、以上のべてきたような国民の学習権の思想を確立し、それを制度的にどう保障するかという視点をもつものでなければならない。

国民の学習権の思想は、国民ひとりひとりが労働と文化と政治の主人として自らを形成し、国民が自らを治め自己を実現していくために、その生涯(乳幼児・青年・成人)を通しての学習の保障を権利として要求するものであり、したがって、また従来の学校は国民に開かれると同時に学校は国民のなかへ自らを解放していかなければならない。これは、旧来の閉じられた学校と学校観の根本的転換を求める視点でもある。

それは、障害者を含むすべての人間のその生誕からの発達保障を求めるとともに、地域と職場における文化活動の保障を求め、学問の国民化を求める。それは同時に、産業と癒着した大学、ないしは象牙の塔としての大学を「国民のための大学」へと変える視点である。

国民の学習権の思想は、教育と文化を、すべての国民のものとして再生させ、国民が労働と政治の主人としての実質をもつために決定的に重要な観点であり、それは、教育改革の基本的な視点だといえよう(26)。

（1）兼子仁も『国民の教育権』(岩波新書、一九七一年)の終りを「教育権から学習権へ」としてその展望を示している。これをわたし流にいえば学習権を軸にして国民の教育権論を構築するということになろう。なお、小林直樹も学習権を新しい基本権の一つに位置づけるとともに学習権を機軸とする「教育権の再構成」の論点を提示している。憲法学のなかにも、学習権が位置づけられていることに勇気づけられる。そのなかで、小林直樹はつぎのようにその意義をのべている。「他のあらゆる人権がそうであったように、学習権もまた、現実政治へのポレミックとして主張され、やがては明確に国民共通の「自然権」として、日常生活の中に根ざしていくであろう。またそうならなくては、民主社会は単なる空語に終わることになる」(「新しい基本権の展開」『ジュリスト』六〇六号、一九七六年二月一五日)。

（2）高柳信一「学問の自由と教育」日本教育法学会年報一号(一九七二年、有斐閣)所収。

（3）T. Paine, Rights of Man, 1792. 西川正身訳『人間の権利』岩波文庫、ユネスコ編、平和問題談話会訳『人間の権利』岩波書店、一九五一年。

（4）近代における人権とその挙証責任の転換の問題については、内田義彦『社会認識の歩み』岩波新書、一九七一年、参照。

（5）G. Bachelard, La formation de l'esprit scientifique, 1938.

（6）G. Bachelard, Le rationalisme appliqué, 1949.

（7）Bulletin du Laboratoire de pédagogie, N° Spécial, 1969, N° 2. これはパリ大学教育学研

究紀要に当るもので、この号はl'éducation permanenteを特集している。なお、吉沢昇「民衆と「知識人」」(『社会教育』一九七一年一月号)参照。
(8) S. Neumann, Permanent Revolution, 1942. 岩永・岡・高木訳『大衆国家と独裁』みすず書房、一九六〇年。
(9) C. W. Mills, The Power Elite, 1956. 鵜飼信成・綿貫譲治訳『パワー・エリート』上・下、東京大学出版会、一九六九年。
(10) 宮本憲一『地域開発はこれでよいか』岩波新書、一九七三年。
(11) これらの点については、堀尾輝久『現代教育の思想と構造』岩波書店、一九七一年、牧柾名『教育権』新日本出版社、一九七一年、参照。
(12) これらの点については、佐々木享「教育を受ける労働者の権利」『教育』一九七二年一二月号、日教組・教育制度検討委員会報告書「地域と職場の学習・文化活動をどうすすめるか」(『日本の教育改革を求めて』勁草書房、一九七四年、所収)、参照。
(13) 奥平康弘「「知る権利」の法的構成」『ジュリスト』四四九号(一九七〇年五月一日)。
(14) 芦部信喜「民主国家における知る権利と国家機密」『ジュリスト』五〇七号(一九七二年六月一五日)。
(15) K. Cooper, The Right to Know, 1956.
(16) 日本弁護士会「西山記者事件調査特別委員会」の調査報告書(一九七三年八月)も「国民の知る権利と報道の自由」についてこう論じている。
「「国民の知る権利」は、その根源を近代民主主義の基本構造としての国民主権にかかわるものとしては握し、従って単に情報の流れを規制する公権力が排除されるだけで十全とはしていない。すなわち、公権力同様に、今日におけるマスコミをめぐる現実社会および体質の内には、それ自体国民の「知る権利」を阻害する要因が少なからず存在することを看破し、認識して、其の表現の自由の確立は「国民」を主体者としてとらえ、公権力のみならず、マスコミをも対置させて論ずべきことが最も有力に提唱されている。」

「「知る権利」の享有主体は、国民であるとの考え方は、国民主権の原理にその理論的基礎をおいている。」それは「国民に正しい知識による正しい決定をなさしめて、国民主権が本来志向していたことを真に意味あるものとするために、主権者たる国民が、国法上の権限を行使するにあたって、その適正な判断の資料として必要不可欠なあらゆる情報・意見・反対論等に常に接しうる途を確保し保障する」ことをその内容として提起されたものである。

さらに、国民の「知る権利」は現実的には報道機関によって「代行」してもらわざるを得ない。そこで報道機関は、「知る権利」を「充足」するため、「何が国民の知る権利に価するか、国民はどのような知識を必要としているか、社会は何を望んでいるかを良く認識して、その取材に当り、かつ公正にこれを報道しなければならないという責務も同時に負っている」とのべ、現在のマスコミが「集中化、独占化、系列化」することにより、「国民への情報に偏りが生」じていると批判し、マスコミが「国民の知る権利」の真の「代行者」としてその責任を果すよう強く要請している(「朝日新聞」一九七三年八月九日)。重要な指摘である。

(17) 寺崎昌男「日本における「大学の自治」の理念」『理想』一九七〇年一一月号、参照。

(18) 家永三郎『大学の自由の歴史』塙書房、一九六二年、一七四頁。

(19) 井上哲次郎「国民道徳は成り立たぬ」史学協会編『南北朝正閏論』一九一一年、所収。
(20) 河合栄治郎「時局・大学・教授」『日本評論』一九三八年三月号。
(21) その代表的なものは、法学協会編『註解日本国憲法』(有斐閣、初版一九四八年、改訂版一九五三年)であり、東大ポポロ劇団事件最高裁判決(一九六三年)も、学問の自由を大学に限定する見解に立っている。また、最近出版された高柳賢三・大友一郎・田中英夫編『日本国憲法制定の過程』1巻では、憲法第二三条の成立過程にかかわって、academic freedomを「大学における学問研究の自由」と訳しその正当性を主張しているが、納得できない。しかし、学界の動向としてはとくに教育法学会を中心に学問の自由を「下級教育機関」に拡大する方向で動いており、学テ最高裁判決(一九七六年)も、この動向に副い、ポポロ劇団判決を実質的に「判例変更」した。
(22) 上原専禄「国民のための学問」『歴史学研究』一九六二年一一月号。
(23) A. Meiklejohn, Political Freedom, the constitutional powers of the people, 1960.
(24) 内田義彦「社会科学の視座」『思想』一九六九年一月号。
(25) J. Piaget, Le droit à l'éducation dans le monde actuel, 1950. 竹内良知訳『ワロン・ピアジェ教育論』明治図書出版、一九六三年、所収。
(26) たとえば日教組・教育制度検討委員会報告書(『日本の教育改革を求めて』勁草書房、一九七四年)を貫く思想の一つも、この国民の学習権の思想である。わたしもこの報告書作成に参加した。

(本稿は一九七七年日本教育法学会第三回研究総会での報告に加筆)

第二章　子どもの発達と子どもの権利

前章で、国民の学習権の思想が、今日の人権思想のなかでもつ位置について論じ、それが精神の自由の思想と深く結びつき、さらに、政治への参加の権利、労働への権利の自覚の深まりと結びついて「教育への権利」として発展し、市民、住民、労働者等としての存在の形態のなかで、その日常の生き方のなかで重要な意味をもつこと、それが人権思想を生活と生存の基盤に根づかせる意味をもち、その意味で、それは、人権の思想をゆたかに発展させる契機となっていることをのべた。

その上で、しかし、学習権の問題は、とりわけ子ども・青年の発達と学習の権利としての態様において、最も具体的、かつ切実な役割を担うものであることも明らかである。そこでつぎに、子どもの発達とその権利のなかで、学習権はどのように位置づくかを考え、それが今日、発達権の思想と結びついて発展している姿をみてみよう。

一 子どもの発達

子どもは「弱いもの」として生まれてくる。ポルトマンもいうように、人間の子どもは他の哺乳動物に比べて一年早産しているといわれるほどに、子どもは母親に依存しなければその生命を維持することができない。仔牛や仔馬は生後数時間で歩行をはじめるが、人間の子どもはそのために一年の月日を必要とする。子どもは、母親や周りの人との情動的な交流のなかで、最初は乳がよく消化された満足を示すに過ぎなかった笑いも次第に多様になり、泣き声も次第に分化する情動の表現として複雑さを増してくる。子どもは、一歳を過ぎ、歩行を覚え、行動空間が拡大し、模倣とあそびのなかで言語を獲得しはじめると、外界との交流はいっそうゆたかになっていく。

やがて最初の「人格の危機」と呼ばれる反抗期が待っている。それは、混合心性的思考(ワロン)から自他の関係が分化し、他人との関係のなかで自律化していく必然的過程の一コマである。この時期までに、子どもの性格と人格の基礎はつくられるといわれている。同時に、象徴的知能の発達はめざましく、やがて学齢期に入って文字や記号を覚え、具体的操作を通して子どもの中心的思考は「脱中心化」(ピアジェ)し、その行動は社会化し、同時に個性的になっていく。

思春期が、第二の人格の危機といわれるように、論理的・批判的思考の発達と、情動の不安定がこの時期を特徴づける。青年の心はこわれやすい。人間は一生を通して、それぞれの人生の節々にふさわしい学習を必要とする。しかし、自ら成長を求めて止まない子どもと青年にとって、学習と教育は決定的な意味をもつ。とりわけ幼児期の、長い、発達の未成熟の期間こそは、保護と教育の必要とともに、その発達可能性・教育可能性を示している。しかもその可能性は、現在のおとなをモデルとしてそのおとなになる可能性ではない。未熟を、単純に未成熟としてとらえるのではなく、そこに発達の可能性を見出し、子どもを発達可能態としてとらえなおすところに、近代における児童観の転換の核心があった。それは現在のおとなをのりこえる可能性でもある。

子どもは好奇心のかたまりであり、外界の刺激は絶えざる学習と探求へとうながす。子どもはその刺激を同化し、その構造を調節しつつ再構造化しながら発達する。ピアジェに従っていえば、この同化と調節の絶えざる均衡化への過程が適応であり、それが成長のプロセスに他ならない。学習は適応の手段であり、探求は、高等動物が、その生命の保持のために環境に能動的に適応する反射のメカニズム（パブロフはこれを探求反射と呼んでいる）に根ざしている。探求と学習は、動物の生存にかかわる活動なのであるが、とりわけ子どもの発達の過程は、絶えざる探求と学習の過程であり、驚きと喜びを伴う発見の過程なのだ。同じ刺激のくり返しには、制御が働き、興味はうすれ、同化のメカニズムはやがて新しい刺激を求めて対象をかえる。そこには内的欲求による選択の契機が含まれている。

教育は、この発見の驚きをつぎの探求へ向けて励まし、その選択に方向づけを与えるものでなければならない。子どもの学習の自由は、その主体的な選択の権利の承認の上に成りたつ。のみならず、子どもが、探求と学習の過程で発する素朴な「問い」は、親や教師に対しても、既成の知識の問い直しをせまる緊張をはらんでいる。このようにみてくれば、子どもの成長の過程での発見の喜びは、「秀才」だけのものでないことは言うまでもない。むしろ今日では、探求の精神の犠牲の上に小利口な「秀才」がつくられている。逆に、「知恵遅れ」といわれる子どもに、常人のおよばない着想があり、素朴な感動の世界がある。

さて発達には生理的成熟を基礎としての一定の段階がある。遅速の差こそあれ、発達は文化的環境のもとで、確実にその段階をふんでとげられていく。野生児の事例が教えるように、もし発達の初期に、生理的成熟に見合った学習と発達が保障されないなら、以後の発達に、とりかえしのつかない欠損となって現われてくる。一つ一つの段階における十分な発達の保障こそ、つぎのステップの確かな実りを約束するのである。(1)

わたしたちは、この現在の充実に、子どものゆたかな未来を期待する。それは現在を、いたずらに未来への準備と位置づけて犠牲にする教育観とは決定的に異なる。のみならず、それは、無責任な刹那的現在主義でもない。

わたしたちは、ワロンのいうように、「今日の子どものなかに明日のおとなを見る」ことが大切である。その明日のおとなとは、今日の古い世代のおとなではない。それは、次の歴史を担うおとなであり、それは今日のおとなの予測を越えて発達する可能態としての子どもに他ならない。子どもを小さなおとなとして、やがてわれわれと同じおとなになるものとしてとらえるのでもなく、その「童心」におとなの失われた夢を託すロマンチックな童心主義でもない。

わたしたちは子どものなかに、今日のおとなを越えてたくましく成長する明日のおとなを見出し、その予測を越えた発達に期待し、それを励ますところにわたしたちの教育観の起点をおきたいと思う。子どもをその誕生から、適切な環境と物質的・精神的栄養によって、守り育てることは容易なことではない。その直接の責任は両親、とりわけ母親が負っている。

母胎を最初の環境とし、ゆたかな栄養と精神的安定のなかで、子どもは誕生を迎える。サリドマイド児に端的に示されているように、食品・薬品公害による異常出産は、環境としての母胎の意味と母体の保護を強く訴えるものであった。発達保障の観点は、受胎にさかのぼって深められねばならない。そのうえ今日では、子どもはあそび場を奪われ、道路には車の危険が待っている。それればかりではなく、早期開発公害とでもいうべき教育公害から子どもを守る必要さえでてきている。

子どもの成長のためには、適切な保護と養育が不可欠であり、福祉と教育をともに必要としている。とすれば、発達保障の責任は、両親にのみ帰せらるべき問題ではないことも明白となる。

公害と環境汚染は、老人と子どもに集中的に現われている。とりわけ子どもは、その可能性が奪われ、その発達がいびつにゆがめられるだけに、その損傷は痛々しい。若芽のうちに受けた傷は、成長につれて、次第にその傷口も開いてくるからである。すべての子どもを、その出発点から、その人間的発達を保障するために、保護と養育、教育と福祉の視点を含んでの保育の思想が確立されねばならない(2)。環境保護を含めての発達保障の責任を、親はもとより社会全体が負っているのだという観点の自覚が求められている。

社会全体が、未来を担う新しい世代の誕生と成長を暖かく期待し、そのための環境づくりに協力しなければ、すべての子どもの人間的な発達はおぼつかない。のみならず、今日の経済社会と富の不平等は、その出生の初期から不平等な条件となり、万人平等な発達の権利をおびやかしている。人間の能力は、その可能性としては、ほとんど変わりはない。しかし、新生児が異なった環境と異なった家庭の人間関係のなかで育ち始め、文化との接触のなかで可能性が現実化していくその過程で、その「能力」の差は開いていく。

一般的にいえば、経済的・文化的環境の差は、この個性と能力の差として顕われてくる。ＩＱテストの点数は、その点数差の背景にある社会的・経済的・文化的不平等の指標に他ならない、というバランやスウィージーの指摘はあたっているといえよう(3)。同時にしかし、これは大量観察的結論であり、個々の人間にあてはまるわけではない。わたしたちは、経済的な貧しさをのりこえて、なお高い知性や、ゆたかな芸術性をみがきあげた多くの事例をもっているからである。このことは、能力の生得説の根拠としてではなく、困難のなかにおいての人間の能力の発達と開花に対する信頼をこそ回復させるものである。

二　新教育と子どもの権利

子どもの発達についての理解は、子どもを権利の主体とみなし、明日の社会の主人としての自覚の形成を課題とする教育観と結びつかねばならない。「新教育」の理論は、子どもについての認識と子どもの権利の思想を二本の柱として成立する。もとより、現実の新教育の運動は、雑多な夾雑物《きょうざつぶつ》を含み、ある場合には、政府の御用教育の理論でさえあった。クループスカヤは、このことを端的につぎのようにのべている。

「二〇世紀にとっては、ヨーロッパおよびその他の資本主義諸国において、教育思想および教育的建設の力強い、ほとんど狂熱的とさえ見える成長が、きわめて特徴的である。工業発達は、住民にたいして、たえず新しい要求を提出し、それを充足することは先進的な国々にとって死活の問題となった。……この要求の影響をうけて、古い学校は仮借ない批判をうけなくてはならず、それも個々人の側からでなく、公式な国家機関の代表者、たとえばフェルスターとかケルシェンシュタイナーとかいった人びとの側からもなされた(4)。」

わたしたちは、これらの雑多な動きや思惑に混じって、子どもの具体的な発達の諸相と、それを貫く発達の法則性を明らかにしようとする努力、さらに、それと結びつけて、未来を担う子どもたちの人間的な成長を願い、その発達と学習を権利として認める志向を見出すことも容易である。わたしたちは、このような努力の総称として、「新教育」ということばを使おうと思う。ワロンは、一九三二年、ニースで行なわれた国際新教育連盟第六回大会での講演のなかで、つぎのようにのべている。

「新教育は大人にたいして子どもの権利を宣言してきたのであります。疑いもなく、子どもの権利はずっと昔、すでに、ジャン・ジャック・ルソーによって……主張されておりました。しかし、大人は子どもを利用したのではないかと思われます。大人はまず自分の権利を認めさせましたが、ついで、それを認めさせておきながら、子どもの権利を承認するにはかなりの年月が、いってみれば一五〇年の年月がかかりました。[5]」

この歳月の間に、義務教育制度が整備・普及し、教育の機会は国民的基盤で拡大していった。しかし、この歴史過程は、労働者の階級的自覚、労働の権利、政治への権利と結びついた教育権の自覚的運動を与件としながらも、経済的・技術的インパクトと、政治的統合の意図のもとに、「上から」整備されたものであり、いわば「権利としての教育」の実現の過程とは必ずしもいえない。

支配的教育制度のもとでの支配的教育観にあっては、教育は「権利」ではなく、社会成員の義務であり、その社会の価値の伝達と秩序維持を目的とするものと考えられた。それは権威主義的教育であり、そこでは宗教・道徳教育、ないしは政治・道徳教育が主要な教育内容となる。そこでは、子どもは目的としてではなく手段として位置づけられ、子どもの心性を無視しての教師中心、ないしは教科書中心の教え込み教育すなわち教化(indoctrination)が支配する。それは、社会ないしは国家中心の教育観であり、そこでは、子どもは無知なおとなに過ぎない。

このような支配的、伝統的な旧教育に対して、二〇世紀の新教育運動は、子どもの具体的、実証的研究に裏づけられた「子どもの発見」と子どもの権利の思想を対置した。たしかに、われわれは、新教育の思想的源泉を、ルソーやペスタロッチ、さらにはコメニウスにさかのぼることができる。そして、その時代の文学や絵画のなかに、中世のそれとは異なった特質として、「子どもの発見」がみられることも事実である。(6) しかし、そこでの子どもの発見は、なお、直観的ないしは風俗的な発見にとどまっていたといってよい。

新教育が、より確固とした思想的基盤を獲得するためには、一方で、人権と子どもの権利の思想の発展と、他方で、それを「発達」(développement, Entwickelung)の事実と論理によって裏づける「発達と教育の科学」の前進が必要であった。(7) ルソーやコンディヤック等の近代教育思想を先駆としつつ、その後継者として、イタール、セガン、モンテッソリー等の精神科医たちの異常児に対する臨床的努力と、シュテルン、ギョーム、ビネー等の観察やテストの方法による子どもの心理学的発達研究の知見は急速に蓄積されていき、弁証法的思惟方法と進化論的知見が、発達の視点の形成をいっそう強くうながした。(8)

これらの動きを背景に、二〇世紀は、エレン・ケイがそう呼んだように、「子どもの世紀」と名づけるにふさわしい動きを示した。「新教育」は、前世紀の終わりから今世紀にかけて、世界的な運動に拡がっていった。デューイのシカゴの実験学校(一八九六年)やドクロリのエルミタージュでの新学校(一九〇七年)の経験は、新教育の実践的裏づけとして、国際的新教育運動の中心を形成していった。これらの運動は、第一次大戦後の、平和を求め民主主義を求める運動と結びついて飛躍的な展開を示した。一九二一年、カレーで開かれた第一回新教育国際会議は、その高揚を反映し、各国で新教育の運動は拡がっていった。ヨーロッパでは、フランス、ベルギー、スイスで、フランス語圏諸国は積極的に交流をはかり、機関誌『新しい時代のために』(Pour l'ère nouvelle)を中心に、新教育の国際的中心を形成していった。編集には、フェリエール、ドクロリ、ピアジェ、ピエロンそしてワロンが当った。世界的物理学者でレジスタンスの組織者でもあったランジュバンは、この運動の初期から、協力を惜しまなかった。これらのことからもわかるように、第一級の科学者たちが同時に、新教育運動の指導者であったことは、この運動の理論的水準と実践的拡がりを支えるものであった。

それはジュネーブでの児童権利宣言(一九二四年)を生み出す力となった。これらの運動はやがてファシズムとのたたかいのなかで、実践的にもきたえられ、理論的にもゆたかになった。戦争によって国際交流はいったん途絶えたが、しかし、それぞれの国で、戦後改革を用意する主体的な核となり、戦後、再び、『新しい時代のために』は再刊された。すでに戦争中から準備され、一九四七年に発表されたランジュバン・ワロン教育改革案は、このような流れのなかで位置づけることができる。その第一原則は、すべての子どもたちは「その人格を最大限に発達させる平等な権利をもつ」とあり、第三原則は、発達の権利と結びつけて、教育の権利を宣言し、それを擁護する義務を国が負うべきことをうたっていた。そしてこれらの動きが、ユネスコの活動に反映し、世界人権宣言の教育条項(第二六条規定)や国連での児童の権利宣言(一九五九年)を生み出す思想的基盤になっていったといってよい。ユネスコ第一一回総会(一九六〇年)で採択された「教育上の差別待遇反対に関する条約」、さらには一九七一年三月、国連の「第二二回社会進歩のための委員会」で協議された「精神遅滞者の権利宣言案」(Draft Declaration of Right of Mentally Retarded)は、この思想をさらに発展させたものだといえよう(9)。

こうして、子どもの権利の思想は、新教育の運動に支えられて、子どもの発達に即してその内実が具体化され、そのことが子どもの権利の宣言的ないしは法的定着を確かなものとしていったのである。

三　子どもの権利の構造

子どもの権利が確認されるためには、しかしいくつかの筋道があった。それらが、さまざまな歴史の局面において、最初は無関係に、やがて、響応し合いながら、子どもの権利を思想的に確立し、法制的に規定させ、教育実践や社会福祉のなかで、その権利を具体的、現実的に保障するようになってきている。そこでつぎに、子どもの権利をいくつかの相に分けて、その権利の確立の過程を考察しよう。

(1)　人権と子どもの権利。わたしたちが、日常的言語として「子どもの権利」という場合、子どもを親の所有物視するのではなく、子どももひとりの人間として、その人格をもった主体としてその人格を認めることを意味している。

近代の市民革命が、人間は生まれながらにして自由であり、その人権は平等に保障されているというとき、それは子どもの人格と人権を認めることを含んでいた。このように子どもの人権を認める思想は、近代の人権思想に固有のものとして、ロックやカントの法思想のなかに見出されるのはきわめて当然のことだといえる。そして、その権利は、法的には、出生とともに始まるものとされ、わが国の民法においても、その第一条三項には、「私権の享有は出生に始まる」と記されている。この場合の子どもの権利とは、したがって子どもの人間としての権利に力点がおかれている。

(2)　子どもの権利という表現は、そこに留まるものではない。それは、子どもとしての権利、子ども固有の権利を意味している。その権利の内容は、さらに何に対する子どもなのかによって異なる。それはまず、第一に、親に対する子の権利、親子関係における権利問題である。

親権思想とその法解釈の歴史的推移は、同時に家父長権から親権が自立し、さらに親権に対して子どもの権利性が確認されてくる過程である。かつて家父長に、その家族の生殺与奪の権利が認められていたとき、教育に関しても、父母の権利を越えて家父長がその子どもに対する教育権をもっていた。しかし、市民革命は、家父長制と結びついた共同体的規制をうちこわし、家族は、父母と子を中心とする小家族へと次第に移行する。その過程で、親権は、一方で家父長権に対抗しつつ、他方で子どもの権利の承認と対をなす親権の義務性を中心にその内容をかえていった。しかし、現実の親子関係のなかでは、親権はなお支配権的に解され、それは産業革命と児童労働の必要のなかで「親権の濫用」として機能し、子どもの人権は無視されていた。過酷な児童労働の現実に対して、やがて、旧支配層の恩情主義、さらには、産業資本の経済合理主義的観点からも、一定の児童労働保護の必要が叫ばれるようになり、親権の「濫用」を取り締るための工場立法をみるにいたる。工場法は、全体的には、総資本の立場からの資本の論理の貫徹を保障する法律であるが、同時にそれは、工場主と親の恣意的搾取に対しての、児童保護の観点を含んでいたことは否定できない。こうして、資本主義の現実のなかで、親権濫用に対する子の権利としての子どもの権利の視点が次第に確立されてくる。

第二に、子どもの権利の観点は、おとなとは違う子どもの発見と子どもの権利の視点である。「人は子どもというものを知らない。……このうえなく賢明な人々でさえ、大人が知らなければならないことに熱中して、子どもにはなにが学べるかを考えない。かれらは子どものうちに大人をもとめ、大人になるまえに子どもがどういうものであるかを考えない。」この『エミール』の序文が端的に語っているように、この書は、まさしくおとなとは違った子どもの発見と、子どもの権利の宣言の書であった。もとよりそれは人権の思想のより徹底した表現であった。ルソーは「子どもたちは、人間として、また自由なものとして生まれる。かれらの自由はかれらのものであって、ほかの何人もそれを処分する権利をもたない」とのべている。

(3)　おとなとは違った子どもの発見の視点は、理性の限りない発展と人間の完成性への信頼の思想と結びついて、古い世代をのりこえる「新しい世代の権利」の思想へと展開する。そしてこの観点は「公教育の国家権力からの独立論」の根拠となった。その典型をコンドルセの公教育論に見ることができる。

彼によれば、公権力はいわば、古い世代に担われているものであり、「公権力の受託者は、知識の総量を増大する運命を担った人々がすでに到達している地点から多少ともおくれているのが常である」。「公権力は、どこに真理が存し、どこに誤謬があるかを決定する権利をもつものではない」。「およそ教育の第一の条件は、真理のみが教授されるということであるから、公権力の設置する教育機関は、いっさいの政治的権威から、できるかぎり独立していなければならない」。

そして真理は日々新たに顕われ、学習は絶えまなく続けられねばならない。「一人前の社会人となっても、まだ自分がうけた教育によって授けられた思想を、そのままそこで持ちつづけているような人は、もはや自由人ではない。そのような人は、その主人の奴隷である。」かくてコンドルセの「新しい世代の権利」は、生涯にわたっての自己教育の思想と結びついていた。コンドルセの思想を貫いているものは、理性への信頼と人間の完成性への信念であった[10]。

以上のように、近代の思想的先駆者のなかに、そして子どもの人権を否定する児童労働の過酷な現実のなかに、子どもの権利への着眼点は見出される。わたしたちは、今日、これらの観点を総合しつつ、子どもを人格と人権の主体として確認したうえで、親に対する子、おとなに対する子ども、古い世代に対する新しい世代としての子ども・青年の、それぞれの相における権利の内容を具体的にとらえることによって、「子どもの権利」の思想を、さらにゆたかに発展させることができるといえよう。

四　日本における子どもの権利の歴史的素描

わが国において、子どもの発見と、子どもの権利の思想をたどることは容易ではない。戦前の天皇制国家のもとで、人権と子どもの権利の思想の定着する可能性はなかったからである。一般的にみても、権利の態様は、河上肇がいみじくも言いあてたように、ヨーロッパのそれが「天賦人権、人賦国権」であるのに対して、わが国では、「天賦国権、国賦人権」というべく、すべてにおいて国家本位主義が貫徹した社会で、人権思想の育つ余地はなかった。いわんや、子どもを権利の主体と認めることは「民法出でて忠孝亡ぶ」という穂積八束《やつか》のことばが示すように、天皇制家族国家観の根底にふれ、それは親に対しては不孝、国に対しては不忠を意味するものでしかなかった。しかし、この国においても、権利の思想が皆無であったわけではない。

自由民権の思想運動のなかで、たとえば植木枝盛《えもり》の憲法私案には、「学問と教育の自由」の規定がみられ、啓蒙思想の影響下にある『教育新誌』(一八七七年発刊)で赤松次郎は、「父兄ノ子弟ヲ教育スルハ、父兄ノ子弟ニ対シテ為スベキ義務ナリ。而シテ児童ノ幼ヨリ学ニ就キテソノ教育ヲウクベキハ天賦固有ノ権利ニシテ、理ノ正ニ然ルベキトコロナリ」(11)と論じ、子どもの教育への権利を、天賦固有の権利と認めている。なおこの雑誌にはルソーの『エミール』が訳出掲載されている。おそらくこれが最初の邦訳(但し部分訳)だと思われる。

法律思想においても、最初の民法草案に尽力したボアソナードは、その親権解釈において、「一切ノ権利ハ子ニ属シ、父母ハ只義務ヲ有スルニ過ギズ」と明解に論じたし、法典論争では少数派ではあったが、梅謙次郎がボアソナードの思想を受け継いで、個性的な近代的親権論を展開した。

教育勅語の成立と「教育と宗教の衝突」事件は、天皇制国家の正統の確立と異端の排除をうながしたが、この異端である社会主義あるいは無政府主義的思想のなかに、絶えず子どもの権利の思想は再生され、「権利としての教育」の思想の地下水を形づくっていった。

日本最初の社会主義政党として、一九〇一(明治三四)年結党、即日解散を命ぜられた社会民主党綱領(安部磯雄執筆といわれている)には、その第一一項で児童労働の禁止を規定するとともに、すべての子どもの教育を受ける権利がうたわれていた。そこにはこう書かれている。「吾人ハマヅ人々ヲシテ平等ニ教育ヲ受クルノ特権ヲ得セシメザルベカラズ。教育ハ人間活動ノ源泉国民タルモノハ誰ニテモコレヲ受クルノ権利ヲ有スルモノナレバ社会ガ公費ヲ以テ国民教育ヲナスハ真ニ当然ノコトナリトイフベシ。」その指導者の一人幸徳秋水も、一九〇七年に「吾々は亦、社会の一員として一人前の教育を受くるの権利」があり、義務は「社会が負ふ」とのべていた(12)。

大正に入ってからは、平塚らいてうは、婦人解放とともに、子どもの権利を主張したし、大正新教育運動家の一人、西山哲治は、『教育問題子供の権利』(一九一八年)と題する書物を書いた。そこで西山は、「子供には三つの天与の権利がある」とのべ、「善良に産んで貰ふ権利」「善良に養育して貰ふ権利」「よく教育して貰ふ権利」をあげている。また、下中弥三郎は、すでに一九〇四年「子供至上論」で、「子供は宇宙の生命であります。実に子供は一切の主権者であるといつてよろしい」とのべ(13)、小学教育すら受けられない子弟は、「吾等の立場から言へば義務の回避でないこと勿論、又決して権利の放棄でもない。これ明らかに社会がそれ等国民子弟の本来具有する「学習権」を蹂躙して居るのである」とのべた。(14) 下中弥三郎や野口援太郎、為藤五郎らによってつくられた「児童の村」小学校は、大正末期から昭和初期にかけてのもっともユニークな教育実践を残し、それに参加した若い教師、小砂丘《ささおか》忠義の「原始子ども」論は、生活綴方運動における子どものとらえ方の一つの典型となった。さらに、佐々木昂《たかし》や村山俊太郎等、北方教育の教師たちの思想と実践のなかに、わが国における子どもの発見と子どもの権利の思想の系譜をたどり、教化を教育へときりかえしていった実践の跡をたどることができる。(15)

そして、この子どもの権利と、権利としての教育の思想こそが、戦後の憲法と教育基本法体制を支える思想の根幹をなすものであり、児童憲章を生み出す思想的原動力であったことには多言を要すまい。しかし、「子どもは人として尊ばれ、社会の一員として重んぜられ、よい環境のなかで育てられる」とうたっている憲章のことばに比して、現実には子どもの権利の侵害はおびただしい。子どもを公害から守り、交通事故から守り、ゆたかな環境のもとで、その成長がとげられるためには、子どもの「発達と学習の権利」思想が国民すべてのものとして定着し、より具体的に展開されることが求められている。

国民の学習・教育権論を中心とする国民教育運動はもとより、子どもを守る会の活動や子どもと母親の権利の同時保障の観点にたつ保育一元化の運動、障害者教育運動と発達権の思想の深化、社会福祉協議会等による、施設の子どもの権利保障の努力の意義は大きい。さらに、「子どもの学習権」を軸にその論理を展開した杉本判決は、子どもの権利の思想とそれを定着させる運動のなかで、画期的な意義をもっている。日教組・教育制度検討委員会報告書『日本の教育改革を求めて』(一九七四年)も、この系譜につながる集団労作である(16)。

五　子どもの権利の内容――発達・学習・環境の権利

わたしたちは、以上のように、「子どもの権利」の歴史的展開をふまえながら、さらにその内実をゆたかにしていくことが必要である。

人権のもっとも基底的なものは生存の権利であり、幸福追求の権利である。そして、子どもにとってのこれらの権利は、何よりも人間的環境のもとで肉体的・精神的健康が保たれ、人間的に成長・発達する権利だといえる。したがってその権利は、子どもの未来にかかわっている。そして、その権利の充実のためには、その発達段階にふさわしい学習と教育が保障されていなければならない。

子どもの生存権は、物質的・肉体的基底においてだけではなく、将来に亘っての人間的成長の権利であり、それは学習の権利を含む文化的視点を含んだ概念なのである。子どもにとっての生存権を、その将来に亘っての人間的成長・発達の権利を含んでとらえなおすとき、その発達の権利は、適切な学習の権利を含んでいる。これを子どもの「発達と学習の権利」として一つのカテゴリーにまとめることもできよう。

そして、発達と学習の権利は、今日では教育を受ける権利として憲法上規定されるに至り、公教育制度を通して就学機会の保障を国と親に義務づけているのである。このような考え方は、今日では、すでに国際的に承認された教育の通念だと考えてよい。

世界人権宣言はその第二六条で、すべての国民が教育を受ける権利をもつものと規定している。ユネスコの依嘱を受けて、ピアジェはこの条項を解説したが、そこでは、教育を受ける権利とは、発達の権利の保障として位置づけられている。[17] ピアジェは、発達の生物学的決定論や、知能発達の前成説的誤謬を批判しつつ、発達は一定の段階をたどりながら、適切な環境のもとで、教育を通してとげられると主張する。そして「教育を受ける権利」とは、「あらゆる発達の水準において、社会的または教育的要因が発達の条件をなしているということを主張すること」を含んでおり、したがって、「教育をうけるという人権を肯定することは、……各人に読み書き算の取得を保証するよりもはるかに重い責任を負わすことである。それは本当の意味ですべての子どもに彼らの精神的機能の全面的発達と、それらの機能を現在の社会生活に適応するまで行使することに対応する知識ならびに道徳的価値の獲得とを保証してやることである」。

しかも、その教育は、「人間的個性の完全な開花と、基本的な人権と自由との尊重の強化」をめざすものであり、そのためには「体験と探求の自由」が不可欠である。

だからまた「教育をうける権利とは、学校に通学する権利だけではない。それは、教育が個性の完全な開花をめざすかぎり、能動的な理性と生きた道徳的意識をつくりあげるのに必要なもの全部を学校のなかに見出す権利でもある」。

「教育をうける権利は、だから、個人が自分の自由に行使できる可能性に応じて正常に発達する権利であって、それ以上でもそれ以下でもなく、社会にとっては、これらの可能性を有効かつ有用な実現に変える義務なのである。」それは「個人のなかにかくされていて、社会が掘りおこさなくてはならない可能性の重要な部分を失わせたり他の可能性を窒息させたりしないで、それらの可能性を何一つ破壊もせず、だいなしにもしないという義務をひきうけることである」。

以上のように子どもの人権は、子どもの権利を含んで成立する。その中心は発達の可能態としての子どもが人間的に成長・発達する権利であり、そのための学習と探求の権利、そして、それを保障する教育への権利だと考えてよい。そして、もしこのような内容を含んでの子どもの人権が保障されていなければ、それは、その人間の将来に亘っての人間的諸権利——幸福追求の権利、真実を知る権利、思想の自由、さらには、政治への参加の権利等——を有名無実化するものとなる。無知は専制の温床である。専制は、そのために教育制度をさえ利用しようとする。国民は知る権利をもっている。しかし知る能力が引き出されていないところで、知る権利を言うことは幻想でしかない。この意味において子どもの権利は人権の基底であり、子どもの発達と学習の権利は、人権中の人権といわねばならない。子どもの発達と学習の権利が充足されるためには人間的な環境のなかで、身体的・精神的健康が維持されねばならない。環境への権利と健康への権利は、子どもの権利の基底としての意味をもつ。

児童権利宣言には、「教育を受ける権利」(第七条)とともに、「児童は、健康に発育しかつ成長する権利を有する」(第四条)と規定し、わが国、児童憲章も、「児童はよい環境のなかで育てられる」とうたっている。

こうして今日、子どもの権利とは、ゆたかな環境のもとで、心身ともに健康に発達する権利であり、そのためにふさわしい学習の権利を中心とし、そのことによって、その他の人権に現実性を与えるものであり、その意味で人権において最も基底的な権利ということができよう。

六　子どもの権利は誰が守るか

前述のように、子どもの権利は人権の基底であり、それが実質的に保障されていなければ、その他の成人の人権もまた空虚なものになる。このことは、人権擁護の視点のなかで、とりわけ子どもの権利を守ることの重要性を物語っている。しかしながら、同時にわたしたちは、子どもだけに着眼していたのでは、子どもの権利は守れないという関係に留意しなければならない。たとえば、おとなの人権が奪われている社会で子どもの人権だけが守られるはずはありえない。ファシズムは、人権に対する凶暴な攻撃であったが、そのファシズムの特徴を、ワロンは「ファシズムは子どもの権利を奪うものだ」と規定した(18)。

人権一般が守られていないところで、子どもの権利の実現を夢見るのは、まさしく幻想でしかありえない。逆に子どもの権利の守られていない社会での人権は、空虚なものでしかない。同様の関係は、親と子の間にもあてはまる。労働権や生存権を含んで、その親の人権が守られていないところで、子どもの人権は保障されない。

すでにのべたように、かつて、産業革命の進行と資本主義の発展の過程で、大量の児童労働を必要としたとき、親は子どもの権利を無視して、その子たちを過酷な工場労働に追いやり、それが、「親権の濫用」として問題になったことがあった。しかし、事柄の本質は、マルクスが『資本論』のなかでいみじくも指摘しているように、児童の権利を奪い、親権を濫用にいたらしめている産業社会にこそその批判は向けられなければならない。

親の文化的生存の権利が保障されていないという事態は、それはそのまま、子どもが文化的な家庭環境のなかで育つ権利への侵害であることに、特別の想像力を必要としない。とりわけ、子どもが生誕とともに発達をとげる場はまず家庭であり、その成長を助け、学習を保障し、その健康を守る第一次の責任は親がもっている。これは親の権利というよりは、親のその子どもに対する神聖な義務としてとらえるべきであろう。

近代民法は、まさにこのような精神を受けとめて、親権を次第にその権利性においてではなく義務性において解釈するようになってきている。そして、その権利性は、親の義務を第一次的に行使する権利を第三者によって侵害されることはないという点に求められるにいたるのである。たとえば、子どもの教育に関して、教育と学習は、子どもの人権の中心をなすものだという認識の上で、その発達と学習の権利を保障するという義務をまず第一次的にもっている親は、その子のために、親権者として、教育を選ぶ権利をもっていると考えられる(たとえば世界人権宣言第二六条三項)。親の教育の選択権をとびこえて、もし国が子どもたちの教育の直接の担当者としてのりだしてくることは親権の侵害であり、それは子どもの権利を保障することにはならない。ファシズムはまさにこの親権を否定し、子どもに対して直接にそれを第三帝国の子とみなし、あるいは「天皇の赤子」として干渉したのであった。ラートブルフは、この点に関して、「ファシズムは、親の権利を否定し、家庭を、共同体(国家)の出店とするものだ」と指摘している。(19) 子どもの権利が守られるためには、親の生存権が保障され、文化的な家庭環境のもとでの両親の適切な教育的配慮の権利が保障されることが不可欠なのである。

しかし、子どもの発達と学習の場は、家庭につきるものではない。現実に家庭が文化的な環境を欠くとき、子どもは両親の偏見にさらされ、偏見のなかでそれを受けつぎながら育つ。そのような現実のもとでは、父母は、その子どもへの教育権(親権の一部としての)を共同化し、学校をつくり、教育の専門家としての教師に、その親権を信託するという関係のなかから、近代学校の思想は生まれてくる。のみならず、今日では、婦人の労働権の保障という観点からだけでなく、子どもの発達保障というより積極的な動機から、幼児教育が重視され、ゼロ歳児からの集団保育の発達的意義がとらえられてきている。現実には、共働きで貧乏人の「保育に欠ける子」への福祉という観点がなおドミナントであるにしろ、子どもの発達についての研究の深まりと実践の蓄積のなかで、集団保育の積極的意味が理解されてきている。

さて、保育の、さらには教育の専門家としての保母・教師は、親の教育権の信託という権利根拠のもとで、まさに子どもの発達と学習の権利の保障者としての専門的力量をもつことが求められ、その専門性に対して、父母はその権利の一部を信託する。そこで、もし教師の人権と研究と教育の自由が保障されておらず、教師自身が探求的精神をもち合わせていないとすれば、その教師によって、子どもや青年の探求的精神が掘り起こされ、鼓舞されることはありえないであろう。そのように考えれば、教師の人権と、教師の教師としての権利と自由が保障されていないところでは、子どもの発達と学習の権利は守られないというべきであろう。教師の人間としての、市民としての権利、さらには教育労働者としての権利は、子どもの人権保障の視点と結びついて要求されるというべきである。教師が教育条件確保の闘いを組み、政治的課題にも積極的に対応することは、子どもの権利保障という観点からみても、当然必要なことなのである。

こうして、子どもの発達と学習の権利の保障は、まずその父母がその責任を負うが、しかし、保育が社会化されればそれだけ早期から、その責任は保育者にゆだねられ、それがやがて教師に引きつがれる。子どもの人間的成長・発達は、親と保母・教師の共同事業として、その責任が適切に分有され、それぞれの固有の役割が果たされるなかで保障される。そのうえ、子どもは、社会のなかで育つのだから、社会全体が子どもの権利の保障の視点に立たねば、子どもはやがてその社会に反逆することにもなろう。保育の社会性、教育の社会性の意識が共通のものになることが不可欠なのである。このことを、私はかつて「私事の組織化としての公教育」ということばで表現した。組織化された私事は「新たな公的なるもの」に他ならない[20]。

教育は、自分たちひとりひとりの権利だという観点は、その権利は他人の権利が保障されることのなかで守られるという観点と結びつくことによってはじめて恣意性を脱し、「ひとりひとりのものであると同時にみんなのもの」としての公教育が生みだされる。

七　人権と子どもの権利

子どもの権利の視点は、人権思想の展開のなかできわめて重要な意味をもち、人権思想の内実をゆたかにする視点である。すでにみてきたように、子どもにとっての学習権というのは、子どもの人権の中心であると同時に、その将来に亘ってその他の人権の実質的保障のために不可欠のものである。しかも子どもの権利を保障するためには、親の人権が保障されていなければならず、子どもの学習権が保障されるためには、同時に教師の権利(その人権と教育権)も保障されていなければならない。

こうして、子どもの発達と学習の権利を中軸とする人権の構造化によって人権の社会的意味がとらえ直され、人権が古い世代をこえる新しい世代の権利を含むことによって、人権そのものに歴史的展開の可能性が開けてくる。そこでは人権は自然権的な権利だとして説明されるだけではなくて、その内容が、歴史性と社会性をもつものとしてダイナミックにとらえることが可能となる。

もちろん、子どもの権利に、いっそうのリアリティーを与えるためには「教育と発達の科学」、つまり子どもの発達の筋道を明らかにする科学が発達しなければならないし、そこで発達の内容を保障するものが具体的に明らかにされる必要がある。そして、そういう課題を含んで子どもの権利の視点は、現在の教育問題の中心的視点となってきている。しかも、このこと自体が人権思想一般にも大きな問題提起となっている。

さらに、子どもの発達と学習の権利保障の観点は、民衆が文化の創造と発展の担い手となるという視点と固く結びつく。文化が民衆のなかに根づき、民衆が文化創造の主体となるということは、子どもや青年の学習権を軸とする国民の学習・教育権の思想が国民的基盤で根づくことと不可分の関係にあるのである。たしかに、学習の権利は、子どもの権利のなかで、とりわけ重要な意味をもつ。しかしそれは、子どもに固有の権利ではないことも自明である。

人間は終生、知的探求の自由をもち、真実を知る権利をもっている。主権者としての国民は、この探求の権利の主体的行使によって、はじめて主権者としての実質を保ちうる。学問の自由は、なによりもまず、国民すべての自由である。

とすれば、子どもの学習権は、国民の学習権の最も原初的、したがって基本的な形態に他ならない。それゆえにまた、子どもの学習権が保障されていない社会で、国民の学習権の実質的保障はありえない。逆にまた、国民の学習権、真実を知る権利が保障されていない社会で、子どもの学習権が守られることはありえない。子どもと国民の学習権が保障される社会は、国民が主権者として実質的な政治的主体となり、同時に、「新しい世代の権利」を保障し、彼らに、古い世代をのりこえることを期待しはげます社会に他ならない。

（1）堀尾輝久「発達の視点、発達のすじみち」上・下、『教育』一九七四年九月号・一〇月号、参照。

（2）堀尾輝久「保育一元化について」『日本の教育科学』日本文化科学社、一九七六年、所収。

（3）バラン、スウィージー「独占資本社会と教育」『世界』一九六三年四月号。

（4）クループスカヤ、勝田昌二訳『国民教育と民主主義』岩波文庫、一九五四年。

（5）ワロン「一般教養と職業指導」竹内良知訳『ワロン・ピアジェ教育論』明治図書出版、一九六三年、所収。ワロンは続けて、「子どもの権利とは何か？　それは子どもの本性を尊重させ、子どものなかにある固有の諸資質を尊重させ、子どもは大人でないこと、大人ではないから子どもには大人とちがった扱いが必要なこと、大人は子どもに自分の感じ方や考え方や規律をおしつける権利をもっていないことを承認させる権利のことであります。これこそ新教育が要求してまいったことでありまして、こう要求することによって、新教育は他の諸段階を準備する、欠くことのできない、必要な第一歩をふみ出したのであります」とのべている。

(6) P. Ariès, L'enfant et la vie familiale, Plon, 1960.
(7) Cf. Piaget, Psychologie et Pédagogie, Denoël, 1969.
(8) 堀尾輝久「発達の視点、発達のすじみち」前掲、参照。
(9) 清水寛「障害者の「生存と教育」の権利」日本教育法学会年報第一号、有斐閣、一九七二年、参照。
(10) 堀尾輝久「近代教育の理念と現実」(『現代教育の思想と構造』岩波書店、一九七一年、第一章)、同「コンドルセ」(梅根悟・長尾十三二編『教育学の名著12選』学陽書房、一九七四年、所収)、参照。
(11) 赤松次郎「強迫教育論」『教育新誌』第八八号。
(12) 幸徳秋水「貧民教育と小学教師の待遇」『日本之小学教師』一九〇七年三月号。
(13) 「婦人新聞」二三四—二四二号。
(14) 下中弥三郎「学習権の主張」『啓明』一九二〇年二月号。
(15) 日本における子どもの権利の思想については、堀尾輝久『教育の自由と権利』青木書店、一九七五年(新版二〇〇二年)、第一章参照。なお、横須賀薫編『児童観の展開』(近代日本教育論集5、国土社、一九六九年)は、近代日本における「子どもの発見と子どもの権利の思想」の展開を資料的にあとづけた労作である。
(16) 小林直樹編『教育改革の原理を考える』勁草書房、一九七二年、堀尾輝久「教育改革の思想」『世界』一九七四年四月号、等参照。
(17) ピアジェ「現在の世界における、教育をうける権利」、前掲『ワロン・ピアジェ教育論』明治図書出版。
(18) ワロン「子どもの権利」(Les droits de l'enfant, Pour l'ère nouvelle, 1939)、滝沢武久訳『科学としての心理学』誠信書房、一九六〇年、所収。
(19) ラートブルフ、野田良之・山田晟訳『社会主義の文化理論』ラートブルフ著作集8、東京大学出版会、一九六一年。
(20) 勝田守一、堀尾輝久「国民教育における「中立性」の問題」上・下、『思想』一九五八年九月号・一九五九年三月号(堀尾輝久『現代教育の思想と構造』前掲、所収)。

(初出・兼子仁他編『教育行政と教育法の理論』東京大学出版会、一九七四年所収)

［補論Ｉ］　児童憲章とその問題点

一

今度（一九六〇年）の五月五日は、児童憲章ができて一〇年目、世界児童権利宣言ができてはじめての「子どもの日」に当る。

一九五一年（昭和二六年）のこの日、子どものしあわせを願って制定された児童憲章は、美しいことばで、子どもの権利をうたっている。

憲章は、総則的規定でまず、「われらは、日本国憲法の精神にしたがい」「すべての児童の幸福をはかるために、この憲章を定める」とのべ、児童に対する「正しい観念」を「児童は、人として尊ばれる。児童は、社会の一員として重んぜられる。児童は、よい環境の中で育てられる」という三原則にまとめ、以下の各条項で、この原則を敷衍している。

それでは、日本国憲法の精神にしたがう正しい児童観とは何であろうか。一言でいえば、「子どもの権利」の確認にほかならない。すなわち、児童憲章は、憲法における国民の権利規定一般に含まれている子どもの生存権、幸福追求権、学習権等(憲法第一三条、二五条、二六条等)の規定を、一層明確に、自覚的にとりだして、再確認し、これをわかり易いことばで宣言したものということができる。そして、この「子どもの諸権利」を中心にする新しい児童観が、戦前の「天皇の赤子」観に比べて、画期的であることはいうまでもない。

この新しい児童観の宣言のあとに、すべての児童は、「心身ともに健やかにうまれ、育てられ、その生活を保障される」(第一条)、「適当な栄養と住居と被服が与えられ、また、疾病と災害からまもられる」(第三条)等の規定が続く。これらの規定は、いわば、子どもの諸権利にとって基底的な、その生存(生命)の権利を保障するものだということができよう。この衣食住に関する基底的権利が保障されていないところでは、子どもの学習権(第四、六、八条等)が現実に保障される可能性はない。と同時に、子どもの学習の可能性が奪われているところでは、その子の将来にわたって、「生存権」の保障が危うくされるという逆の関係が成立する。「生存権」とは、たんに動物的生存の権利を意味するものではなく、人間的、文化的生存をその内容としていることは、今日における「生存権」解釈の通説であろう。従って、「教育以前」の基底的生存が保障されない限り、学習権がその現実的基盤を失うと同時に、学習権は、生存権そのものに含まれているということができる。学校教育という観念にとらわれず、子どもの生活と成長に即して、子どもの学習活動をとらえてみれば、このことは容易に理解できよう。

さて、以上のことを念頭において、日本の現実をふり返ってみるとき、われわれは、そこに多くの困難をみいだす。

二

「現実にひどく遊離しているからこそ、この憲章を作る必要があるのではないか」(『朝日』一九五一年五月六日)、憲章制定当時、草案審議会の会長であった金森徳次郎はこうのべた。憲章制定後、現実は少しは改善されたであろうか。

「毎年「こどもの日」を迎えるたびに児童憲章がいかに空文化しているかを改めて感ぜざるを得ないのは、政府、自治体はもちろん、我々おとな全体の怠慢だといわねばならない」(『毎日』社説、一九五九年五月五日)。このような表現は、子どもの日の新聞社説や、それにちなんだ特集記事の中に、必ずといっていいくらいみいだされる。これは現実の困難を示している。

しかし、このような反省は、多くの場合、子どもの日を中心とする児童福祉週間の前口上に過ぎない。その後は、一般に、教育・福祉・厚生に関する楽観論が支配的になる。

教育水準については、非識字率が低く、義務の年限の長いことが誇示され(「わが国の教育水準」文部省)、福祉厚生制度は「少くとも世界的水準において恥ずかしくない一応の面目を整えている」(「厚生白書」昭和三三年度)と主張される。そして、著名な憲法学者までが、わが国では、義務就学が一般化し、機会均等は原則的に実現されているのだから大衆の教育を受ける権利をいうのは「実益が少い」という(宮沢俊義『憲法Ⅱ』)。

しかし、同じ事実を、たとえば、子どもの教育を受ける権利(学習権)の実状について、就学率が百パーセントに近いとみるか、長欠児童が何十万人とみるかという発想の違いは、教育の「質」の認識についての大きな差異をともなっているといわねばならない。

ここでしばらく、子どもの教育や福祉厚生の実状をみてみよう。

次に示す事実は、日本の教育全体からみれば、ひとはあるいは、例外的事例だというかもしれない。しかし、これらの事実こそ、全日本教育の質規定に、決定的重要性をもっている。

統計的事実は、義務就学九九・八%の裏側に、二三万の長欠児がいることを教える。学齢児の不当雇用、あるいは人身売買は絶えない。少数とはいえ、夜間中学が、半ば公然と認められている。一二〇万にのぼる特殊児童(精薄児、肢体不自由児、虚弱児、盲・聾《ろう》児等)の教育機会の問題は、殆んど世間の関心の外に放置されている。貧困家庭のための保育所人口は六〇~七〇万にのぼっている。一九六〇年度予算の審議過程で、養護施設の子ども一人分の食費につき一〇円の値上げを要求した結果、六二円八七銭から三円四〇銭の値上げをみたが、一日五円のオヤツ代が、結局認められなかったという昨年（一九五九年）暮のニュースは、オヤツ代の要求総額が、ロッキード一機分でみたされるのにという口惜しさとともに、まだ記憶に新しい。

長欠の大きな原因である不当雇用についてみれば、その最大の原因が、家庭の貧困にあることは明らかだが（実態調査によれば、その親の職業は、無職、農漁業、日雇い、工員等の零細業が八割近くをしめている。そしてこの年少者たちの就業動機は、貧困による家計補助五一・八％、学校嫌い二二・八％、親の無理解八・八％となっている。これらが、いずれも貧困と結びついているといえる）、にもかかわらず、それらの家庭で、生活扶助・教育扶助を受けているものは一割にもみたないという（数字はいずれも『青少年白書』一九五八年度版）。貧困が子どもたちを学校から遠ざけ、「扶助」はほとんど意味をもっていないのが実状である。

さらに、炭鉱地帯の調査報告（『炭鉱不況の子どもたち』福岡県政研究会）は、戦後の子どもたちの体位向上に大きな役割を果した学校給食が、それが最も必要とされる時と所で、まさにその理由によって打ち切られる危険性を警告している。すなわち、貧困のために、給食費が払えず、そのために、赤字給食が増大し、かくて地方財政の必要上から、給食が最も必要とされる時と所で、停止されるという結果をまねくのである。赤字給食とは給食の真の必要性の徴表であるのに。この事実は、今日の福祉行政一般の思想やそのあり方の矛盾を集中的に表現しているように思える。

最近の目立った傾向として、青少年犯罪の増加があげられる。これは世界的傾向でもあり、特殊現代的な問題を含んでいる。「二十世紀は子どもの世紀であり、青少年問題の世紀といえる。彼等の不良化を防ぎ、健全な成長を図ることがきわめて困難になりつつあるからである」(『毎日』社説、一九五九年五月五日)。この皮肉な表現は正しい指摘を含んでいる。非行現象は多様になり、その原因は複雑である。物質的繁栄と精神的貧困の同居。これらの問題は改めて論ずべき大問題である。がしかし、今なお非行の大きな原因が貧困にあることも疑いえない。

具体的な例を示しておこう。一昨年、貧しい二人の少女が、酒乱の父親を殺した事件。ルポルタージュ(『サンデー毎日』昭和三三年七月一三日)によれば、多くのひとびとの同情を集めたこの少女たちは、義務教育も受けられず、二九年の六月には、長欠・居所不明で除籍されていたという。彼女たちは、姉が四年半、妹は一年半しか小学校にいっていない。

この地区の住民たちの生活環境は、一般にどのようなものだろうか。同じ報告によれば、この地区で生まれた子どもたちは出生届が出てない者が多く、両親にしても住民登録も米穀通帳もなく、転々と住家を変えてゆく者が多いという。

「かりに太郎という五つになる幼児が、荒川放水路で水遊びし、行方不明になったとしよう。太郎がいなくなったのは、ノラ犬のクロがいなくなったのと同じでしかない。なぜなら法律上、太郎は人間として存在しなかったのだから。」

このような、およそ非人間的な環境と動物的生存の中では、親殺しをはじめとする犯罪は決して例外ではない。荒川の夜間中学の先生は、この事件についての生徒たちの話し合いを聞いた感想を次のようにのべている。「こういう恵まれない家庭の子どもは、たいてい親をも殺しかねない要素を持っている。ただなにか一つの条件が欠けているためにに、殺すまでにいかないで済んでいるのだ。」

九州の炭鉱地帯の教師たちも、貧困と長欠による生徒の非行に手をやき、その将来の不安を報告している。

学校から引き離され、経済的にも精神的にも貧しくされている青少年たちは、いきおい非行へと走る。ところで非行後にまっているものは何か。鑑別所、少年院、少年刑務所、その他の施設。そこでのとり扱いがいかに非教育的であり、一度そこに入った者は、将来にわたって、人間としての成長の可能性が断たれてしまうという現状は、多くの人が指摘している。それは隔離ないしは教化ではあっても、決して教育ではない。

さて、以上の一べつでも明らかなように、「高い教育水準」の背後には、実質上学習の権利を奪われた多くの子どもがおり、教育および教育以前の困難な問題が、解決をせまっている。スラム街に、僻地に、被差別部落に、不況地帯に、災害地に、農山漁村に、そして高層建築のすぐ裏側に、日本のあらゆる場所に。

確かに、統計上の割合からみれば、これら病理現象は、少数であり、例外的だといえよう。ではさきにのべた、これらの例外が実は全教育の質を規定するとはどういうことか。日本の教育現場の平均的教室の状況を考えてみよう。長欠児・精薄等の特殊児童問題児は少数だが必ず、どのクラスにも存在する。そして、教育実践に少しでも関心をもつひとなら、これらの例外的問題が、実は、教室全体の空気に決定的な影響を与え、学級や学校の運営、授業の運び方を規定する決定的要因であることを知っている。数量的例外は、決して質的例外と同じではないのである。

それなのに、勤務評定、教育課程統制、教科書統制と、おせっかいの好きな政府や役人は、不幸な子どもたちのこのような実状を示されて、例外的事例として無視し迷惑そうにそっぽをむく。官庁行政の悪しきセクショナリズムも災いしていよう。「児童憲章がまるで厚生省の独占物のようになって、文部省、労働省もほとんど関心を見せて」おらず、「青少年対策が官庁別バラバラ」に行われているとも指摘されている(『朝日』社説、一九五九年五月五日)。

さらにこれらの問題が深く予算問題とつながっていることは自明である。ただわれわれは、これをたんに経済・財政の問題に還元するまえに、その背後にある思想ないし発想を、検討しなければならない。しかし、この問題をここで全面的に論ずることは難しい。そこで次に、児童憲章を中心に、それを支えている思想、ないし憲章解釈の基本的態度を問題にしてみようと思う。

三

児童憲章についての一般的発想は、これを、一、高い理想の宣言であり、二、法的拘束力はもっていない、三、だからその精神の実現のためには、大人や社会(政治)の道義責任が喚起されなければならない、という三点にまとめられ、四、具体的(?)対策としては、子どもを大切にすることを呼びかけ、「子どもによい環境を与える」ことが主張される。

(1)　ところで、子どもの権利に関する理想の宣言という観点から憲章を読む場合、それが必ずしもすぐれた表現を得ていないことは、昨年成立をみた世界児童権利宣言と比較するとき明瞭である。前者の表現があいまいで、権利ということばを避け、「子どもを大切にしましょう」風に、情緒的に表現されているのに対し、後者には、子どもの権利が権利として、はっきり規定されているからである。もとより児童憲章が、皆に親しまれるように、固い表現を避けたという説明はつく。しかし、子どもを大切にするということと、子どもの権利を認めるということの間に、連続する面があると同時に、質的な差があることに注意しなければならない。戦前の日本でも、子どもを大切にすることに異論のあるものはいなかったであろう。だが、殆んどの人は、子どもに権利を認めることには反対した。ヨーロッパにおける女性の地位に関しても、女性を大切にすることと、女性の権利を認めることは、歴史的にも内容的にもそのまま重なり合うものでは決してない。権利思想と、いわば「取り扱い上の道義的責任論」との質的差異は意外に大きい。権利思想の薄弱なわが国においては、この点は特に注意されねばならない。

　このような角度からみれば、憲章を、子どもの権利に関する(法律以上の)高い理想を掲げたものとみることは危険である。まずそれは事実に反している。次に、このように高い理想の面を強調することによってこれが法的拘束力をもたないという指摘の伏線になることから、その危険性は二重になる。憲章は、権利規定としてすでに存在する具体的な法律に含まれている精神(子どもの権利思想)の啓蒙的宣言であり、先行諸法規に分散的に存在する理念の総合的な宣言なのである。憲章が制定された日の『毎日新聞』社説は、憲法はじめ各種の法律によって、「子どもの幸福はすでに二重にも三重にも法律的に保護されている。法律が文字通りに守られていたなら児童憲章に掲げられた事柄は、すでに現実の環境として子どもたちを温く包んでいたはずのものばかりだ」(一九五一年五月五日)とのべ、その理念における新しさを否定しているのは正しいといわねばならない。

(2)　憲章が、それ自体として法的拘束力をもたない宣言であることは明らかである。しかし、このことが、あたかも、憲章が現実ばなれした高遠な理想の表現であることと因果関係があるかのように説かれ、その実現の責任回避ないし遅滞理由に利用され易い。そうでない場合にも憲章が法的拘束力をもたないということから、この理想実現のためには社会や大人の道義心を喚起する必要があると説くことは、一見正当にみえて、実は憲章の空文化に拍車をかけることになる点は見逃しえない。

憲章が法的拘束力をもたない理由は、それが法律ではなく宣言だという単純な事実からくるにすぎない。と同時に、憲章が、先行法規に部分的に含まれていたものを啓蒙的観点から一つにまとめたものであるという観点からみれば、憲章上の諸規定は、憲章そのものによってではないが、その先行法規によって、拘束力をもち、憲章の精神は、それらの法規によって実現が強制されなければならないのであり、この意味において、実質的に法的拘束力をもっているともいえるのである。「児童憲章が……持ち寄りの材料を並べ立てたために、結構ずくめではあるが寄木細工の美しさに止まって組立てがもろい」(『日本経済新聞』一九五一年五月五日)と、ひやかし半分に指摘された憲章の弱点も、以上のようなコンテキストで考えれば実はその弱点は、そのまま法的拘束力につながる性格づけに援用されうるのである。ちなみに、その寄木細工の原形はといえば、憲章の第一条は、児童福祉法(一九四七年)の第一条の理念と殆んど同一の表現の繰り返しであり、児童福祉法第二条には、その理念実現のための責任の所在をも明記されているし、憲章における学習権に関する規定が、憲法、教育基本法等に見合い、児童労働に関する保護規定は、労働基準法や少年法の規定の再現であることは明らかである。

このように考えれば、「お母さんたちには、この三綱領(憲章の三原則—堀尾)だけで十分で、本文の各条項は専門家に委せておけばよい」という金森(徳次郎)氏の発言には問題があるといえる。憲章の精神の啓蒙・普及の必要は、同時に、憲法、児童福祉法等の先行法規の実現化という考えと堅く結びつかねばならないからだ。そのようにしてはじめて、子どもの権利の啓蒙的宣言としての児童憲章の性格とその積極的意義が把握されるといえよう。

(3) 次に、大人や社会の道義的責任の強調について考えてみよう。道義的責任論は一方において、政治責任の追及へと向かいうる可能性をもっている。しかし、多くの場合、この考えは、憲章のもつ理想的性格、および法的拘束力をもっていないという性格を強調する論理ないし発想と結びついており、しかもこの道義的責任が、子どもを心中の道づれにする親や、子どもを働きに出す親に対する直接的非難として矮小化され、親による子どもの所有視(親権の濫用)に対する攻撃として、その責任が限定される。

たとえば、憲章の理想的性格をとく金森氏は、憲章のねらいとして「世の大人たちの児童福祉に対する自覚を高揚して、道義面から児童の幸福を守り助長して行くようにしむける」とのべたが(『毎日』一九五一年五月五日)、他のところで、同氏は、憲章の目的を説明して、それが、「子どもに対する正しい観念をはっきりさせ、その幸福をはかることにあり、親がわが子を心中の道連れにすることが愛情だと思うような観念を一掃したい。……日本ではややもすれば「子どもは親の所有物」という考えが抜け切らない。クツミガキ、ものごいなどを強制したり、ひどい場合には金で子どもを売り払ったりして、当然の権利だと思っている親が多い」(『朝日』一九五一年五月五日)とのべ、子どもに対するこのような観念の一掃に、この「憲章の目的」があることを強調している。確かに氏のいうように、そして多くの人が指摘するように、このような観念をあらためることを訴え、取締りを厳しくすることは必要である。しかし、それが、もしその点に留まり、責任を、その親の責任に限定することになるならば、このような現実をもたらした病根そのものをなくすることにはならない。なぜなら、親による子どもの人権無視は、その親たちの生存が危機にひんし労働基本権が奪われているような状況のもとでは、「親が自分の子どもを愛情をもって監護し、教育を受けさせる義務をもち、その義務を第一次的に履行する権利をもっている」(親権の今日的内容)ということすらも、実質的に否定されてしまい、これが、親による子どもの人権無視となって現われるからである。子どもの権利(その生存権・幸福追求権・これらと深くかかわり合う学習権)を要求することは、その親の労働基本権が保障され、その文化的最低生活(生存権)が保障されない限り、空しい要求ということができる。子どもの権利の保障と、その親の人間的諸権利の保障とは、不可分の関係にあるのである。

このように考えれば、大人の道義責任の追及は、基本的にはその子の親に向かうべきではなく、社会的・政治的責任の追及へと向けられなければならない。

(4) 以上のようなコンテキストの中で、次に、「子どもたちによい環境を与えよ」ということよく見られる主張について考えてみよう。この主張それ自体は、憲章の第二条、第九条等の規定にみあった当を得た主張ということができる。しかし多くの場合、それは、子どもたちが現におかれている環境それ自体の問題に目をつぶり、いわば、現実社会から隔離したところに子どものしあわせを求める発想へと屈折する。児童センター、母子センター、青年の家、モデル地区の設定等、一連の政府対策がそれである。これはまた、家庭環境における親の道義的責任追及の発想と容易に結びつきうる。このような対策が、現実離れした官僚的・独善的対策であり、根深い現実の困難を解決する道ではないことは、多く説明を要すまい。さらに、「青年の家」等が、青年に対する思想対策的な役割を担わされるとすれば、もはや何をかいわんやである。

子どもによい環境を与えるということは、マスコミ対策や遊び場の問題とともに子どもの現におかれている環境それ自体を変えることでなければならず、それは、子どもの家庭環境、従ってその親の生存権の問題と深くかかわり合いをもっている。

(5)　以上のことから、結論的にいえることは、本当に子どもの幸福を願う人は、論理必然的にその親の幸福を願い、その権利を守りとるたたかいを支持しなければならないということである。なぜなら子どもの権利やその幸福は、その親の権利が守られていない限り守られるものではないのだから。児童憲章第三条の、子どもに適当な衣食住が与えられ、疾病と災害からまもられるという規定は、国家ないしそれにかわるものが直接子どもの面倒をみるのでない限り、それを可能にする家庭の存在を前提としなければ意味をなさない。わが国の憲章が参考にしたといわれるアメリカの児童憲章は、この点を一そう明瞭に、「すべての子どもは、適当な生活水準と困窮に対する最も確実な防衛となる定収入の保障をもった家庭において、養育される権利をもつ」(第一五条)と規定している。これは子どものしあわせのためには、失業者や貧困家庭それ自身がなくならねばならないことを要求しているとみてよい。世界児童権利宣言にもこれと同種の規定がある。わが国の憲章とくに第三条も、その精神からすれば、当然このことは含まれているというべきであろう。

したがって、わが国において、子どもの幸福を願う社会的良識がたんに「子どもの日」のせめてもの罪ほろぼしのためのうたい文句に終らず、心からの願いであるならば、それは、具体的には、最低賃金制の要求となり、さらには、失業や貧困のない社会の要求となるのが筋道であろう。子どもによい環境を与えるということの内容も、このようなことと無関係に論じられれば意味をなさない。親の権利の実現と切り離して子どもの権利を要求し、現実の社会環境から隔離されたところに子どもの「よい環境」を望むことはおひとよしのセンチメンタリズムか、さもなくばまやかしであるといえよう。

他方において、労働者はそのたたかいが、自分たちの子どもの権利を守り、その幸福を実現させるための意義をもっているという側面について、もっともっと自覚的になる必要があろう。この点に関連していえば、不況炭鉱の報告の中で、小倉和彦氏は、土門拳の写真展『筑豊の子どもたち』の最後に三池労組のたたかいの写真をのせたことに不満を示し、「三池の闘争は筑豊の子どもたちを救うための闘争のようにうつる。……しかし、三池労組が頑張ることと筑豊の子どもたちが泣いていることには直接のつながりはない」(「不況下の炭鉱」『教育』一九六〇年四月号)とのべているが、これが事実にもとづく三池労組のあり方の批判、ないしは、大手と中小企業における、労組の組織上の問題指摘としてなら意味をもつが、子どもの問題を労組の問題から切り離す方向で一般化理論化されるとすれば、問題の本質を見あやまるといわねばならないであろう。子どものしあわせと大人のしあわせが深く結びついているという事実にこそ、教育運動と労働運動とをつなぐ論理の重要な契機があるからである。

四

さて、実状を見聞きするだけでも、息苦しさを感じるほどの条件のもとで、良心的教師、保母、養護施設の教師、児童福祉司等のじみちな実践が続けられている。だが、これらのひとたちは、何をなすことができ、また何が期待されうるであろうか。ここではすべてについてのべることはできない。とくに公教育の教師に限ってみても、このような状況下の教育上の困難は、ことごとく(といっても言い過ぎではなかろう)教育以前の問題と深くからみ合っており、教師の責任において解決できる問題は、ごく限られているといってよい。

そして、さきにもみたような教育以前の問題が、教育の質を規定し、日本教育全体にとって数量的には例外的な問題が、実は、教育全体の問題としてその内実(質)を決定する。

貧困家庭の児童が、一般に学習意欲にとぼしく、学力が低いことは、調査がとらえた事実である。貧困による長欠→非行の事例も多い。親殺しの事例紹介でふれた荒川の教師は、「二人の少女が、学校へ来ていれば、殺すところまではいかなかったのではないか。いまの子どもはなんでも先生と相談する。心を打ち明ければハレバレとする」とのべた。ここには、良心的教師の、その実践に対する自信が秘められている。しかし、どうして子どもたちを学校にひきもどすことができるのか。教師はここで当惑する。子どもを学校から遠ざけた第一の原因は貧困にほかならない。また、たとえ子どもを学校へつれもどすことができても、教育実践は困難にみちている。こうして教師は教育以前の問題に想いをはせ、学校教育が万能でないことを思いしらされる。

他方には、悲惨な状況にあってなお、学習意欲を失わない子どもたちがいる。

「私の家は電灯がありません。……一番下の姉が骨膜炎という耳の病気にかかってお金がたくさんいりましたので、電灯をきられてしまったのです。……光のないのにはなれましたが、勉強が出来ないのに困ります。」この子の父は病気やケガで仕事を休み勝ちだ、母親も働かねばならない。「だから私は学校を休まなければなりません。早く電灯がつけば学校を休んでも勉強がおくれないのになあといつも思います」(『炭鉱不況の子どもたち』より)。このような綴方にふれたときみいだす教師の希望と焦り。彼らは一方で自己の無力に絶望しつつ、なお子どもを学校から引き離している現実に対して、怒りをこめて立ち向かおうとするであろう。

このような教師が子どもに対するとき、そして子どもがどのように育って欲しいかを思いめぐらすとき、現実の困難に耐える強い肉体と、その困難とたたかい、これを変えていく強固な意志と能力をもった子どもたちの姿を想い求めるのはきわめて自然であろう。

憲章が制定された日、朝日新聞は、次のような社説を掲げた。すなわち、「児童憲章は、子どもの幸福な世界の設計図であるだけでなくそのままが社会の理想目標であるといってよい」とのべ、生活綴方の意義を、「自然と社会を観察するとともに、現実の困難と戦って自らが道を切り開いてゆく意欲と力を養うことに役立てる」ものとして高く評価し、「子どもがすでにもっているものを正しく生成させることを助け、困難と戦う合理的な方法を学びとらせるように仕向けてこそ、その教育は地についたものとなるであろう」とのべたが、このような主張は、当を得たものといえる。

しかし同時に、教師は、このような状況にあっては、子どもの置かれている現実を変えるように努力することが、教育以前の問題として、要請されている。教育以前の問題とは、いうまでもなく、教育の前提問題であり、この問題の解決なくしては教育が成立しえないという意味であり、教育と無関係の問題という意味ではけっしてない。しかし、一般的には、教師は直接にこの要請に答えることはできない。もしこれをあえてしようとすれば、焦燥にかられ無力感に陥るだけである。それを直接になしうるものは政治であり、労働者階級を中核とする運動である。教師の労働者としての側面からみれば、教員組合の運動もまた、この運動の一翼をになうものである。しかし、教師を、その専門性の観点から、教育実践者としてとらえる方がより本質的である。

教育実践者としての教師は、子どもを媒介にして、その親たち、とりわけ労働者と間接的につながりをもつ。それは、何度も繰り返したように子どもの学習・教育の問題はその基底的な生存の問題と深く結びついており、そのことはさらに、その親の生存、その家庭の幸福と密接不可分の関係にあるという事実認識に支えられている。

教師が、子どもの親の生存権、労働権のためのたたかいを支持し、社会教育活動その他の「専門的活動」やカンパ等を通してその運動に間接的に参加することは、子どもの権利を守り、その幸福を実現させるために必要不可欠な手段であり、それによってはじめて、教師が教育の場で、現実の困難にたえ、これとたたかい、これを変えていくたくましい子どもを育てるという実践目標は現実性をもったものになりうる。

最後に補足しておきたいことは、教育が、それ以前の社会的問題と深く結びつき、教育価値の実現が、社会・労働運動と切り離せない関係にあるというとき、そのことは決して教育、とりわけ、学校教育の問題を社会運動や政治の問題に解消させることを主張しているのではないということである。それは、労働運動や社会・政治の問題の教育的意味連関を強調しているに過ぎない。したがって、今日の教育が困難な状況にあり、教育および教育以前の問題に対し教師は常に無力であるということから、直線的に、政治が一切に優越し、教育の問題を政治の問題に解消させてしまう論理は首肯することはできない。しかしながら同時に、もし今日、教育価値の実現が固有の意味での教育実践活動によって可能だと考えるならば、それは、今日の困難な状況の本質を認識していないといわざるを得ない。

教育を守り、子どもの幸福追求の能力を育てるためには、問題をたんに教育固有の問題に限定したのでは、実は教育の問題それ自体を見失い、教育の目的それ自体が実現されえないところに、教育問題の困難さがあるのである。

今日では学校教育によって制度化されている子どもの学習権が、その基底的生存の問題と結びつき、これがさらに、その親の生存のあり方(生存権)、その家庭の幸福と切り離し難い関係にあることを深く認識するとき、教育と政治の相即的関係の質は明瞭になろう。

このようにみてくれば、教師と労働者大衆の提携の論理と運動の核心は、他ならぬ教育の問題であり、「子どもの権利」こそ、両者をつなぐ媒介項であるといえる。「子どもの権利宣言」としての児童憲章も、このような観点でみるとき、その意義は大きい。

(初出・『教育』一九六〇年五月号、国土社)

(文章中に現在は使わない表現があるが、基本は発表当時のままとした)

[補論Ⅱ] いま、なぜ子どもの人権か

一 なぜ子どもの人権は侵害されるのか

現在、子どもの人権が侵害されたり、あるいは否定される状況が広がっています。

一昨年(一九八六年)、学校でいじめぬかれて自殺した富士見中学校の事件では、いじめそれ自体が、すでに大きな人権侵害でありますが、同時に、その子どもたちの関係のなかで、教師がどういう役割を果たしたかが問われました。この件では、葬式ごっこの寄せ書きに教師が自分の名前を書いたことで、教師の責任を含めて、問題の深刻さがみんなに受けとめられたわけです。

また、長野県の自殺した中学生は、「学校なんて大嫌い、みんなで命を削るから、先生はもっと嫌い、弱った心を踏みつけるから」といった学校への抗議の遺書を残して、みずから命を断っていったのでした。

昨年、静岡県の中学校で髪が校則規定より長いという理由で、卒業アルバムに顔写真

をのせず、花壇の写真をさしかえるという事件がありました。今年は、埼玉県の高校で、卒業生の文集に成績票をのせたという学校があらわれました。

こういう深刻な事例は、現在の状況を象徴しているといえると思います。ことがらそれ自体は、非常に例外的な、異常な現象でありますが、それは状況を代表するものであると理解しなければならないと思います。

学校に体罰が絶えない、あるいは、校則によって、子どもたちの自由が縛られている。そして、内申書・偏差値の体制のなかで、子どもがほんとうに学ぶよろこびを見失っている。この状況は、ごく一般的なことなのです。

学校が、管理・抑圧の機構になっていないでしょうか。そのさい、体罰・校則に示されるものは、自由のあらわな抑圧でありますが、内申書や偏差値による統制は、隠された統制であり、隠された抑圧である、といえるかと思います。

なぜ、学校ではこうしたことが許されるのでしょうか。それは、学校というところでは、体罰にしろ、校則にしろ、内申書にしろ、それが当然のこととして許されているという問題が、一方にあるからだと思います。

あるいは、「教育的な関係」ということば自体が、従属的な関係を含むものとして使われ、そして、「教育的な関係」の名において、一つの抑圧が容認される事態があるともいえます。

このように、今、さまざまに問題になっている事態は、まさに、子どもの人権の侵害というかたちで問題が提起されています。そして、私たちがもっている現在の憲法――それは人権を保護する法体系だととりあえずはいえます――が、近代の人権保障の憲法の系譜に属するものであり、しかも、その二〇世紀的な展開をふまえたものですから、当然、憲法を軸に人権が保障されているはずです。にもかかわらず、子どもの人権はなぜ侵害されるのでしょうか。

私の問題意識の一つは、今、なぜ子どもの人権なのかという問題です。私たちは、フランス革命以来二〇〇年を経過し、近代的な人権原理は普遍的なものであり、それは人間が人間であるかぎり、すべての人間に保障される権利として確認されたはずですが、にもかかわらず、子どもの人権が侵害されているのはなぜなのか、ということです。

その理由として、「それは子どもであるからだ」、「教育という関係のなかに置かれているからだ」、あるいは、「学校社会が特別にそれを許す社会であるからだ」という理由づけがなされ、人権侵害が進行しているのです。

同時にもう一つ私が、この問題にある種の違和感を感じるのは、この間、子どもの権利という表現が、後景にしりぞいていることをどう考えたらよいのかという問題です。今なぜ、子どもの権利ではなくて、子どもの人権なのか、という問題をみなさんもお考え願いたいと思います。

ある状況のなかでは、子どもの権利という表現自体に、ある否定的なニュアンスを含んで、使われる場合もあります。「子どもの権利ではなくて、子どもの人権なのだ」と。私も現在の状況においては、子どもの人権ということを、全面に押し出さなければならない状況があると思います。しかし同時に、近代の二〇〇年の歩みのなかで、子どもの権利の視点が提示されたにもかかわらず、それは当然、人権を前提にし、そのうえで、子どもの権利の視点が提起されたにもかかわらず、そのことが、問題意識から希薄になり、いま人権を主張しなければならないのはなぜだろうか、という思いがあるのです。

たとえば、体罰という問題をとっても、戦後、体罰は人権に違反するということで禁止されたのですが、このことは私たちの憲法感覚からすれば、ストレートに出てくるはずのものです。

にもかかわらず、今日、体罰が拡大されているのはなぜなのか。それは、人権感覚がマヒしている問題と同時に、子ども固有の権利の視点が弱くなっていることと関係があると私は思っています。

そして逆に、子どもだから体罰は許されるというようにすらなっている。それが社会的な通念になっている。だからこそ、そうではなくて人権だ、という議論が全面に押し出されているわけですが、私は、子どもだからいっそう体罰から守られなければならないことを含んで、子ども固有の権利があることを、一つのポイントとして考えたいと思います。

子どもの権利、すなわち人権思想を前提としたうえで、子ども固有の権利の視点が深められることが、じつは、子どもの人権を豊かにする視点になる。同時に、子どもの人権の視点が人権一般を、さらに豊かに発展させる契機になる。そういう関係のなかで、現在の人権論をとらえなおしていく必要があるのではないか、と思っています。

このことが、私の考えかたの基本になるのですが、紙数の許すかぎりで、それぞれについて補足してみたいと思います。

二　人権の理念と現実

今から二〇〇年前、フランス革命では、人間の権利が、人間の普遍的な権利として主張され、宣言されたのですが、それに先立って、アメリカの独立革命があり、イギリスの革命があったわけで、こうした市民革命をとおして、まさに人権が主張され、宣言され、確認されていきました。

その人権とはどういうことだったのでしょうか。アメリカ、フランス革命に大きく寄与した思想家のひとりに、トマス・ペイン(一七三七―一八〇九)という人がいますが、彼は、人権の根拠を、「それは人間が人間であるという、その自覚の中にあるのだ」というかたちで提示しています。

そしてさらにこう述べています。「人間が造物主の手によって作られた時点……その時点で、人間は一体何であったか。人間だったのである。人間であることが、その高貴な、そして唯一の肩書だったので、これ以上高貴な肩書は、人間に与えることはできはしない。市民革命は、圧制のもとでの民衆のみならず、貴族をも人間にまで高めた」と。

フランス革命は、抑圧された民衆を人間に高めただけではなくて、貴族をも人間に高めたというペインの主張に加えて、王様をも、皇帝をも人間に高めた、ということばを続けて書き加えていいのではないでしょうか。

そして、その人間の権利が、人間が人間であることの自覚のなかに根拠をもつとすれば、憲法の規定やその解釈のありかたがすべてではないわけで、むしろ、民衆こそ、「人民こそは憲法に先立つ」のであり、「さらに、憲法は政府に先立つ」と、このようにペインは書いています。

憲法があって、それに時の政府の解釈が加えられ、民衆はそれによって恩恵として権利を与えられるのではない。関係はまさに逆であり、人民こそが憲法の根拠そのものである。こういう考えかたで、人権の普遍性が確認され、主張されたのです。

しかし、現実には、近代以降の歴史をたどれば、人間の権利が普遍的なものとして、すべての人間に保障されたかといえば、決してそうではなかったのです。ある人たちは人権の保障から除外されていたのです。

それは、奴隷であり、労働者であり、障害者であり、女性であり、そして子どもであったのです。人権は人間の権利として宣言されたにもかかわらず、人間という言葉それ自体が、一つの歴史を含んで表現されていました。たとえば、英語ではライト・オブ・マン(right of man)、フランス語ではドロワ・ドゥ・ロム(droit de l'homme)です。マンあるいはオムというのは、人間という意味ですが、同時に男であり、そして主人でもあった。そういうことばであったのです。

そのことばが象徴しているように、フランス語のオム、人間ということばは、ファム(女)の対語つまり男の意でもありますし、アンファン(子ども)の対語つまりおとなの意でもあるわけで、オムの権利といったばあいに、ファム(女性)の権利、あるいは、アンファン(子ども)の権利は、ともすると抜け落ちがちであったということは、じつは、「人間」ということばの意味の歴史それ自体が示しているのです。そのことはまた、人間の権利の内実において、同質の問題が生じていたということでもあるわけです。

これは残念なことでもありますが、同時に、人間が言語をつくってきた、そして、そのことばに意味をこめてきたという営み、それ自体が歴史的な背景を含んでいるのだ、と思い直せば、なるほど、そういう関係だな、ということになりましょう。しかしそれだけに、今、私たちが人権というばあいに、まさに、掛値なしにすべての人の人権、たとえば障害者の、女性の、子どもの、そしてアパルトヘイト下で奴隷に近い状況の人たちの人権がどうなのか、あるいは、労働者の権利・人権はどうなのかと考えていったばあいにも、それぞれ依然として、その人間の権利というものが、侵されていないかという問題があるわけです。

それだけにまた、市民革命のなかで提示された人権の普遍性は、その原理のなかに、労働者も奴隷も、女性も子どもも、われわれもまた人間であるという自覚を深める可能性を含んで、それ以後の歴史がつくられてきた、といっていいわけです。

三　おとなと子ども

ところで、ここでの問題は子どもであります。歴史的にみれば、人間の権利が高らかに宣言された市民革命の時代に、その人間の権利を前提にしながら、子どもの発見と子ども固有の権利という視点が、ほとんど同時的に提示されます。

そもそも、子どもという存在が、近代以前の歴史においては、無視されていたことを思いおこす必要があります。人類が人類であり続けているかぎり、子どもがいなければ、人類の歴史はないわけですが、にもかかわらず、子どもが子どもとして、おとなたちの意識にのぼる、そして、子どもとしてのあつかいを受けるということ自体が、近代以降のことなのです。

一七世紀の哲学者パスカル(一六二三—一六六二)の著作のなかに、「子どもは人間ではない」という表現があるのですが、それは、それまでの時代を代表する考えかたでもある、といっていいと思います。

そして、社会史的な研究からまとめられたアリエスというフランスの歴史家の『〈子供〉の誕生』(みすず書房)という本が話題になっていますが、それを見ても、「子どもの発見」は一七世紀末から一八世紀にかけてのことだとのべています。彼は、たとえば、ヨーロッパの絵画史のなかで、子どもが子どもらしく描かれるということは、中世絵画にはなかった。ようやくルネサンスを経て、近代の入口まで来てはじめて、子どもが子どもらしくあつかわれるようになり、子ども服もつくられてくる、ということを書いています。

そういう社会史的な事実を前提にしながら、まさに、「子どもの発見」の書であり、「子どもの権利の宣言の書」であると私たちの考えている一つの著作、ジャン・ジャック・ルソーの『エミール』(一七六二年)が書かれるのであります。

ルソーは、『エミール』のなかで、人は子どもを知らない、賢明なおとなも子どものなかにおとなを見ようとしている、といういいかたをしている。そして、この書は「子どもの研究の書」だと書いているのです。

ルソーは、自然の歩みに即しての、子どもの発達とそれにふさわしい教育のありようを、エミールをかりて展開したわけです。そのなかには、「人は子どもの状態を哀れむ、人間がはじめ子どもでなかったら、人類はとうの昔に亡びてしまったにちがいない、ということがわからないのだ」ということばもあります。

このエミールの一節をどう読むか。子どもの状態を哀れみ、子どもは人間でないと考えたこの時代にたいしてルソーは問題提起をしているわけですが、人間がはじめ子どもでなかったら、人類はとうの昔に亡びてしまっているというこのメッセージは、なにを示唆しているのでしょうか。

これは、今日においても、いろいろと私たちのイマジネーションをそそるメッセージであるように、私には思えます。親から生まれてくる者が、子どもではなくておとなであるとすればどういうことになるのか。これは一見ばかげた問いではありますが、しかし、現代のコピー時代のイメージに助けられながら、親のコピーが、たとえば、一〇年にひとりずつ生み出されてくると想像してみると、親とそのコピーによって成り立つ社会は、少しも変化せず、ひたすら続くだけのモノトーンなものになってしまいます。時の流れはあっても、歴史の創造はないということになるでしょう。

生まれてくる者が、おとなと等身大ではなくて、縮小コピーであったと仮定しても、そして、その時の流れのなかで、縮小コピーがだんだんと拡大されてきて、原本に近づいてくる、そういう歴史のイメージを考えたときにも、これまた、その社会の色合いの単調さは、基本的にはかわりません。

人間の歴史は、さまざまな矛盾や、困難をかかえてきてはいますが、同時に、人類の歩みというものを、私たちが一つの素晴らしいものだという感慨をもってたどることができるのは、子どもがおとなとはちがった存在であるということ、子どもが発達するということは、じつは、その時代のおとなたちを子どもたちが超え出ることによって、歴史が新しく発展し、つくられていったからだ、ということにあるといえると思います。

「人間が、はじめ子どもでなかったら」ということばの意味を、私たちは本気で考えてみてもいいのではないでしょうか。そして、子どもであるというのはどういうことなのか、ということを深めてみようではないか、と思うのです。

そのことこそ、子どもの発見の内容を、私たち自身がつくっていくということでもあります。歴史的には、ルソーの『エミール』は、子どもの発見の書として画期的なものでありますけれども、子どもの発見は、その後も絶えず続けられているわけです。たとえば、一人ひとりが親として子どもを見直すというとき、子どもはたしかに未熟です。しかし未熟ということは、完成したおとなのモデルと比較して、まだ未熟であるということでは決してなくて、これから発達する可能性を含んでいる存在、まさに発達の可能態であるということが未熟の意味なのであり、その可能性は、現在のおとなたちの予測を超えて発達する可能性なのだと、未熟の意味をとらえ直す必要がある、それを初めておこなったのがルソーなのだと、私は考えているのです。

あるいは、教師として子どもに接するなかで、絶えざる子どもの発見と再発見の過程が、子育ての過程であり、教育という実践の過程ではないか、といえると思います。

その子どもは、おとなをモデルとして、その縮小コピーではなくて、まさに、おとなとはちがう存在であるという、その子どもの固有性に着眼することであり、それは同時に、子どもが未熟であることをとらえ直すことであるはずなのです。

そして、子どもの発見は、いろいろなかたちで、その時代に影響を与えました。たとえば、文学においてはイギリスで、ワーズワース(一七七〇―一八五〇)やウイリアム・ブレイク(一七五七―一八二七)が子どもを讃える詩を書き、あるいはフランスでは、ビクトル・ユーゴー(一八〇二―一八八五)がこういっています。

「コロンブスはアメリカ大陸を発見したけれども、自分は子どもを発見した」と、ほこらかに、子どもの発見について語っているわけです。もちろん先駆者にルソーがいるのですが、ユーゴーは、そんなことにはおかまいなしに、自分こそが、というふうに表現したわけです。

その子どもの発見とかかわって、それ以後の子どもの可能性にたいする期待、それは同時に、現実の学校や教育に対する批判の視点をつくっていった、ということでもあるのです。

こうして、フランス革命期には、おとなと子どもとはちがうことが自覚され、そこに、新しい世代は古い世代をのり超える権利をもっているという表現が与えられたのです。

もう一つの視点は、親子関係における子の問題です。

四　親と子

近代以前の社会では、子どもは、家族のなかで無権利状態にあったわけですし、家長が生殺与奪の強い権利をもっていた、そういう時代がありました。その家父長権から親権が自立するということが一つあり——これが近代における親権論の一つの意味ですが——もう一つは、その親権が子どもにたいする親の責任というしかたで、親権の解釈が変わっていくということです。

それは、親子関係のもとで、子もまた人間であり人格をもった存在であるという視点が、家族のありようをとおして確認されていく、ということでもあります。たとえば、近代法思想のなかで、親子関係における子の権利問題が一つの大きな論点になっていくのですが、それは親権の近代的な解釈というかたちで動いていくのであります。

そういう視点を含みながら、子どもの権利への着眼が広がっていく、そして定着もしていく。その権利のなかには、当然、子どもが成長、発達をし、それにふさわしい学習を保障されなければならない。その学習の権利にふさわしい教育が保障されなければならない。それは発達の可能態としての子どもの、古い世代をのり超える権利でもあるという観点が深められていきます。

こうして発達の権利、学習の権利、そして教育への権利の視点も含んで、子どもの権利の思想は展開されてきます。そしてそれと平行して教育の機会が少しずつ拡大するわけです。

五　教育を受ける権利の二面性

しかし一九世紀に、現実に拡大していった義務教育法則は、私の観点からいえば、決して子どもの権利を保障するための体制ではありませんでした。これは、誰がどういう意図をもってそれを組織したかということをていねいに知れば、非常にはっきりすることです。

しかしながら、現実の公教育制度、義務教育制度は、一方では、支配者階級の大衆操作のための、あるいは社会的な秩序を維持するための手段として、位置づけられたにもかかわらず、他方で、その教育を権利として要求していった人たちにたいする一定の譲歩でもあったという二面性をもっていることもたしかです。

二〇世紀に入ってからは、子どもの権利の問題は、社会福祉、子どもの保護の観点からさらに広がっていく流れがあり、教育思想および教育運動からいえば、今世紀初頭から、世界的に高揚する新教育運動において、子どもの権利を具体的に確認し、保障する行為として教育を考えるというもう一つの流れになっていくわけです。

その二つの動きを背景にしながら、一九二四年、ジュネーブで初めて子どもの権利宣言が出されます。子どもの権利の歴史からいえば、ジュネーブ宣言それ自体は、非常に画期的なものでしたが、しかし、その後は第二次大戦を経験し、子どもの権利の侵害が広がってしまうことになりました。とりわけ、「ファシズムは、子どもの権利を侵害するものでした」――フランスの医師で子どもの研究者、そして教育運動の先達でもあったアンリ・ワロンという人がそう指摘しています。

六　第二次大戦後の展開――条約化へ

その第二次大戦を経て、人権問題は一つの大きな展開を示します。それは一九四八年に国連で世界人権宣言が採択されたことです。

その世界人権宣言の第二六条には、すべての人間の教育への権利が規定され、人格発達の権利が書き込まれています。まさに、世界的なこの宣言のなかに、「教育への権利」が人権の一つとして位置づけられていることは、大きな意義をもっているのです。

しかしその前年には、私たちは私たちの日本国憲法をつくったわけですし、憲法の人権と教育を受ける権利の規定は、そういう意味で、世界的動きと呼応しているのです。

その世界人権宣言から、約一〇年おくれた一九五九年に国連で子どもの権利宣言が採択されます。その二〇年後が国際児童年として指定されました。これは世界中の子どもの権利の侵害が進んでいないかどうか、子どもの権利が守られているかどうかを点検する国際的な運動でもありました。

さらに、その一〇年後の今年、一九八九年には、子どもの権利宣言を国際条約化しようと、今、国連を中心に国際的に動いているわけです。子どもの権利に関しては、そういう意味で、二〇〇年、いや、それ以上の流れのなかで、ようやく子どもの発見と子どもの固有の権利の視点が、提起され位置づけられてきた歴史をもっているのです。

その際、人権と子どもの権利の関係でいえば、まず、人権が確認され、そして子どもの権利の視点が提示されてくる。それは、フランス革命期をとってもそのとおりですが、第二次大戦後においても、世界人権宣言が宣言されて、一〇年後に、子どもの権利宣言が出されるという関係がある。このことをどう考えればよいかという問題でもあります。

それは一つには、子どもの権利が人権の普遍性を現実化するために、もう一度、子どもに即してそれを確認することでありますが、同時に、人権宣言だけでは、ある種の不十分さをもっているということでもあります。それゆえにこそ、人権を前提にしながら、子ども固有の権利の確認が進んでいく。それは、たんに人権の応用として、子どもの権利を考えるのではなくて、それを前提にしながら、その固有性に着眼することの意味をどう考えるか、の問題を含んでいるのです。

思想史的な系譜でいえば、人権思想がまず提起され、それに連動するかたちで、子ども固有の権利の視点が提示され深められていきます。そのうえでしかし、ことがらを、より本質的・原理的に考えたばあいに、子どもの権利こそ、人権の基底になるのではないかという問題が出てくるわけです。

このコンテキストから見る限り、現在、私たちが子どもの権利の問題を子どもの人権問題と呼ぼうとしているのは、子どもの権利をいう以前に、人権が奪われている状況が広がっているから、人権を強調せざるをえない、その意味では、一歩後退した戦線からの問題設定であるといわざるをえないように思います。

七　子どもの固有性を強調する意味

しかし、ことがらをさらに深く考えたばあいに、「子どもの人権」という表現についても、それが子どもの固有の権利の視点を含んで提起されるかぎりにおいて、人権思想をよりいっそう展開するという意味合いをもってきていると考えられます。

現在では、私は、子どもの権利とおとなの権利とをいかに統一するかというしかたで、議論を深めるべきだと思っています。しかしそのためにも、子ども固有の視点が歴史のなかで提起されたことの積極的な意味を軽視してはいけないと考えています。

子どもの権利は、子どもの時代の固有の権利であると同時に、その子どもがやがておとなになるという権利を含んでいるはずだととらえれば、子どもの固有性を強調することが、おとなから子どもを切り離して囲い込むことではなくて、やがておとなになる存在としての子どもとして、その固有性をとらえることをとおして、おとなと子どもの関係が新しくとらえ直されるのではないでしょうか。

しかも子どもには、現在のおとなを越えて新しいおとなに育つ可能性を保障しなくてはならない、という問題を含んで、子ども固有の権利がとらえられていたのではないでしょうか。

そして、その子ども時代の固有の権利が保障されていなければ、やがて、その人間がおとなになって、おとなとしての人権を行使する主体になったとしても、子ども時代に、人間的な成長が保障されず、その発達にふさわしい学習が保障されていなければ、たとえば、「あなたは職業選択の自由をもっています」、あるいは「選挙権をもっています」

といわれても、じつは、それは空しい権利でしかないというばあいが多いことになるでしょう。

そのように考えれば、子ども時代のその固有の発達と学習の権利の保障こそが、やがておとなになるその存在の基底を培っていることになるわけです。

その意味では、子どもの権利こそが、おとなの人権の基底となるのではないか、そういうとらえ直しができるはずなのです。

そのように考えれば、子ども固有の権利が保障されることによって、じつは、その子どもの人権が豊かに保障されるという関係になってくるわけで、子どもの権利は、一見、人権論の応用問題であるようにみえますし、歴史的には、そういう順序で自覚されてきた経緯はあります。しかし、ことがらに即して考えれば、人権がまずあって、子どもの権利がそれに付随するものとして、導かれるのではなくて、ひとりの人間にとっての権利の意義を考えれば、子ども固有の権利こそが、その人権の土台なのだということをくりかえし強調したいと思います。

そして、しかもその子どもの権利が保障されないと、人権そのものがいびつになる、そういう関係になっているわけです。

かつて、ワーズワースは「子どもはおとなの親である」という名文句を残していますが、私たちは、世の中の常識的な子ども観を転回させる警句として、このことばを受け取るべきではないでしょうか。

子どもがおとなを生む。たしかにおとなは子どもを生んだのだが、そのさき、子どもがおとなを生むのだ。子どもの権利こそは、おとなの権利の原基なのだ、といえるのです。

その意味では、子どもの権利は人権思想を前提にするのですが、逆に、子どもの権利は人権の基底をなしている。それは、人権から発生したというよりも、人権そのものを豊かに発展させるものとして、子どもの権利をとらえる必要があるし、まさに、人間としての成長変化ということがらに即して、その内容をダイナミックにとらえ直すことが大事だと思います。

そう見てくると、子どもの人権という表現が、もし、子どもの固有の権利を排除するしかたでいわれるとすれば、それは逆に問題になるのですが、そうではなく、人権から子どもの権利、そして、子どもの権利から子どもの人権へという、その表現が、その歴史を含んで、しかもことがらの本質に即して再編成されるかぎりにおいて、われわれがしようとしている議論は、現代の人権論そのものを、豊かに展開させる可能性をもっているのです。

子どもは、やがておとなになる存在なのに、われわれが人間というばあいに、なぜ、おとなだけをイメージして人間と考えるのか、そこにすでに一つの問題があるのです。

われわれが人間というばあいに、まず、子どもである存在が、やがておとなになり、やがて年老いて死んでいく、その一生をとおして人間である、というイメージをもつかぎりにおいて、先ほどからいっている議論は、そのなかに含み込まれてしまう性質のものです。

じつは、そういう子ども性、おとな性といった存在によるちがいを確認することをとおして、ようやく、われわれの考えかたがここまできたのです。

つまり、人権一般がいわれ、そのなかで、女性がはずされ、子どもがはずされ、障害者がはずされてきた。そのなかから、女性の権利、障害者の権利、子どもの権利ということが主張され、そしてもう一度、それぞれの具体的な存在形態を含んで、人間がイメージされ人権がとらえ直されてくるのです。

それは、生涯をとおしての誕生から死までの人間のイメージであり、そして、われわれもまた、障害をいつ負うかもしれないし、あるいは、すでに負っているかもしれません。女性もまた、人間であると同時に女性であるという、そのことを自覚することをとおして、人間であることの意味がより広がっていくととらえ直しが可能になってくるわけです。

このような広い視点で現代の人権論を深める際にも、私は、「子どもの権利」と「子どもの人権」の関連づけを深めることが、非常に大きな意味をもっているのではないか、と思っています。

（初出・『チルドレンズ・ライツ』日本評論社、一九八九年）

第三章　国民の教育権の構造
――子どもの学習権を中軸として

一　問題としての教育権

　今日の教育問題のなかには教育権をめぐる鋭い対立があり、教科書裁判、勤務評定裁判、教師の研修権裁判、学力テスト裁判等、重要な教育裁判でもその争点の中心問題をなしてきた。ここでは、前章までの叙述を前提として、それを「国民の教育権」の理論に集約させ、その構造を明らかにしようと思う。

　まず、教育権とは何か。広義では、教育の当事者である子ども、親、教師、国民、国家等の、教育に関する権利・義務、責任と権限の関係の総体をいう。これらの関係の総体が、何を機軸としてどのように構造づけられるかによって複数の教育権理論が成立してくる。

　狭義では、教育権を、教育する権利（権能ないし権限）という意味に限定し、この権利の所在とその根拠が問題にされる。たとえば親の教育権・教師の教育権・国家の教育権等の用法がそれである。そして、親・教師(国家)の教育権(right to teach, droit d'enseigner)が、子どもの学習権(right to learn, droit d'apprendre)ないし国民の教育を受ける権利(right to education, droit à l'éducation, Recht auf Erziehung)とどう関係づけられ、どう構造づけられるかが、広義の教育権論の課題である。したがって、教育権という用語は、文脈的に理解することが必要であり、とりわけ広義のそれは、分析的概念ではなく、それ自体論争的概念だといえる。

それはまた、わが国の現行法制のもとでは、国民の思想・信条の自由、表現の自由、学問の自由(憲法第一九条、二一条、二三条)を前提とし、第二六条の国民の教育を受ける権利と義務教育の規定を軸として、親権者(親)のその子への教育的配慮の責任(民法第八二〇条の親権規定)、教育行政の教育条件整備の権限とその限界の規定(教育基本法第一〇条二項)、教育の不当な支配の排除と教師の教育権限の独立の規定(教育基本法第一〇条一項、学校教育法第二八条六項)、さらにそれらに基づく関連法規をどう統一的に把握、説明するかの問題である。そのとらえ方いかんによって、教育内容、行政のあり方、教師の研修権、職員会議の任務とその権限、PTAの任務と権限等、具体的な教育諸活動の根拠やその責任の内容が大きく変わってくる。

今日の教育をめぐるさまざまな対立の根底には、狭義における教育権(教育する権利)の所在、広義における教育権の構造のとらえ方の違いがある。その主張の差異は、教育実践と教育行政の緊張的関係のなかに日常的にあらわれ、教育裁判を通して浮き彫りにされている。それはその本質において国民の教育権対国家の教育権の争いである。にもかかわらず、国民主権のもとでは国家の教育権論は、論理必然的に成立しえないことが明白であるが故に、現象的には、国民の教育権をめぐる解釈の争いとして行なわれていることに注目したい。

一九七〇年七月一七日、家永教科書訴訟に対する東京地裁判決(杉本判決)は、「国民の教育の自由」説に基づいて、「国家の教育権」論を退けた。これに対して文部省は、いち早く「教科書検定訴訟の第一審判決について」(通知、八月七日)を発し、「判決理由に述べられている教育権、教育の自由、教育行政の範囲などについては、下記のように問題が多いことにご留意のうえ、国民全体の付託に応ずる正しい学校運営に遺憾のないよう特段のご配慮を願います」とのべ、杉本判決の無力化につとめるとともに、文部省の教育権解釈をつぎのように展開した。

「現憲法下の国家は、主権者である国民の信託を受けて国政を行なっているのであり、国民と国家とは対立的な関係にあるものではない。……憲法第二六条は国民の教育を受ける権利を保障し、これを法律の定めるところにより十全に実現すべく求めているのであって、国はこの権利を積極的に保障する責務を負い、この責務を果すために、……教育課程の基準を定め、教科書の検定を行なっているのである」とのべ、注記して仙台高裁の学テ判決(一九六九年二月一九日)を引用している。そこには「公教育は、国家が国民からその固有の教育権の付託を受けて、国民の意思に基づき国民のために行なわれるべきものであり、……国民の一般的教育意思を適法な手続的保障をもって反映し得るものは、議会制民主主義のもとにおいては国会のみでありそこで制定された法律にこそ国民の一般的教育意思が表明されているものというべく、したがって、右法律に基づいて運営される教育行政機関が国民の教育意思を実現できる唯一の存在であって、他にこれに代るべきものはないのであり、他方、教育実施に当る者は、かかる教育行政の管理に服することによって、国民に対し責任を負うことができるからである」(1)(傍点堀尾)とのべてある。

ここでは、国家の教育権を正面から主張するのではなく、国民が「固有の教育権」をもつことを認めた上で、代表制民主主義国家のもとでは、国家と国民を対立させてとらえるべきではなく、公教育は、国家が国民からその固有の教育権を付託されて国民の意思に基づき国民のために行なうべきものだというのである。

この論理は、教科書裁判での国側の最終準備書面(一九七三年九月)にも採用されている。

この論理は、一見通りがよいようにみえる。とりわけ国政への参加とは何年に一度かおとずれる選挙、それもその投票行為のことだと観念し、またそれがあたりまえだと思い込まされている受け身一方の「国民」には、いかにも筋の通った言い分に聞えよう。しかし、親と子の関係のなかで、教師と生徒の関係のなかで、日常的に行なわれている教育と学習の活動を具体的に想起しながらこの規定を読めば、そこには、のっぺらぼうの「国民」とその「付託」によって癒着した、目鼻だちのない無気味な「国家」があるだけである。そこでの国民とは、すべてを議会の多数派に「付託」し、おまかせする投票人でしかなく、「国家」は、「教育行政当局」として姿を現わし、教師は「行政の管理に服するもの」であり、その国の管理のもとで「教育実施に当る者」でしかない。そこには、子ども、親、教師というまさに教育の関係を具体的に構成しているものの名辞さえも、全く姿を消しているところにこの主張の特徴がある。

国民は、たしかに議会でつくられた憲法と教育基本法を承認している。しかし、その教育基本法は、教育の目的を、多様な人間性の開花におき、教育の自由を支持するとともに、教育が国民に直接にその責務を果すべきことをうたっている。そしてそのためにこそ教育基本法第一〇条は、教育行政の責任とその限界を規定していることを忘れてはなるまい。

教育は、まさにこの文部省通知や仙台高裁判決にみられるような、官僚的、独善的思惟にはなじまない。杉本判決のことばを借りれば、教育の仕事は、「政党政治を背景とした多数決によって決せられることに本来的にしたしまず、教師が児童、生徒との人間的なふれあいを通じて、自らの研鑽と努力とによって国民全体の合理的な教育意思を実現すべきものであり、また、このような教師自らの教育活動を通じて直接に国民全体に責任を負いその信託にこたえるべきものと解される」ものなのである。

このような問題的状況のなかで、先般出された最高裁判所の学力テスト判決(2)(一九七六年五月二一日)は、教育権をめぐる争いに、一石を投じるものであった。今後の教育裁判の動向に及ぼす影響は大きいと思われる。判決は、第二六条の義務教育の規定を、「国が積極的に教育に関する諸施設を設けて国民の利用に供する責務を負うことを明らかにするとともに、……親に対し、その子女に普通教育を受けさせる義務を課し、かつ、その費用を国において負担すべきことを宣言したもの」とのべるとともに、つぎのように続けている。

「この規定の背後には、国民各自が、一個の人間として、また一市民として、成長、発達し、自己の人格を完成、実現するために必要な学習をする固有の権利を有すること」とのべて、国民(市民)の学習権を認め、さらに、特に「みずから学習することのできない子ども」は、「その学習要求を充足するための教育」を「大人一般に対して要求する権利を有する」とし、「子どもの教育は、教育を施す者の支配的権能ではなく、何よりもまず、子どもの学習をする権利に対応し、その充足をはかりうる立場にある者の責務に属する」とのべ、国民と子どもの学習権を、固有の権利として確認していることは、教育学、教育法学の発展を反映させる第二六条解釈として画期的なことだといってよい。

判決はさらに、「子どもの教育が、専ら子どもの利益のために、教育を与える者の責務として行われるべきものである」ということからは、「教育の内容及び方法を、誰がいかにして決定すべく、また、決定することができるかという問題に対する一定の結論は、当然には導き出されない」とのべ、第二六条からは国が教育内容を決定すべきであるか、その介入が拒否されるべきであるかを、「直接一義的に決定していると解すべき根拠」はどこにもないとのべ、「そうであるとすれば、憲法の次元におけるこの問題の解釈としては、右の〔教育〕関係者らのそれぞれの主張のよって立つ憲法上の根拠に照らして各主張の妥当すべき範囲を画するのが、最も合理的な解釈態度というべきである」と、その解釈の立脚点を示した上で、親、教師、国家、地方公共団体の教育への権能の範囲を明らかにしようとしている。

この論理の運びは、代議制論をたてに、当然に国が教育内容に責任をもちうるとする文部省見解や、第二六条二項の反面解釈から当然に国家の教育権が認められるとする解釈とは違って、慎重、かつ適切な発想だといってよい。

われわれもまた、教育に関する権能が、誰かに、たとえば、国か地方のいずれかに、あるいは文部省か日教組のいずれかに、独占されるのではなく、父母、教師、地域住民、そして、国や地方の教育行政機関等々で、いわば国民総がかりで、若い世代の学習権を保障する責任を分担するものと考える。そして、その権能は、あれこれの憲法条文から直接に導かれるというよりは、逆に、人権としての教育の思想の展開が示しているように、教育の本質と条理に即して、それぞれの教育関係者の権能(その権限と責任)のあり方が示されるべきだと考える。さらに、定着し、深化しつつある民主的な教育慣行や、発展し続ける国民教育運動に支えられての国民の教育権論が、法解釈を変化させ、発展させ、条文の内包をゆたかにしてきたことは、教育裁判の推移そのものが示しているといってよい。

われわれは、国民の教育権を抽象的に、かつ固定的にとらえてはならないのであり、人権としての教育の思想を前提とし、子どもの学習権を中心に、父母と教師、そして教育行政の責任と権限の総体を、具体的、かつ発展的にとらえることが必要である。

すでに前章でみてきたように、国民の教育権論は、一方で、国民の学習権思想の展開と、他方で子どもの権利の思想の展開の上に、国民主権の実質を担い、かつまた子どもの発達＝学習の権利の具体的保障のための理論として構築されるべきである。

そこでつぎに、このような観点をふまえて、子どもの学習権を中核とする国民の教育権の構造化を試みよう。

二　国民の教育権の構造

(1)国民主権と国民の学習権　わが国憲法は、主権在民の原則にたって、人権保障と平和の確保を中心理念としてかかげている。主権が国民にあるということと、国民ひとりひとりが自らの主人公として、自立した主体であることは不可分の関係にある。国民各自が、自立的、探求の精神の主体として、真実を学び・知る権利(学習権)を日常的に行使する主体であってはじめて主権在民の実質も保障される。もしわれわれが、真実を知ろうとせず、与えられた情報に満足し、あてがいぶちの判断に身をゆだねるとすれば、そして国民が、政治への参加の権利(参政権)を、投票という非日常的な行動のなかにだけ見出すとすれば、そこには主権在民の実質はない。

権力支配は、愚民観と蒙昧主義のうえにはじめて可能である。今日、義務教育は百パーセント近く普及しているにもかかわらず、しかし、実は、その「十分な」学校教育の機会のなかで、新たな無知、政治的無知がつくりだされ、そのことによって寡頭支配が続いていることを見逃してはならない。

民主主義とは、つくられた「多数の意見」にただ従うことではなく、国民ひとりひとりに自立した主体としての重い責任を課すものである。国民ひとりひとりが不断の学習と探求の主体であって、はじめて、国民主権の実質的担い手たりうる。国民主権と国民の学習＝教育権は、車の両輪の関係にある。そして、学習と教育の権利が国民にあるというとき、それは、国民ひとりひとりが、真実を知る権利、探求の自由をもち、自ら自立的、理性的な主体たらんとする思想であり、そのような次代の主権者を育てようとする思想だといってよい。

この意味において、国民の学習権とは、子ども・青年にとっては、人間的に成長・発達の権利と不可分に結びついた探求の自由を中心にし、成人にとっては、国民主権を担い、幸福追求の主体としての不断の自己教育の権利であり、それはさらに、学問の自由や報道の自由を、専門家の特権から解放し、学問の国民化、情報の国民化を要請するとともに、学問や情報に関する専門家の専門的自由(学問の自由、プレスの自由)に国民的根拠を付与し、同時にその社会的責任意識を明確にする視点を含む包括的な原理である。

それは、端的にいえば、「全国民の、その生涯にわたっての学び知る権利・探求の自由」であり、「あらゆる機会、あらゆる場所」においての自由と権利が充たされるよう条件整備を自治体や国に要求する権利を含んでいるというべきである。

(2)子ども・青年の学習権　国民の学習権は、全国民の、その生涯にわたっての権利である。しかし、それはまず、おとなとは違う「子どもの権利」、古い世代をのりこえる

「新しい世代の権利」の確認と結びついて、発達の可能態としての子ども・青年の人間的成長・発達の権利として発現する。

子ども・青年も、人間である限り、人権の主体(カント)である。子は親の所有物ではなく、独立した人格である。同時に子ども・青年は、成人とは違った存在としての固有の権利(子どもの権利)をもっている。「子どもの発見」と「子どもの権利」の思想こそ、近代教育思想の遺した最大の遺産だといってよい。

「子どもは弱く生まれる」(ルソー)。その生存と成長のためには格別の保護と養育が必要である。子どもは未熟な存在である。しかし、その未熟さは、完成したおとなのモデルとの比較においての未熟さとしてではなく、今日のおとなの予測を越えて、その多様な能力と個性を開花する、まさしく発達の可能性に充ちた存在(発達の可能態)としてとらえられるべきである。この意味において、子どもの権利とは、古い世代をのりこえる「新しい世代の権利」(コンドルセ)だといってよい。子どもや青年は、家族や学校、地域社会の援助と指導のもとで、文化の伝達と学習を通して、その社会の成員となる(社会化)と同時に主体的に自らの運命を選びとり、未来を切り拓く力を身につける。子どもは子どもであると同時に「未来のおとな」(ワロン)である。

学習と探求的活動は、人間の本性に他ならないが、それが「探求反射」とよばれるように、とりわけ子ども・青年にとって、学習活動は、生存そのもの、生活そのものだといってよい。子どもの人権とは、その現在の生存の保障とともにその将来に亘っての人間的成長・発達の権利を中軸とする。そしてその人間的発達のためには、それにふさわしい学習を不可欠のものとする。人権の基底としての生存と生活の権利は、子どもにとっては、その発達の節々にふさわしい人間的発達と学習の権利を含んではじめて有意味なものとなる。

しかも、もし子どもの発達と学習の権利が充足されなければ、その職業選択の自由の幅は実質的に制約され、幸福追求の権利も色あせる。のみならずある場合には、この権利の行使が社会的に有害な機能さえ果しかねない。政治的無知が、選挙権を行使する場合の危険性などはその最たるものといえよう。

こうして、子ども・青年の発達＝学習の権利は、子ども・青年の人権の中核であると同時に、その他の人権の条件となり、それを内実あらしめるものであり、その意味において、それはまさしく「人権中の人権」だといえよう。

しかも、子ども・青年の人権の保障は、その両親(家族)の文化的な生存と生活のための基本的権利が充足されているかどうかということと密接に関係している。子どもの人権が守られるためには親の人権が守られねばならない。親の人権(生存権、労働権、文化への権利、学習権)が保障されていない社会で、子どもの権利が守られるはずはない。親自らがその学習権を自覚し、自由な探求の主体として不断に努力することは、そのまま子どもの発達権と学習権保障の条件となる。

(3)親の教育責務とその信託　子どもは学習の権利をもつ。しかし、もし子どもを自然に放置すれば、野生児の事例が示すように、彼らの人間的発達は保障されない。人間が人間になるためには、それにふさわしい文化的環境と、発達と教育への配慮が必要である。学習はそれ自体自発的活動であるが、その機会と条件を周囲から整えることが不可欠である。子どもの発達には、なによりもまず両親の、そして社会の援助や励ましが必要なのである。

本来自己充足的でなく、他者を予想する子どもの学習を、それでは誰がどう保障すればよいのだろうか。それは、子どもの誕生からの発達に即して考えれば明らかなことだ。

子どもはふつうは、家族のなかで生まれ、家族の愛情のなかでその人間形成の第一歩をふみ出す。子どもにとって、その母胎環境がそして乳幼児期の保育が、その人格の基底をなす性格形成や知能の発達にとってきわめて重要であることは、よく知られている。子どもは二カ月を過ぎれば、授乳を通して母親と情動的に交流し、微笑《えみ》を浮べる。それは感情のゆたかな発達の第一歩である。

家庭環境や父母のしつけ(育児文化)を無視して子どもの人間的成長を語ることはできない。子どもの発達保障(保育)の責務は、誰よりもまず父母にあり、それは両親の自然的な責務に属するものだといってよい。そして今日では、両親の親権は民法的にも、子に対する権利ではなく、義務として、自然的責務としてその解釈が定着しているといってよい。それは、家父長制のもとでの、子に対する支配権ではなく、なによりも子どもの権利を守り、その人間的発達を保障するための保育と教育の責務を中心的内容としている。同時にこの親権は、親の責務を果すことをさまたげる第三者に対しては、これを排除する権利となる。親権は、子に対する義務性を根幹とし、第三者に対しては不当な介入を排除する権利性を併せもつと考えるのが、今日における親権解釈の通説だといってよい。

しかし、家庭は人間の成長・発達の視点からみれば、発達に影響を与えるさまざまな力のなかで、基本的ではあっても、その一つにほかならない。とりわけ今日の社会は、共働きの家庭が増え、核家族化がすすみ、しかも住居の環境は貧しく、あそび場もないといった環境的条件のなかで、家庭の教育力(形成力)は減少している。そしてそれに代わるものとして、自然的にも文化的にもゆたかな環境のもとで、子ども集団のなかで、専門の保育者による発達の保障(保育)が求められている。さらに子どもが学齢期になれば、両親は子どもを学校へ通わせ、その教育を学校と教師にゆだねる。

この事実を原理的にみれば、保育所や学校は、両親の親権(発達保障の自然的責務)を共同化し、その責務を、専門の保育者・教師に信託したのであり、権利論的視点でみれば、保育所や学校は、「家庭の延長」だといってよい。保育・教育の専門機関には、家庭で果しえない機能を託されて、親権(親の責務)の代替的行使が期待される。そして今日では父母がその責務を信託するのは、家庭が文化的教育的環境として十分でないという消極的な理由からばかりでなく、子どもの成長にとって、子どもの集団的な活動(集団あそびや集団学習)と、専門家による指導的配慮が、格別に重要だからである。父母は教師や保母の専門性に対して、自らの責務の一部を信託する。こうして「親権の共同化」としての保育所や学校は、「家庭の延長」として自分たちひとりひとりのものであると同時に、みんなのもの＝公的なものとしてとらえなおされる。いわゆる共同保育所づくりの運動のなかには、この意味で、まさしく「私事の組織化」としての公教育の今日的原型があるといってよい。公立学校もまた、この精神によってとらえなおされねばならない。

もとより、子どもの保育と教育の責任は、これをすべて保育所と学校にまかせるわけにはいかない。親権は、その一部を専門家としての保母や教師に信託したのであって、それを放棄したのではない。子どもは、家庭において、保育所や学校において、学校外のさまざまなあそびや活動のなかで、そして社会のなかで育つ。親は教師(保母)と協同で、子どもの発達を保障する責務をもっている。したがって、もし親の期待に反する教育が行なわれていれば、親は教師に要求や批判を出し、お互いの意見を調整して、協同で子どもの成長を保障するというのが、今日の公教育のとらえ方の基本にならねばならない。

親は、自らその子どもに対する責務を直接的に果すと同時に、子どもに代わってどのような教育を与えるかを選ぶ権利をもっている。このことは今日の国際的常識であり、たとえば世界人権宣言は、その第二六条一項で、教育への権利を規定するとともに、その三項では、「親は、その子供に施さるべき教育の種類を選択するについて優先的の権利を有する」と規定している。

わが国の現行法制からみれば、親が子どもにどのような教育を受けさせるかの選択の範囲は、公立学校が、学区制をとっているたてまえからみれば、せいぜい私立学校を選ぶ自由に限られているようにみえる。しかし、わたしたちは、学区制に対しても、あるいは学校統廃合問題にしても、これを教育を選ぶ権利の視点からとらえなおすことが必要である。学区制が容認されうるのは、行政当局が、つねに学校格差を是正し、どの学区を選んでも内容的に大差はないという前提がある場合である。その上で通学の便を第一義的に考えて学区制をとるということであって、そこではじめて、学区制は、選ぶ権利と抵触せずに機能する。学校統廃合に関しても、地域の文化的伝統や住民の意思を無視した、行政的プランニングが先行した場合、紛争がおこるのは当然だといわねばならない。

したがって、行政当局が、もし有名校づくりに加担し、格差是正よりも格差の増大に手をかし、あるいは、教師間に上級下級の格差(教頭・主任制の法制化)(3)と差別的賃金体系をもち込むなら、父母は、学校と教師へその責務を信託することによっていったんは留保した学校と教師を選ぶ権利を、あらためて主張する必要もでてこよう。学区制を受け入れ、学校と教師に親の教育の責務を信託するということは、けっして、親の、学校と教師を選ぶ権利の放棄を意味してはいないのであり、その権利は留保されているのだというべきであろう。同時にその権利は子どものためのものであり、子どもに代わっての権利(むしろ責務)の行使であることは、もはやくり返すまでもない。行政当局は格差解消に努力し、学校は、その教師集団が民主的に組織され、つねに実践と研究を交流し合い、相互に高めあうということが行なわれてはじめて、親は自らの責任の一部を安心して学校に託すことができるのである。

他方で、しかし、親の要求も、個々の親のエゴイズムではなく、親の要求の集団的検討を通してより質の高い合意が形成され、個々の要求がみんなの要求に止揚されることを通して、親集団と教師集団の相互要求、相互批判も可能となる。そこに教師集団と父母集団の協議会としてのＰＴＡの本来的機能があるのであり、そのことによって、子ども・青年の人間的発達＝学習の権利を、親と教師が協同で保障するのだということを、内実をもって主張することが可能となる。

そのためには、ＰＴＡは、学級ＰＴＡが基礎単位であり、かつまた学級父母会での討議がとりわけ重要なものとなる。そこで父母の要求を出しあい、その質を高め、自分の子どものしあわせへの期待を、みんなの子どもの成長への願いに高めることが必要である。ＰＴＡには、学童をもつすべての親の参加が望まれ、その活動が、従来のボス支配の具としてのＰＴＡから、自主的な父母集団と教師集団による、教育についての合意の形成の場であり、相互批判と励ましの場になることが、国民の教育権を現実に生かすもっとも確実な道筋の一つだといってよい。(4)

(4)学校と教職員集団の責務と権限

子どもは、今日、公教育制度のもとで、ある学校と学級の一員である。そして、学級と学校の全生活が、その発達と教育の場である。父母がその教育の責務を信託したのは、教育の専門家としての教師に対してであるが、それは直接的に個々の教師に信託したのではなく、その学校の教職員集団に対してであり、教育的環境としての学校に対してである。学校と教師は、この信頼と信託に応えるためには、その学年の教師集団はもとより、学校全体の教職員集団が一致して、子ども・青年の成長を保障する環境の整備と、人権と科学を軸とする自由な教育の創造に努力することが必要である。そのためには、各学年の教師集団や各教科の教師集団が形成され、それを中心とする全教職員の集団が民主的に組織されて、子ども・教育内容・授業実践についての研究成果や情報を交流し合い、研究と教育の力量を高め合うことがなによりも重要である。そのような教職員集団は、同時に、ひとりひとりの教職員の探求的、創造的実践の自由を保障し、これを励ますものでなければならない。

教師の任務が、子ども・青年の人間的発達を保障し、その学習と探求の権利を充足させることにあるのだから、教師は、教育内容・教材についての科学的知見をもち、同時に、子どもの発達についての専門的識見をもち、さらに授業や生活指導を通して、その発達を保障するための、不断の研究に裏打ちされた専門的力量が求められる。教師は、教育科学創造の担い手であり、同時に、その知見に裏づけられた教育の創造的な実践者でなければならない。それは子どもの不断の再発見の過程である。教師は真理の前で謙虚に、子どもの可能性の前で寛容であり、子どもの少しの変化も見逃すことなく、その発達の最近接領域と、それにふさわしい働きかけを工夫し続けなければ、教師としての責任は果せない。ここから必然的に、教師の教育研究と教育実践の自由が要請される。

この自由は、最終的には、個々の教師に担保されているというべきであるが、しかし、すでにのべたように、教育研究は、教師集団での交流を必要とし、年間の教育実践のプランは、学年会や教科担任教師間の十分な話し合いによって立案されることが必要である。子どもは学級の一員であると同時に学校の一員であるのだから、教育課程編成権は、第一次的には、民主的に組織された職員会議にあるといってよい。しかし、このことは決して、学年ごと教科ごとの画一的教育内容を求めるものではなく、職員会議は十分な討議に基づいて、互いに、創造的実践を励まし合い、支え合い、交流し合い、高め合うための自由な討議の場であることが必要である。したがって編成権が教師集団にあるということは、教師集団の官僚的画一主義にくみするものでもなく、また、各教師の恣意的な教育実践を許すものでもない。自由で民主的で研究的な教師集団の形成が、子どもの学習権保障にとって不可欠なのである。そのうえ、ひとりひとりの教師は学校の教師集団のなかで、支え合うと同時に、さらに自主的に研究の機会を学校の外に求め、全国各地で広がり深められている教育実践と教育研究に交流し合うことが必要である。この成果が確実に職場に根づけば、それは教育実践の質を変え、職場を変える活力となる。したがって自主的研究への参加が処分の対象になるような事態は由々しいことだといわねばならない(5)。

教育課程の編成の責任と権限は、各学校の教師集団にあり、そこでは、職場を基礎に、不断の研究活動が奨励され、その創造的適用と実践の自由は、ひとりひとりの教師にゆだねられているというべきである。したがってまた、教師の教育実践の自由は、何をやってもよい自由ではなく、子どもの人間的成長を保障し、その発達と学習の権利を保障するという任務に基づいて要請され、そのことによって規定され、方向づけられた自由だといってよい。

そしてこれらの教師の研究と教育の自由が保障され、教職員集団を活き活きとしたものにする体制が確立されるためには、職場に全職員による研究体制が確立され、ひとりひとりの創意ある実践と相互の助言によって集団の力量が高められ、職員会議が教師の意思決定の機関として位置づけられて、学校運営が民主化されねばならない。学校と教師の教育責務は、このような教師集団が形成され、教師が不断にその力量を高め合うとともに、学校が教職員集団の意思に基づいて民主的に運営され、父母との積極的な交流が保障されるなかで、その責務は果されるのであり、父母がその教育責務を学校と教師に信託したのも、まさにそのような教師集団の力量と、それを発揮できる学校運営の体制に対してであるといってよい。

ここで改めて教師の研究と教育の自由、教育の自律性の原則は、父母の教育への発言権の保障とどう関係するかが、問題となる。

今日、父母の教育への不信はつのり、その関心は、自分の子どもだけの、それもテストの点数と順位にだけ集中していた状況から大きく変わり、教科書内容や学校増設等の問題に確かな目を向けはじめている。

教師は、これを面倒なことと思い、教師の教育権をふりかざし、逆に父母は親の教育権をふりかざし対立を深めているケースもある。しかし、そのいずれも、教育は子どもを主人とし、その発達と学習の権利を保障するために、親と教師が協同でその責任を果すのだという基本の考えを忘れ、教師の教育権限は、親の教育責務の信託にその根拠があること、親は、教師が教育の専門家であるが故に、その専門的力量に対して、自ら教育責務の一部を教師に信託したのだという関係を忘れているといってよい。親は、教科書や教育内容について、当然関心をもち、発言する権利をもっている。教師は、その要求に耳を貸し、その批判に学びながら、その不合理や問題点を指摘し、より質の高い合意をつくり出さねばならない。そして教育内容、実践への最終的責任と権限をもっているのは個々の教師に他ならない。それ故にまた、教師が教育の専門家としての力量を高め、教育的権威の確かな内実をつくる努力を続けなければ、父母の不満は解消しない。同時に、この矛盾はおそらくなくなることはありえないのであり、それ故に、父母と教師でつくる国民教育創造の課題はつねに課題としてあり続けるといってよい。(6)

(5)教育行政の責任と住民自治の原則　教育は、子どもの人間的発達を保障するための、親と教師の共同事業である。それはまた地域住民の関心事であり、未来を担う新しい世代の成長を願う国民の共同事業である。教育は国の権力的統制と画一的支配から自律していなければならないが、同時に深く地域に根ざしていなければならない。教育にとって地域とは、人と人を結びつけ、人と自然を結びつけ、現在と過去を結びつけるものであり、このことを欠けば、子どもたちの成長、発達の根が枯れてしまう。

学校は地域ボスによって支配されるのではなく、地域住民の自治意識に支えられて、学校と教育の自律性と自由が保障されていなければならない。今日の教育が、住民の租税によって設置・運営されていることは、教育における住民自治に根拠を与えるものであり、教育を、父母・住民の、ひとりひとりの手にとりもどすことによって、公教育の「公」とは「お上《かみ》のもの」ではなく、「ひとりひとりのものであると同時にみんなのもの」という公《パブリック》の本来的意味をとりもどす、否つくりだすことが可能となる。子どもたちを公害や交通事故から守り、そのあそび場を保障するためには、あるいは保育所をつくり学校(とりわけ高校)を増設し、そのための用地を確保するためには、住民の協力なしには不可能である。さらに、教育における住民自治意識の高まりは、学校を国民のなかへ開放し、地域の文化・スポーツのセンターとしてつくりかえていく基本的な力に他ならない。

　教育における住民自治の原理は、地域の教育行政を民主化し、教育委員会の公選制を求め、翼賛組織としてのＰＴＡを、真に父母と教師の協力の組織へと脱皮させることを求める。

　教育行政は住民の意思を反映させた公選教育委員会の権限のもとで行なわるべきは当然だが、その任務は、教育条件の整備(外的事項)に限定さるべきである。同時に教師の仕事(内的事項)が不当な支配に服することなく、その自律性が保障されるように努めなければならない。[7] そのためには、教育行政自体の不当な介入を慎むとともに、その障害を排除することに、積極的な役割を果さねばならない。地域のプレシャー・グループ(圧力団体)や、宗教団体、あるいは教員組合の介入も、「不当な支配」に当る場合がありうるからである。

もとより教育の内的事項、外的事項、ないしは条件と内容の境界は明瞭ではなく、相互に深く規定し、影響し合う。したがって、教育条件の整備は行政の責任であり、行政の専断事項だとして、条件整備が独り歩きをはじめれば、それが結果的に教育実践の阻害要因になる場合が多い。たとえば、学校の実状と切実な要求に基づかず、行政の業績主義から、あるいはボスの売名の意図から、プールや体育館が建てられても、あるいはまた、教育機器の販売合戦のなかで、高価な機器が購入されても、それらは役に立たないばかりか、学校や学級運営の、授業実践の障害となる。教育の施設・設備・教材・教具は、どのような教育を行なうかという計画のなかで、その必要がきまるのであり、したがって、いわゆる条件整備は、行政の専断事項ではなく、その計画作成には教育の専門家たる教師、それと関係の深い事務職員の参加が不可欠であり、行政のあり方に、父母、教職員の要求が具体的に反映する組織(たとえば学校運営協議会)が設置される必要がある。

とりわけ、教育内容行政に関しては、教科書が検定によってチェックされ、教育実践が指導要領にしばられる現行制度は抜本的に改められ、教育課程編成権は各学校の教師集団に属し、教育内容の自主的・民主的編成の努力とその成果が生かされ、教育実践の自由はひとりひとりの教師に保障されて、教育の自律性を確立することがなにより大切である。同時に、教科書採択に際して、父母・住民の発言の場が保障さるべきである。それは実践的には、すでに各地で始まっている（東京では、調布市、武蔵野市、文京区等）。同時にまた、「教育における住民自治」の原則は、教師の教育権限の自律性を中心とする「学校自治」の原則を侵すものではなく、その自律性に基づく創造的な教育実践の自由を励まし、学校への権力的統制に抗して「学校自治」を真に保障する力とならねばならない。

学校自治や教師の教育内容自主編成権ないしは教授の自由を認める場合に、その自治や自由の濫用についての一定の不安が残ることも確かである。さきの最高裁学テ判決は、「教師間における討議や親を含む第三者からの批判によって、教授の自由にもおのずから抑制が加わることは確かであり、これに期待すべきところも少なくないけれども、それによって右の自由の濫用等による弊害が効果的に防止されるという保障はない」とのべて、そこに国が教育内容に関与すべき根拠を求めている。

自由の濫用に対する不安は、しかし、そのまま国の介入を求める論理につながるのではなく、教育内容を教師だけにまかせるのではなく、そのためには、まさしく国民的英知を結集できるルートとそのあり方を探ることこそ必要である。この不安は、今日のような中央教育課程審議会での審議→文部省指導要領→教科書検定そして教育委員会→校長の指揮監督、主任制導入等による学校管理体制の強化という方式では解決しない。時の権力の一方的な教育内容統制の危険と、それへの不安が今日広範に広がっているという事実が、従来の内容行政のあり方の破綻を示しているといってよい。むしろ、国民、親の素朴な、そして正当な不安に応えるためには、すべての子ども・青年に、国民的教養の基礎をどのように培うかという問題を軸にして、教育内容に関して国民的英知を結集する確かな筋道をつくりだし、それを組織的に保障するシステムをつくりあげることである。

この点に関連して、日教組・中央教育課程検討委員会は、さきに「教育課程改革試案」を発表したが、そのことの重要性は、各教科、教科外活動についての実践的運動の成果が集約されている点だけにあるのではなく、その提案のなかに、教育課程は、誰が、どのような手続きでつくるのかという問題についても提言し、自らの報告書を、そのなかに位置づけている点にある。そこでの強調点は、最終的に決定権をもつ教師の教育内容編成に、国民的英知を結集して自主編成を援助する体制を、地域的、全国的レベルでつくっていこうという点にある。それは地域および全国の教育課程審議会と名づけられているが、その仕事は、教育課程の「大綱的試案」をつくるとともに、全国各地の創造的教育内容づくり、教材づくりの動きを活発にし、全国の教育水準の質的向上を図るための教育内容と教育実践の情報センターでもある。その審議会には、教師代表、父母代表の参加はもとより、学問・芸術の分野での、第一線、第一級の知性を集めることが求められている。

この構成と選出の仕方それ自体も含めて、今後の検討課題として残されている問題は多いが、この提言の意味するところは大きいといえよう。(8)

(6)公教育と国の責任

教育行政における地方自治と住民自治の原則は、公教育に対する国の責任を免ずるものではない。むしろ逆に、国民の教育権を承認し、その実現を支援するという見地から、教育予算の充実と公正と正義の原則に基づくその配分による地域格差の是正、私学に対する大幅な国庫助成、保育所や高校増設等に関しても、地方自治体に対する適切な援助等によって教育条件を整え、施設・設備を充実させるという固有の、重要かつ重大な任務を負っている。同時に国の活動範囲は、地方自治と教育の自律性を侵さないよう厳しい自己限定が必要である。

そして、そのような国家の教育へのかかわりにおいてはじめて、国家と国民の対立は止揚され、国民の教育権は、その内部に国家の教育行政権能を構造づけることができる。

(7)国民の教育権――国民総がかりでその英知を結集するルートを

以上、国民主権の原

理と国民の学習権の思想を前提とし、子ども・青年の発達と学習の権利を中軸に、父母の教育責務、教師の教育権限、教育行政のあり方と国と地方の権限と責任を相互に関連づけてとらえようとした。国民の教育権とは、これらのすべての観点を含んで構想される教育についての思想である。そしてそのような思想に基づいて父母と教師の関係が変わり、教育行政のあり方が変わる、そして教育実践の質が変わるなかで、国民の教育権は現実のものとなる。

教師の教育研究運動が発展し、父母と教師の連帯がつくり上げられるとともに、父母が、地域の住民、国民のひとりとして、保育所や高校増設問題にとりくむことと、公害や地域開発問題に積極的にとりくみ、市民運動・住民運動にとりくむことは、切り離しえない関係にある。父母が、自立した市民として主体的国民として、自らの責任を行動によって示そうとし、自らも学習の権利主体として真実を求めつづけ、世のなかを少しでも前進させようという姿勢と、子ども・青年の発達と学習の権利を保障しようとする思想と行動は、まさしく一体のものだといってよい。いわゆる国民教育創造運動は、地域でのさまざまな自主的運動と結び合って発展していることは、各地の実状が教えてくれるところである。国民の教育権は、教師の自主的教育実践と運動のなかに、父母と教師の連帯の運動のなかに、住民の学習運動のなかに、勤労人民の自己教育と公教育への要求の積極的提示のなかに、あらゆる学問芸術分野の専門家たちの識見を含んで、国民総がかりでその英知を結集するルートをつくりだす試みのなかに、そして、これらの総体としての国民教育創造の運動のなかに、現実に根をおろしつつある。

（1）『ジュリスト』四六一号。
（2）堀尾輝久「学力テスト最高裁判決の問題点」『ジュリスト』六一八号、および「教育権の構造と教育内容編成」『季刊教育法』第二一号、参照。
（3）主任法制化の問題点については『季刊教育法』第一九号が特集している。
（4）堀尾輝久「親の教育権をどういかすか」『母と子』一九七三年二月号。
（5）北海道では全国教育研究集会に参加したことを理由に懲戒免職（鈴木事件）あるいは賃金カット（川上事件）があり、前者は人事委員会で処分取消の裁定があり、後者は現在札幌高裁で争われている。
（6）座談会「教師とは何か」『教育』一九七一年四月号、「父母と教師でつくる教育」『教育』一九七三年一一月号、坂本秀夫「「教育権の信託」構造素描」『教育』一九七三年六月号、等を参照されたい。
（7）兼子仁「教育の内的事項と外的事項の区別」（『教育法学の課題』総合労働研究所、一九七四年）は区別の積極的意味と同時にこれにかかわる論争点の概観を与えてくれている。なお、鈴木英一「教育基本法体制と教育行政」『季刊教育法』第二号、山住正己「内的・外的区分論と国政としての教育」（『教育法学の課題』前掲、所収）参照。

(8) 日教組・中央教育課程検討委員会報告書「教育課程改革試案」『教育評論』一九七六年五・六月合併号。

(初出・「国民の教育権の構造」『教育法学の課題』有倉遼吉教授還暦記念、総合労働研究所、一九七四年所収)

［補論Ⅲ］　義務教育とは何か

一　「義務教育」の問題点

憲法第二六条第一項は、国民の「教育を受ける権利」を規定し、第二項で、国民がその保護する子女に「普通教育」を受けさせる「義務」および「義務教育の無償」を規定している。

この教育条項は、第二五条の生存権の規定につづいており、「教育を受ける権利」は、生存権的・社会権的基本権の文化的側面にかかわる基本的人権の一つに位置づけられる。義務教育の規定も、子どもの教育を受ける権利を現実に保障する手段として、その父母および国家・社会が教育機会の配慮の義務を負うものとなる。そしてこのことは義務教育観の転換を意味した。戦前、教育は、兵役・納税と並ぶ国民の三大義務の一つとみなされていたのに対し、ここでは、教育が国民の権利として宣言されたのである。

六三制を中心とする現行の義務教育体制は、この憲法規定を指導理念とし、教育基本法以下の下位法が、さらに具体的に義務教育のあり方を規定している。すなわち、教育基本法第四条は、義務年限を九年とし、内容を「普通教育」に限定し、憲法の無償規定を「授業料は徴収しない」と表現し、学校教育法は保護者の就学義務(第二二条、三九条)、市町村の学校設置義務(第二九条、四〇条)を詳細に規定し、経済上就学困難なものに対して適切な就学援助を与えることとし(第二五条)、さらに義務教育費国庫負担法による地方財政負担の軽減、あるいは教科書無償措置法等の立法をとおして、教育の機会均等と義務教育無償への施策を行なっている。

かつまた、義務教育の内容に関しては、憲法には「普通教育を与える義務」とあり、学校教育法は「九年の普通教育」と定め、それをさらに初等普通教育および中等普通教育(高等学校は高等普通教育)として、その教育目的および目標をかかげており(第一七条、一八条、三五条、三六条、四一条、四二条)、学習指導要領は、細かくその内容を方向づけている。

ところで、このような義務教育制度のもとでの、百パーセント近い就学率と高い教育水準を、すべての国民に対する教育機会の保障の実現として単純に評価することはできない。

さきの義務教育費国庫負担法およびそれに関する施策は、財政をとおしての教育の国家統制の道に通ずるものであり、指導要領の法的拘束力の承認に見合う一連の教科書関係法は、義務教育内容の国家統制色を濃くし、あるいは義務教育におけるいわゆる政治的中立法（一九五四年）は、義務教育教師に対する勤務評定の実施（一九五八年）とともに、義務教育教師の（教育の）自由をいちじるしく害ねるものであった。そしてまた、義務教育の内容とされている「普通教育」は高等教育に対置されて、教育の自由の制限の論拠にされる。さらに、今日、教育費の過重な父母負担（教科書、教材費、給食費、その他PTA費、寄付金等）は義務教育無償の精神を裏切るものであり、学校給食を切実に必要とする貧困家庭や貧困僻地で、まさに貧困のため給食費も払えないがゆえに給食を停止せざるをえないという事例もある。長欠児や、夜間中学の存在に対する抜本的対策も放棄されているに等しい。そのうえ障害者に対する、いわゆる「就学猶予・免除規定」（学校教育法第二三条、同施行規則第四二条）が悪用され、就学義務免除によって、就学の権利がうばわれている。……

こうして、本条の普通教育・義務性・無償性の原則は、多くの問題をかかえている。「国民の権利としての教育」は、「義務教育」を媒介として、国家統制のための教育に転化し、「教育の自由」は、法律・命令・施行規則へと具体化するにつれて空洞化し、否、逆に対立物に転化しているのが現状である。

そして、国民の教育を受ける権利と機会均等の理念の現実化の過程での、以上のような変質を可能にしたものの一つが、福祉国家論的義務教育観であり、戦前にひきつづいて、今日なお社会通念として残っている伝統的な義務教育観であった。義務教育の教師なのだから政治的中立を守らねばならず、普通教育とは、義務教育の内容として規定されているのだから、当然国家規準に合致すべきであり、それが無償なのは、義務教育だからであり、就学強制は、義務教育だから当然なのであり、障害者は例外的にその義務を免除されるのだ……。ここにみられるのは戦前流の「国民の義務としての教育」観に他ならない。誠に「憲法は変われども行政法は変わらず」(O・マイヤー)、国民の法意識も変わらないという一つの典型的事例がここにあるといえよう。

そして、このような下位法規と社会通念に励まされて憲法解釈そのものもゆがめられ、国家が教育権を有することは、「憲法第二六条第二項の反面解釈上疑を容れない」という独断的法律解釈が判決文に現われ、「国家が教育を通して民主主義の本質や使命等について国民に教説すること(国定道徳教育)は当然だと主張され(和歌山県教組勤評判決)、国家が教育の主催者としてのぞみ、勤評や道徳教育を強行することを合理化している。

他方、義務教育の拡充は、明治以来一貫する教育政策の基調であり、百パーセントに近い就学率をもつわが国では、とりたてて論ずる問題ではないとする通念もまた存在する。そして、このような考えに共通していえることは、問題を伝統的義務教育観の枠の中でとらえ、憲法第二六条全体の中で義務教育をとらえなおす視点を欠いていることになる。同時にこのことは、義務教育が、まさにそれと結びつくことによってその意味転換をとげた「国民の教育を受ける権利」についての無理解と対応している。

たとえば、法学協会編『註解日本国憲法』は第二六条解説の中で、諸国の教育に関する憲法上の規定を国民の側から規定するものと国家の側から規定するものがあるとして、この二つの型に注目しているにもかかわらず、両者は、その規定は異なっても「その実質は同じ」であり、その差異は「本質的問題ではない」とのべ、教育を受ける権利が基本的人権の一つとして憲法に現われたことの歴史的に重大な意味についてなんら注目していない[1]。また、宮沢俊義氏の「基本的人権」においても、「教育を受ける権利はとりわけ高等教育に関して意味を有する。普通教育は、義務教育であり、しかも無償と定められているから、その点については、特に教育を受ける権利をいう実益は少い」という表現に示されているように、「教育を受ける権利」の画期的な意味と、それにともなう義務教育の質的転換についてなんらふれられていない[2]。これらはいずれも、教育を受ける権利と義務教育の本質理解の今日的水準を示している。

ところで、義務教育の歴史は古い。その原型はドイツ絶対王朝の「教育国家」の思想とその施策にあるとされ、わが国においても、天皇制国家体制を支える主要な柱であったことはいうまでもない。この用語が最初強迫教育と訳されたことは興味深い。そして、このような義務教育観が、人権思想の歴史的展開の中で、まさに二〇世紀において、とりわけ第二次大戦と民主主義の昂揚の中で、ようやく憲法上にその規定をみるにいたった「国民の教育を受ける権利」の思想と、矛盾なく同居しうるはずはない。その時、伝統的義務教育観が、人権としての教育と教育を受ける権利の思想を空洞化するか、逆に後者の精神のなかで、義務教育に新しい意味づけが与えられる以外にはありえない。にもかかわらず、この点に関して一般に、ほとんど注目されていないのはなぜであろうか。その無関心こそ実は、伝統的義務教育観の強い残存を示しているといえるのではなかろうか。

その上さらに、今日における福祉国家論および「公共福祉」による人権の制限説ないし福祉行政的教育思惟と、伝統的教育思惟との癒着によって、「人権としての教育」は挟撃され、あるいは戦前の親権思想が戦後の福祉国家観のもとでの権利・義務観にとって有力な論理的武器になりうることによって、子どもの権利の思想がみんなのものになることをさまたげている事情がある。

こうして、憲法第二六条にもとづく国民の権利としての教育の思想と、それと結びつく義務教育の新しい意味づけを行なうためには、一方において、戦前の義務教育観との、他方において福祉国家段階における義務教育観との徹底的な対決を避けるわけにはいかなくなる。

そこで以下、節を追って、戦前のわが国における義務教育観を明らかにし、つぎにヨーロッパにおける権利としての教育の思想および義務教育の歴史を必要なかぎりふりかえり、最後に憲法と、教育基本法に規定されている「教育を受ける権利」の思想にもとづく「義務教育」とその「無償性」、およびその内容である「普通教育」の意味を明らかにしよう。

（1）　法学協会編『註解日本国憲法』上、四四九ページ。
（2）　宮沢俊義『憲法Ⅱ』四一二―四二三ページ。

二　戦前の義務教育観

人権としての教育ないし教育を受ける権利の思想は、子どもの人権の確認と不可分の関係にある。子どもの人権の主要な内実は、学習権ないし教育を受ける権利にほかならない（後述）。

ところで、森有礼《ありのり》文政下での学校令を起点とし、教育勅語を中心とする天皇制教育体制とそこでの義務教育観は、子どもの権利の確認と良心の自由を内に含む、国民の権利としての教育の思想に根本的に対立する。

この対立をきわだたさせた事例の一つとして、法典論争がある。

フランス人ボアソナードを中心として、フランス革命の落とし子であるフランス民法典を典拠としてつくられたわが国最初の民法草案は、自然法思想にもとづく人権思想を中核としていたが、そのことは親権の解釈にも端的に現われていた。その草案理由書には、「親権ハ父母ノ利益ノ為メ之ヲ与フルモノニ非スシテ子ノ教育ノ為メ之ヲ与フルモノナリ。子ノ教育ハ父母ノ義務ニシテ其権利ニ非サレハ其方法トシテ監護懲戒ヲ与フルト雖モ之ヲ真ノ権利ト看做スコトヲ得ス。一切ノ権利ハ子ニ属シ父母ハ只義務ヲ有スルニ過キス(1)」とあり、子どもの権利と親権の義務性が大胆に主張されている。

さて、このような思想を含む草案に対し、法典実施意見書(2)は、それが憲法の精神に牴触するとして反対し、つぎのようにのべている。

「我憲法は君主を以て主権の本体となし君主の命に非ざれば以て法とするに足らずとなせり……然るに民法が天然法(自然法)を認め、法は人世自然に具備するものにして国家の意思に依りて始めて定まるものにあらざるが如き精神を以て主義とせるは大に国体に背反するものと云ふべし。(3)」

この意見書では、さらに、教育の精神と民法の思想が根本的に矛盾することが指摘され、草案をめぐる対立は、民法対教育の矛盾としてもとらえられていた。(4)そして、現象的にはたしかにそのとおりであった。

しかし、民法草案の背後にある思想は、「権利としての教育」の思想を、いわば胎児としてもっていたのであり、その意味で、法典論争は、まさに教育思想の対立としてもとらえられるべき性格をもっていたといえる。そして当時の現実的諸関係のなかで、その権利としての教育の思想は、それを萌芽として認めることさえ困難なほどに、国家主義的教育思想が圧倒的に強かったことを、この「民法対教育の矛盾」という現象は、示しているといえよう。そして、この関係は「宗教と教育の衝突」のなかにも再現され、「教育」が「宗教」や「民法」を圧倒する。そして、その「教育」とは、天皇制的・国家主義的教育にほかならない。問題は、天皇制的教育が、「教育」を独占的に僭称し、「始末をつける教育観」が、教育観を代表した点にあった。そして、そのことによって、「民法」や「宗教」と思想的に結びつく教育思想を、萌芽のうちにおしつぶしてしまったのである。

さて、論争は、延期派の勝利に終わり、民法典は再検討され、やがて実施をみたが、その第八二〇条の親権規定(親はその子を「監護、教育スル権利ヲ有シ義務ヲ負フ」)の、その後の解釈の歴史は、わが国において子どもの権利の思想が定着することがいかに困難であったかを示している。

「民法出デテ忠孝亡ブ」という穂積八束のことばに象徴されるように、天皇制家族国家と半封建的社会関係のなかで、民法の存在自体がわが国近代化の苦悩を象徴的に示している。民法制定過程で、法典調査会において、この親権規定をめぐってつぎのような疑問が出された。たとえば、「義務ヲ負フト云フコトハ省キタイ……子ヲ監護教育スルコトハ親ノ権力デアル」(穂積八束委員)、「子ヲ監護教育スルコトハ国家ニ対スル義務デアラウ……子カラ請求スル権ヲ与ヘルト云フコトハ怪シカラヌコト」(尾崎三郎委員)等。[5] これらの発言は、わが国の家族における子どもの地位を端的に示している。そして、そのような解釈から、子どもの権利の思想がでてくる余地はまったくない。子どもの権利は、まさしく親に対しては不孝、国家に対しては不忠を意味するものであったといえよう。

「小家族」の主張者として、その市民的家族観が、今日なお高く評価されている穂積重遠《しげとお》においても、「子どもの権利」は斥けられていた。かれはその大著『親族法』(一九三三年)で、「……従来は親権を(親の)権利の方面から観察したが、今後はむしろ「親義務」として義務の方面から観察した方がよいと思ふ。……さう云ふと直ぐに、それでは養ひ育てて貰ふのが子の権利になつて面白くない、と云ふ批難があるかも知れぬが、義務者に対応する受益者が必ず権利者であると考へるのが抑も囚はれた話で、親が子を育てるのは、子に対する義務と云はんよりは、むしろ国家社会人類に対する義務と観念すべきである」とのべ、「親義務性」が子どもの権利の確認と対をなすのではなく、国家社会に対する義務であることを強調している。[6] このような「親義務」の解釈は、後述のように、一方でヨーロッパにおける親権解釈の歴史的推移を反映していると同時に、家族国家観のもとでの権利・義務観、さらにそれと不可分な関係にある義務教育観にとっても好都合であったことはいうまでもない。

たとえば、以上のような親権解釈と、子どもの権利の否定に対応して、義務教育における義務性の内容もまた、通常つぎのように理解された。当時の教育辞書によれば、「(義務教育における)義務は、国家が自己の目的の為に保護者に負はしむる公法上の義務にして、保護者に於て児童に対して負ふ私法上の義務にあらず」。したがってまた、外国において論じられている「就学の義務が父兄の子弟に対する義務なりや、将又、国家に対するものなりや」という問題に関しても、「勿論後者によるべきもの」だと断定される。(7)

こうして、本来私法上の問題である親権が、国家社会に対する義務と考えられることによって、就学の国家社会に対する義務性という、公法上の問題にそのまま連続することになる。

〔補注〕

ところで、戦前のわが国の教育思想において、子どもの権利の確認と、権利としての教育の思想は皆無であったわけではない。

それはまず明治啓蒙から自由民権運動の流れのなかに現われる(例えば植木枝盛や、『教育新誌』〈一八七七年刊〉の論調)。さらに、わが国最初の社会主義政党である社会民主党綱領(一九〇一年)は、「教育ハ人間活動ノ源泉国民タルモノハ誰ニテモコレヲ受クルノ権利ヲ有スルモノナレバ社会ガ公費ヲ以テ国民教育ヲナスハ真ニ当然ノコトナリトイフベシ」と記していた。

また、さきの法典調査会での親権をめぐる論争の中で、梅謙次郎委員は、穂積八束委員の子どもの権利否定論に反論して、「親はその子を必ず教育する義務がある。それは国家に対してではなく子に対してである」とのべた。(8) また、民法草案とその解釈によれば、「一切ノ権利ハ子ニ属シ、父母ハ只義務ヲ有スルニ過ギズ」として、子どもの権利と親権の義務性の大胆な主張がみられる。

さらに、大正時代には、民主的風潮と、労働運動、教育運動の高揚を背景にして、下中弥三郎は「教育を受けることは社会成員の義務ではなく権利である」とのべ、「人類の生活権の一部」としての「学習権」を中心として国民教育の根本改造論(『教育再造』一九二〇年)を書いた。かれが、当時の義務教育年限延長の問題に対しても、それが「国家主義の立場からの教育強制制度の強化」にすぎないとして反対したことは注目に値いする。

教育を国民の権利としてとらえるとらえ方は、阿部重孝や、関口泰の諸作にもみられる。(9)

さらに、権利としての教育の思想は、「児童の村」小学校から、さらに生活綴方教師の中に受け継がれ、伝統的教化を学習(教育)にきりかえる思考のてこになっていたといえよう。

しかし、このような思想が、天皇制教育体制のなかでは例外的なものでしかなかったことはいうまでもない。

さて、以上のような、わが国における子どもの権利の伝統的理解は、権利としての教育の思想が憲法に明記されている今日においても、なお強く残っている。戦前における、国家社会に対する義務としての親権解釈は、代表的民法学者の現行民法の解釈論としても依然として強い影響力をもっている。たとえば我妻栄氏は「親が子を哺育監護教育することは、国家社会に対する重大な責務である」[10]とのべ、青山道夫氏も、「私は監護教育の義務は、穂積(重遠)博士の主張せられたように、社会国家に対する義務であると考えたい」[11]とのべている。

そして、このような親権の解釈が、「子どもの権利」と「人権としての教育」についての明確な認識をさまたげている。権利としての教育の思想が真に根をおろすためには、一度は伝統的義務教育観との徹底した対決がなされなければならない。

しかし、法律思想や教育思想のレベルで、この対決が徹底的になされた形跡はない。当然、民衆の教育意識のなかにも、戦前的義務教育観が多分に残っていた。

その上、戦前の親権観(国家社会に対する親の義務)は、戦後のいわゆる福祉国家観と公共福祉理論にとっても、その論理構造からみれば、そのまま転用することが可能であり、そのことによって、戦前の義務教育観は、今度は福祉国家における義務教育観にとって、その有力な理論的武器として機能することになるのである。

そこでつぎに、憲法・教育基本法のもとでの義務教育観を正しく理解するために、それが人類の歴史的遺産として継承していると考えられている近代教育思想の展開と、そこでの義務教育観を簡単に顧みてみよう。

（1）　角田幸吉『日本親子法論』八九ページ。

（2）この意見書には、江木衷、穂積八束、奥田義人等十数名の連署がある。
（3）星野通『民法典論争史』九七ページ。
（4）「民法の法文先づ国教を紊乱し、家制を破壊し」「民法出でて、其実体を亡ぼし、而して今日の教育行政は却てその陰に存せんことに汲々たるものの如し」とのべ、その「自家撞着」を指摘している。ほとんど同様の表現が穂積八束「民法出でて忠孝亡ぶ」にも見出される。
（5）谷口知平『日本親族法』四一九―四二〇ページより引用。
（6）穂積重遠『親族法』五五一―五五二ページ。
（7）『教育大辞書』(明治四一年、大正五年改訂)「義務教育」の項、龍山義亮執筆。
（8）中川善之助「親権法の発達」『私法』第六号、六二ページ。
（9）鈴木英一「日本における教育行政改革案の系譜」(北大教育学部紀要、一九六五年度)の指摘による。
（10）我妻栄『民法大意』下、五三二ページ。
（11）青山道夫『家族法論』一四三ページ。

三　近代教育思想の展開と義務教育観

(1)近代と子どもの権利　近代の人権思想は、人間一般の人格性・尊厳性の思想と結びつき、そこでは当然、子どもにもその人格と権利が認められた（たとえばカント[1]）。しかし、教育思想上、さらに重要なことは、人間一般としての子どもではなく、おとなとは違った子どもの発見と、その権利の承認にあった。この点でルソーの意義はきわだっている。この子どもの権利は、コンドルセにおいては、その進歩の歴史哲学と結びついて、「新しい世代の権利」としても表現された。そして、その権利の主要なものは、学習＝教育に対する権利であった。教育は、子どもの人権の一つであり、同時に、すべてのひとがもろもろの人権を有効に行使し、その平等を実現するための手段と考えられた。

　他方、教育する権利は、自然権としての親権に属するとされ（カントやコンドルセ）、教育は、絶対主義国家ないしは家父長のものから、両親の手へと回復される。そして、このこと自体、親の人権の拡大であり、人権思想の当然の帰結であったことはいうまでもない。その結果、教育の私事性と私教育の自由が確認される。

　したがって、「人権としての教育」の思想は、子どもの学習権と親の教育権の両者を含むのであり、子どもの権利と親の権利の関係は、後者が前者の権利を実現するための義務を履行する権利として解釈されることによって、整合的に理解される。そして、コンドルセに典型的にみられるように、親義務の共同化・社会化として学校が設けられ、社会（ないし公的機関）は、公費によって教育条件を整備する義務を負うという近代公教育の思想を生んだ。したがって、そこでの学校は、家庭の延長としての性格をもつと同時に、そこでの教育は知育《インストラクション》を中心とし、しかもそれには、権力からの独立性が獲得されるべきことが主張された。

こうして、近代公教育の思想においては、教育の権利主体は子どもないし新しい世代であり、教育機会配慮の義務を負うものは親であり社会であるとされる。これも一つの義務教育の主張だとすれば、それは就学強制とは論理的には相反する義務教育論であった。そして、たとえばコンドルセの公教育案に、無償の規定はあるが義務就学の規定がないのは、「その思想的遅れ」(2)ではなく、むしろ権利としての教育の思想の必然的帰結であったといえよう。それはさらに、公費学校と無償教育の原則、親および社会(政府)の教育機会の配慮の義務という主張と結びつく。

同時にまた、そこでの教育内容は職業教育ではなく、身分的・階級的差異を越えて、すべての人間に共通して、人間たるに必要な教育が要求され、重視された。そしてそこにも、近代における平等思想と人権思想が現われている。たとえば、ルソーは、「人間はみな平等であって、その共通の天職は人間であることだ」として、職業準備教育を斥け、「両親の身分にふさわしいことをするまえに、人間としての生活をするように自然は命じている。生きること、それがわたしの生徒に教えたいと思っている職業だ」(3)とのべている。コンドルセも、「その知識がなければ、いかなる職務であっても、それを遂行することができないという一般的知識」を授ける教育、すなわち「普通《アンストリュクシオン・》(共通)

教育《コンミューン》」を、教育の各階梯の中心に据えていた。このような普通・一般教育の主張は、リベラル・アーツ以来の人間教育の思想につらなると同時に、資本主義と新しい分業体制に対する自覚的対応に他ならなかった[4]。このことはまた、子どもの生存と幸福追求の権利は、普通(共通)教育を受けることをとおして、その将来にわたっての内実が保障される、という考えを示していると解釈してよいであろう。

そして、これらの思想を背景として、フランス革命期の諸憲法には、「教育はすべてのものに不可欠のもの」(一七九一年憲法)であり、「すべての人の要求(besoin)」(一七九三年憲法)だとされ、そのため「無償の公教育」の義務を社会が負うことが規定された。ここには、「教育を受ける権利」という明確な表現はみられないが、しかし、その精神において同一のものとみなすことができよう。

こうして、近代において、子どもの権利と親および社会の教育義務、そのための無償の公教育の必要、および万人に共通する教育(普通教育《アンストリュクシオン・コンミューン》)の主張を見出すことができる[5]。

(2)義務教育制の現実の発展　しかし、ヨーロッパの現実の公教育の発展と教育機会の拡大の歴史は、このような近代教育思想を指導理念とし、その精神の現実化した過程として、単純にとらえることはできない。

現実の公教育は、支配階級による労働者大衆への慈恵という形式のもとで、労働力の保全ないし治安維持対策として、あるいは選挙権の拡大にともなう選挙対策として徐々に拡大してゆく。そして、義務教育が国家的規模《ネイションワイド》で整備されるのは一九世紀末以降であり、資本主義の発達と独占化の進行のなかでの、産業技術の側からの教育要求、階級対立の激化と「二つの国民」の危機の深化、植民地分割と帝国主義戦争の危機等の新たな社会情勢に対応する「国民」教育への要求等々の諸要求のなかで、国家の比重の増大と公教育への国家介入の理論にともなわれて義務教育は成立し、国民に就学が義務づけられることになる。(6)

たとえば、イギリスの場合、工場法や選挙法の改正に重なって展開される大衆教育史は、一八七〇年の国民教育法を起点とし、七六年、八〇年の法律を経て、ようやく国家的規模での義務教育制度が成立するのであり、以後、国家の教育への介入の度合いは次第に強まってゆく。その背後には、社会構造の変化にともない、国家観・社会観の変化（ダイシーはこれを「ベンタミズムからコレクティヴィズムへ」と定式化した(7)）があり、理想主義的国家観ないし福祉国家観による国家介入の理論がそれをバック・アップした。(8)

フランスにおいても、「パリ・コンミューン」への危機感と、プロイセンへの復讐心、さらに植民地分割への積極的指向を特徴とする第三共和制のもとで、自然権思想にもとづく個人の権利や思想の自由を否定する実証主義思想と、公共善の実現者としての国家への期待のなかで、はじめて義務教育制度(一八八二年法)は実現した。

さて、この過程には、教育をめぐる国家と親権のあいだの長い抗争があり、教育権が親から国家へと移行することによって、義務教育は可能になった。したがって、義務教育の成立過程には、親権解釈の変遷が密接にからんでいた。

近代において、自然権としての親権の内容は、理念的には「子どもに対する親義務」と考えられた。しかし、親権内容が実際に「親権利」から「親義務」へと解釈されるようになるのは、一九世紀末以降においてであった。

ところで、問題は「親義務」の内容であり、それをめぐって見解が対立する。「親義務」が人権思想の徹底として考えられる場合、その義務は子どもに対する義務であり、権利の主体は当然子どもであるはずである。しかし、親義務は子どもに対する義務というより国家・社会に対する義務だという主張が有力になり、義務に対応する権利の主体に重大な変化がおこる。そして、そのことをとおして、親権の「義務性」が一般的に定着するようになった。

そして、このような解釈の変化を理論的に支えたものが、自然権思想の否定を重要な課題とする実証主義の権利論にほかならない。たとえばコントは、権利を説いてつぎのようにのべる。「……実証的状態においては、権利の観念は確定的に消滅する。各人は万人に対して義務を有する。しかしながら、何人もつねに自己の義務を尽くす権利以外の権利を持ってはいない(9)」と。かくして、個人の権利に対して公共への義務がこれに代わる。そして、このような権利観こそ、親権を「権利にあらざる権利」として、その義務性を定着させると同時に、その権利主体として、子どもの権利を認めるのではなく、むしろ子どもの自然権的人権を否定することをとおして、親義務を国家社会に対する義務へと転換させたものであった。実証主義法学を基礎づけたL・デュギーの義務教育についての説明も、このような思想的背景に照応している。かれはいう。「自由の新観念は積極的義務を個人に負わすところの一切の法の根拠となる。……義務教育に関するすべての法のよるところは、常に自由の新観念である。……まさしく義務教育は、一七八九年人権宣言中にあるような、権利としての自由や、民法に認められているような親権と牴触するものである(10)」と。

そして、八〇年代の教育改革を指導した共和主義者J・フェリーは、植民地拡大主義者であり国家主義者であったが、同時に実証主義者としてコントのよき使徒であったのである(11)。

こうして、義務教育は、人権思想の滲透と子どもの学習権の思想の実現過程としてではなく、むしろ逆に、その空洞化の上に、国家社会への義務と、公共の福祉による人権の制限への思想と結びついていたといえる。

ではこの義務教育は、いかなる役割を果したであろうか。

フランスにおいて、一八八二年法が象徴的に示しているように[12]、義務制は同時に、国家を道徳の教師と認めることと結びついていた。義務制の成立と公教育による公民教育・道徳教育の実施の結果、学校教育は強い国家統制のもとにおかれ、学校は「兵営への準備」とさえ考えられ、「新しい世代の国民化のための緻密で直接的な機関としてきわだっている[13]」ともいわれ、そこでは事実に対する「沈黙」と「偽装」が民主教育の危機になっていたことが指摘されている[14]。

イギリスにおいても、たとえばホブスンは、帝国主義的支配のための国家と教会による義務教育の掌握の「執拗な試み」と、そこでの「偽装的な愛国心教育」が教育の「最も邪悪な悪用である」と警告し、教師の任命や教科書内容による教育の自由の実質的統制の危険を指摘した[15]。

アメリカにおいても、一九世紀末すでに「異端狩り」のあったことがホブスンの指摘にみられるが、アメリカの公教育教師の不自由さについては、ビールの詳細な研究がある[16]。

一九二〇年代にメリアムらを中心として行なわれた、諸国における公民形成(Making of Citizens)の共同研究においても、普通・義務教育の拡大が公民(国民)形成の機関としてきわめて重要な役割を果たしており、ますますその比重が大きくなりつつあることが指摘されている[17]。

A・ハックスレーも、「義務制の結果」、「すべての子どもが厳格な、組織的な、休む暇のない訓練――従順であると同時に傲慢な軍国主義的メンタリティを産み出すような訓練――を受けさせられた」とのべ、第一次大戦がヨーロッパの義務教育制度のもとで準備されたとのべている。(18)

こうして、「国家による国民教育」が「まったく不当」であり、「国家こそ教育されなければならない」というマルクスの指摘の妥当性(『ゴータ綱領批判』)は、単にドイツに限られたことではなかったのである。なお、ここでプロイセンの絶対主義下での義務制以来一貫するプロイセン・ドイツの国家主義的義務教育が、ヨーロッパ諸国の義務制の実施に際して、よき範例とされた(19)ことを想起しておきたい。

こうして、愛国的国民と、一定の技術的要求にも応えうる従順な労働者の育成を目的とする義務教育の制度は、独占＝帝国主義段階への移行期において、階級対立と、帝国主義的侵出にそなえるための不可欠の制度的前提となったのである。

(3)「教育を受ける権利」

以上のように、一九世紀末の、義務制を中心とする教育諸立法は、国家が国民生活のなかに積極的に介入することを期待するものであり、それゆえ、教育立法は社会法の一つであり、福祉行政のあらわれだとみなしえよう。しかし、このことから、ただちに、社会法は社会権の法的規定であり、教育を受ける権利が社会権として認められたという結論を導くわけにはゆかない。義務制を中心とする教育立法は、国民の権利としての教育の思想の系として、その権利の現実的保障として実現をみたのではなく、むしろそれと対立し、ないしその権利を空洞化する思想にもとづいていた。だから、義務教育法の法文に「教育を受ける権利」の規定がみられないのもそのためであった。社会法とは、社会権的人権の保障法と同義ではない。その本質は「現存秩序を否定して社会主義法秩序の形成を志向するものではなく、むしろ法的安定のため」の「市民法原理の修正[20]」に求められるべきである。

「教育を受ける権利」の規定は、一九世紀末の義務教育立法と、その精神においても、それが現われる時期においても異なるものである。「教育を受ける権利」の憲法上の規定は、まずフランス革命憲法のなかに、明確な表現をもってではないが、同趣旨のものが現われる(前述)。次いで、労働者階級の最初の革命といわれる二月革命のとき、生存権や労働権とともに、「全市民の教育を受ける権利」の主張が現われる[21]。イギリスでは、チャーチスト運動のなかで、権利としての教育の思想は深められた[22]。第一インターナショナルのバーゼル会議(一八六九年)は、全面発達《アンセーニュマン・アンテグラール》のための教育を、すべての子どもの権利として確認した[23]。パリ・コンミューンでは、「すべての子どもの権利となり、親と社会の義務となるという意味での義務教育」が主張された[24]。こうして、子どもの権利と教育を受ける権利、および、それと結びついて意味転換した義務教育の思想は、労働者階級の自覚的運動によって担われ、深められていった。そして、それが「教育を受ける権利」として憲法上の明文に現われるのは、二〇世紀にはいって、とりわけ第二次大戦後であった。

そして、このような動向と平行して、親権解釈とかかわる子どもの権利と親権と義務性の思想も徐々に定着していった。ワロンも、子どもの権利についてつぎのようにのべている。「新教育は大人にたいして子どもの権利を宣言してきたのであります。疑いもなく、子どもの権利はずっと昔、すでにジャン・ジャック・ルソーによって……主張されておりました。しかし、大人は子どもを利用したのではないかと思われます。……子どもの権利を承認するにはかなりの年月が、いってみれば一五〇年の年月がかかりました。」[25] かれは、二〇世紀における新教育運動を、子どもの権利の承認という観点で高く評価した。因みに、ワロンのファシズム批判には、それが子どもの権利を否定するものだという視点がみられる。[26]

さて、「教育を受ける権利」は、まず一九三六年のソヴィエト憲法に現われる。そして、第二次大戦後に成立した社会主義諸国ないし人民民主主義諸国の憲法に、その規定が掲げられた。さらに、社会主義国家の出現と民主主義思想の国際的高揚を背景に、世界人権宣言(一九四八年)にもその規定をみるにいたり、そのことによって、「教育を受ける権利」は人類共通の思想的財産となった。わが国憲法の教育条項も、まさにこのような人権思想の歴史的展開と世界的動向のなかで位置づけられて、はじめてその精神を正しくとらえることができるといえよう。

「教育を受ける権利」は、近代における「子どもの人権」の思想につながり、子どもの人権の中核をなす学習権の実定法的規定であり、子どもの学習権が、架空の抽象的権利としてではなく、現実的かつ有効な権利として認められたことを意味する。すなわち、子どもの学習の権利を現実に充足させるような教育を、実際に受ける権利を、憲法上認め、社会ないし国家が、そのための現実的配慮の義務を負うことを意味するものである。

その意味において、近代における子どもの権利と学習権の思想は、教育を受ける権利として、実定法上《ポジティブロー》の権利になることによって、より積極的な権利《ポジティブライト》となり、その権利の現実的保障のために必要な配慮を、社会ないし国家に義務づけることを内容とする義務教育を要求するものとなる。こうして、義務教育の思想は、教育を受ける権利の系として位置づけられることによって、その意味もまた転換するのである。

（1）カント『法律哲学』恒藤・船田訳、一五三ページ。
（2）渡辺誠『フランス革命期の教育』一八―一九ページ参照。
（3）ルソー『エミール』今野訳、三一ページ。
（4）コンドルセ「青少年の普通教育について」『公教育の原理』所収。
（5）なお、これらの点については、堀尾輝久「教育を受ける権利と義務教育」（『社会科教育大系』第二巻〔三一書房〕、所収)および、「公教育の思想」(『岩波講座　現代教育学』第四巻、岩波書店、所収)を参照されたい。

(6) 福祉国家の本質と義務教育の成立過程については、堀尾『福祉国家と教育』民研資料プリント、参照。

(7) Dicey, Law and Public Opinion, p. 274.

(8) そして、この任務を果たしたのが、グリーン、リッチー、ボザンケット等のオックスフォード学派のひとびとであった。

(9) Comte, Système de politique positive, vol. 2, p. 381.

(10) L. Duguit, Les Transformations générales du droit privé, pp. 49–50.

(11) Cf. L. Legrand, L'influence du positivisme dans l'œuvre scolaire de J. Ferry.

(12) 一八八二年三月二八日法は、義務制と同時に、l'instruction civique et morale(公民及び道徳科)を規定した。

(13) Merriam, The Making of Citizens, p. 90.

(14) Pour L'Ere Nouvelle, Nr. 14, p. 34.

(15) ホブスン『帝国主義論』下、岩波文庫、一三〇—一三二ページ。

(16) H. K. Beale, Are American Teachers Free?

(17) Merriam, op. cit., p. 17, p. 72.

(18) A. Huxley, Ends and Means, p. 184.

(19) Cubberley, The History of Education, p. 579.

(20) 沼田稲次郎『市民法と社会法』五九ページ。
(21) Duguit, Traité de droit constitutionnel, II, p. 164.
(22) W. Lovett, Life and Struggles of W. Lovett, pp. 140–141.
(23) Duveau, Pensée Ouvriers sur L'éducation, p. 124.
(24) Ibid., p. 45.
(25) H・ワロン『ワロン・ピアジェ教育論』一一—一二ページ。
(26) 同右『科学としての心理学』。

四　義務教育、無償、普通教育

(1) 教育を受ける権利と義務教育　さて、「教育を受ける権利」を以上のような歴史のなかでとらえるとき、それを規定した憲法第二六条の画期的意義が明瞭になる。

この条文の精神は、近代教育思想とその価値を継承し、同時に社会主義成立以降の世界的動向と民主主義の昂揚を反映しており、国家が主宰する強制就学義務の思想や、慈恵としての教育の思想と決定的に対立するものであるということができる。したがってまたそれは、一方で天皇制的・教育勅語的義務教育観に真っ向から対立するものであると同時に、人権思想の公共福祉論による空洞化の上に成立する福祉国家論と、そこでの義務教育観とも異質であることがわかった。

つぎに、このような国民の「教育を受ける権利」を中心とする憲法・教育基本法のもとでの、子ども、親、社会、国家、教師の、教育をめぐる権利・義務関係(この総体を広義の教育権と呼んでおく)の構造を素描し、そこでの義務教育の本質を総括的にまとめておこう(1)。

子どもの権利――国民の教育を受ける権利は、子どもを人権の主体として認めることを前提としている。権利能力のない子どもにその権利を認めることは実効がないから無意味だという俗説は、人権の何たるかについての無知を示すにすぎない。

近代以降における「子どもの発見」と子どもの生存や成長への関心は、学習=教育が、その成長にとって決定的に重要であることを認識させる。さらに、人権の根底にある生存の権利は、子どもにとっては、同時に、人間的に成長発達する権利であり、発達の権利は、学習の権利によって充足される。幸福追求の権利や参政権はまた、ひとりひとりの学習の権利が充足されているときにのみ、真の人権としての意味をもつ。こうして、学習の権利は、それ自体、子どもの(人間の)基本的権利の一つとして、他の権利と並ぶ権利であると同時に、それは、生存権、幸福追求権、参政権等の諸権利を、将来にわたって実質的に保障し、あるいはその質を規定する権利であるという二重の意味をもっている。その意味で、学習権はまさに基本的な人権、人権中の人権であるといえる。

ところで子どもの人権は、自己充足的権利ではなく、一定の条件と、その内実の保障があってはじめてそれをいうことの現実的効力も生ずる。子どもの成長と学習の権利は、ふさわしい条件のもとでのふさわしい学習の指導＝教育への要請を内に含んだ権利だといえる。それは、発達と学習の可能性を有効に実現するための条件と、その組織的な手段を、その両親に、さらに社会に義務づける。ピアジェも、教育を受ける権利は、「個人が自分の自由に行使できる可能性に応じて正常に発達する権利であり、社会にとってはこれらの可能性を有効かつ有用に実現する義務」である。それはまた、「学校に通学する権利だけではない。それは、教育が個性の完全な開花をめざすかぎり、能動的な理性と生きた道徳的意識をつくりあげるのに必要なもの全部を学校のなかに見出す権利でもある」と書いている。(2)

子どもの人権と親の人権――さて、この義務をまず負うものは両親であり、両親は、子どもの成長と学習に第一次の責任を負い、そのことに対する他からの不当な干渉を排除する権利（義務履行の優先権）をもっている。

しかし、親権と子どもの権利の関係は、親の人権（とりわけ生存権）が保障されていない社会的条件のもとでは、「親権の濫用」による子どもの人権無視となって社会問題化する可能性をもつ。だから親の人権の保障と子どもの人権の保障は不可分の関係にあり、子どもの成長や学習の権利が充足されるためには、親の生存権（文化的側面を含んでの）や労働基本権等の人権が充足されることが前提されていなければならない。こうして、子どもの成長と学習の権利の問題は、その親の人権の保障の問題とつながり、したがってまた、必然的に深く社会的機構の問題へとつらなっている。思想や良心の自由の系として、自由権的基本権の一つと考えられる教育と学習の自由は、同時にそれが子どもの成長と学習の権利のなかでとらえなおされたとき、それは必然的に生存権的基本権の主要な構成部分に転化していくのである。

国民の権利と公教育――子どもの発達の権利を保障する義務と、その義務を果たす権利(狭義教育権)は第一次的に親にある。しかし、子どもをその親の教育的配慮に委ねるということは、現実には、親の偏見のなかに、あるいは子どもを非教育的環境に放置するに等しい。そこで、親義務の共同化として学校を設け、教育条件を整え、専門の教師を雇い、親の要求を社会的要求として、民主的に組織化して教育に反映させる機構として、教育委員会等の指導助言機関を設ける必要がでてくる。それらの経費には、当然公費があてられることになる。

就学義務――さて、このようなものとしてとらえられた学校に、自分の子弟を就学させることは、親の義務であり、同時にそのことによって、親の教育権は代替的に行使(間接行使)されることを意味する。したがって、両親の就学義務の規定から、つぎのような反面解釈、すなわち義務に対する権利の主体者として国家の教育権を認めるとすることが不当であることは明瞭であろう。国家ないし地方公共団体は、子どもの権利の充足のために、学校設置、学習条件の整備、長欠児等に対する家庭への説得、就学条件の確保（たとえば、生活保護や教育扶助の積極的適用、児童労働への適切な配慮等）の義務を負うのである。

教師の権限――教師の教育権の根拠も、教師の専門性に対して、社会的に組織され共同化された親義務が信託されたことにもとづくものと考えられる。この意味で、教師は、共同化され社会化された親義務の代行者だといえる。したがって、教師の教育権は、教師がその専門性と指導性を充全に発揮することによって、すなわち子どもの学習権を充足させる専門的力量をもつことによってはじめて、その教育権の実質的権利根拠を得るといえる。そして、そのためには、教師に子どもの発達、教育の内容、授業展開の法則等についての専門的知識が要求される。ここに教師の自主的・集団的研究が要請される根拠がある。したがってまた、この点に関する教育行政当局のあり方はおのずと規定されてくる。教師の研究や教育の自由を奪うことは、子どもの学習権の充足をさまたげることになるのであり、同時にこのことは、実は行政当局の責任と権限の根拠をみずから否定する行為だといえよう。

　こうして、憲法・教育基本法にもとづく教育を受ける権利と義務教育の原則から導き出される教育権の理論は、子どもの学習権と親の教育権（義務）、その共同化・社会化された義務の反射としての教師の教育権(権限)、その権利(責務)を充足させるための教師の研究と教授の自由、親の教育への積極的な発言権、さらに国家ないし地方公共団体の教育機会配慮の義務と、教育内容への権力的不介入の原理を含むものである。(なおこの点については『教育基本法』所収「教育行政」の項参照)

(2)無償の原則　つぎに、権利としての教育が無償でなければならない理論的根拠は何であろうか。

義務教育は、お上《かみ》が恩恵として国民に教育を与えるのだから無償であるのでもないし、就学は、国民の国家社会への義務だから就学強制のコロラリーとして無償であるのでもない。教育は国民の権利であり、国民のひとりひとりに教育機会を平等に獲得させるためには、公費にもとづく学校(公立学校)が最もふさわしい学校形態である。しかも公費はそもそも国民の労働の結晶であり、それは本来国民のものにほかならない。公費は、当然国民の利益のために還元されるべきものであり、国家権力による恣意的な利用、反国民的利益のために使われるべきではないことは、現代の公費観からすれば明らかである。

こうして、権利としての教育の思想と、公費教育の思想は、論理的帰結として、公教育の無償原則を導き出すのである。

したがってまた、義務教育無償の規定内容は「授業料を徴収しない」ことにとどまらず、その適用の拡大こそ、憲法の精神と、国民の権利としての教育の思想に忠実なあり方であるということができる。

(3) 普通教育　「普通教育」は職業教育および専門教育に対置される概念であり、それは、教育基本法前文および第一条の目的にかなった国民の育成のために、すべての人間にとって共通の、一般的・基礎的教育を意味する。

ところで、現実には、普通教育は、専門＝高等教育に対置されることによって、低位の教育と位置づけられ、すべてのものに共通な一般的・基礎的教育ということは、共通即ち画一な教育を意味するものとされ、「国民の思想・感情の一致をもたらす」という目的をもつ「義務教育の内容」として、各国とも義務教育の普及とともに、重視されてきた(3)。そしてまた、普通教育は「人たるものすべてに共通な教育」だから、「国家はその必要なる最小限を国民に確保しなければならない(4)」とされ、そこからまた、普通教育を義務教育の内容とし、それはさらに指導要領の国家基準性とその法的拘束力は当然だという論理へと連続する。学問と教育の自由の有力な解釈に、「下級教育機関」では「そこにおける教育の本質上……画一化が要求されうる」という解釈(5)があるが、その根拠は、おそらく、そこにおける教育、すなわち普通教育のこの種の理解と密接に関連するものと思われる。

しかし、すべての国民に共通する教育とは、さきにものべたように、憲法や基本法の精神の体現者として、個人の尊厳を重んじ、真理と平和を希求する人間であり、正義を愛し、労働を重んずる、自主的かつ創造的精神の主体としての国民の育成という共通の目的をもった教育ということであり、したがって、共通とは、以上のような目標において共通な教育ということを第一義とするものであり、このことは内容の共通性と画一性を意味しない。むしろ逆に、「真理と正義」を愛し、「自主的かつ創造的精神」の主体に育てるという共通の目標は、多様で、創造的な教育をとおしてはじめて可能なのであり、これこそ真に民主的な文化(教養)の基礎にならねばならない。したがって、そこでの共通性とは、各人が創造的で個性ゆたかな人格の持ち主であるという点における共通性にほかならない。それは、国民の思想や感情の一致《コンフォーミティ》のための画一的教育とはまさしく対立するものだといえる。

普通教育が必然的に画一的・統制的配慮を要請するものでありえないことは、この概念の起源とその歴史をみれば明らかになる。この概念は、古くはギリシアの自由学芸《リベラル・アーツ》の思想につらなり、さきにルソーやコンドルセにみたように、近代教育における人間の解放と教育の平等の思想のなかで、分業的人間＝部分人への批判意識と結びついて新しく意味づけられた。

さて、このような普通教育の概念は、内容的に、一般教養の概念へと連続する。普通教育は、ヨーロッパ語でl'instruction communeといわれ、allgemeine Bildungといわれるが、このことばは同時に一般教育(養)と訳されるのである。ランジュバンが「職業は人を分け隔てるものであり、教養こそ一つに結びつけるべきものである」(6)といったとき、職業教育に対置される一般(普通)教育は、共通の文化＝一般教養《カルチュア》を形成することをとおして、ひとびとを結びつける任務をもっていた。したがってそれは、高等教育の対立概念としてではなく、逆に高等教育は、一般教養をその主要な部分として含むものだと考えられよう。

わが国における戦後の教育改革の一つの特徴として、大学における一般教養の重視とその制度化がある。この一般教養の思想は、当然、戦前からの「普通教育」観に新しい光をあて、逆にまた、大学教育自体を国民教育の一環としてとらえなおす視点を含んでいたことを、いま、深くとらえなおす必要があるのではなかろうか。

しかし、現実には、このような視点を欠落させ、普通教育を高等教育(一般教育を含む)に対置させてとらえ、「教養」を大学が独占することによって、悪しき教養主義を生み、教養は人を結びつけるのではなく、逆にひき離す役割を果たしており、「教養が一つの職業をつくる手段」(ワロン)となっているのが現実である。

ひとびとを結びつける真の教養の創造という視点から、普通教育・一般教育をとらえなおし、その本来の意味を回復させることは、国民教育創造のためにきわめて重要な課題だといえよう。そして、おそらくワロンのいうように、「職業を教養の出発点」とし、「労働を教養の基礎にする」という「転換」を、思想的にも現実的にも行なうことによってのみ、ひとびとを結びつける真の教養の形成を可能にすることができるのではあるまいか。(7)

(1) なお、この点については、堀尾「なにを自主的研究というか」(『教育』一九六四年一月号)参照。
(2) ピアジェ「現在の世界における、教育をうける権利」(『ワロン・ピアジェ教育論』所収)、一五八、一七六ページ。
(3) 仲新「普通教育」『教育学事典』平凡社。
(4) 辻田・田中監修『教育基本法の解説』八二ページ。
(5) 法学協会編『註解日本国憲法』上、四六〇ページ。
(6) ワロン「一般教養と職業指導」(『ワロン・ピアジェ教育論』所収)。
(7) 同右、三二ページ。
とくに教育権に関する参考論文として、宗像誠也「憲法と「国家の教育権」」(『思想』一九六四年六月号)、五十嵐顕「義務教育」(『教育基本法』旧版長田編、新評論、所収)、兼子仁『教育法』(有斐閣)、有倉遼吉編『教育と法律』(新評論)、田中耕太郎『教育基本法の理論』

（有斐閣）、兼子仁『国民の教育権』（岩波新書）、牧柾名『教育権』（新日本出版社）、永井憲一『憲法と教育基本権』（勁草書房）、有倉遼吉編『教育法』（日本評論社）、堀尾輝久『現代教育の思想と構造』（岩波書店）等、多数。

（初出・原題「五　義務教育」。宗像誠也編『教育基本法――その意義と本質』新評論、一九六六年、改訂新版一九七五年、新装版一九八八年）

［補論Ⅳ］ 公教育とは何か

教育は親の子育てに原型をもつが、その子育てには共同体も深い関心をもち、親は共同体の意向を背後に、子育てを行ってきた。それはやがて学校として、さらには学校制度として組織的に行われるようになり、今日ではさらに社会教育としても組織され、わが国においてもその両者を含む生涯学習体系が組織化されようとしている。そして、国または地方公共団体は、その全体に関心をもち、様々な関与をしている。ここから、家庭教育を原型とする私教育と並んで、公費によってまかなわれ公的関与のもとにおかれた教育を公教育(public education)とよぶのが一般的用法として定着している。その場合、私立学校をどちらに分類するかは公費助成のあり方とも相関しており、見解も分かれている。欧米ではこれを私教育に入れる場合が多い。

わが国では法律の定めに基づいて運用されている、「公の性質」をもつ教育組織を指して公教育という。そこで「公の性質」とは何かが問題の焦点となるが、ちなみに、教育基本法第六条は、「法律に定める学校は、公の性質をもつものであつて、国又は地方公共団体の外、法律に定める法人のみが、これを設置することができる」とあり、さらに「法律に定める学校の教員は、全体の奉仕者」であると規定している。「法律に定める学校」という文言にある法律とは、学校教育法を指し、その第一条で「学校とは、小学校、中学校、高等学校、大学、高等専門学校、盲学校、聾《ろう》学校、養護学校及び幼稚園とする」と規定している。また第八三条には、「学校教育に類する教育を行うもの」として各種学校を規定している。さらに第一条に掲げるもの以外の「教育施設」として専修学校（第八二条の二）が、昭五〇法第五九号で追加された。「法律に定める学校」で監督庁の指導・助言を受ける学校である限り、専修学校、各種学校もまた「公の性質」をもつものとしての自覚が求められているといえよう。しかし、第一条に掲げる学校以外をも公教育としてカテゴライズすることができるかどうか、またそれが適当であるかどうかは議論が分かれている。

第一条規定の私立学校とは私立学校法第三条に定める学校法人の設置した学校であり、それは専修学校、各種学校とは区別される第一条規定の学校ということになる。したがってまた、教育基本法第六条規定からすれば、わが国では、国公立学校はもちろん私立学校法に基づいて設置されている私立学校もまた、「公の性質」をもつ公教育であり、私学の公費助成の根拠もこの点に求められる。

しかしまた、「公の性質」とは何か、「全体の奉仕者」とは何かについて、さらには国や地方公共団体の教育への関与のあり方、その範囲については、歴史的にも変遷があり、その解釈にも対立があって、一義的に定義づけることは困難である。

公教育の歴史　公教育の歴史をたどれば、その原型は古代ギリシアのポリスや、ローマの都市国家での、その成員に対する教育に求められる。そこでは、教育は、ポリスや都市国家の重要な関心事であり、その成員としての資質の形成に教育の目的がおかれていた。その代表的なものとしてスパルタの教育が挙げられるが、そこでは「子どもは父親が勝手に育てることが許されず、レスケー(閑談所)とよばれる場所までだいていった。そこには部族部族の長老が控えていて、赤児を検査し、しっかりしていて力が強ければ育てるように命じ……、生まれそこなってぶかっこうであれば、生きていたところで、自分のためにも国家のためにもいいことはないから、チューゲトンのふもとにあるアポテタイという深い淵のようなところへやってしまう」と『プルターク英雄伝』に書かれている。古代国家は、子どもは国家に属し、国家は障害をもつ子の父に対して、これを殺すことを命じていたことが、スパルタやローマの古い法典にも見出されるのである(クーランジュ『古代都市』)。

中世のカトリック的世界では教育は教会の支配下におかれ、祈りの教育と秩序への従順は信仰共同体の根幹であったが、子どもの発達に着眼する人間教育への関心は弱かった。しかし、一二―一三世紀にはボローニャやパリに大学が誕生し、ヨーロッパ各地から学生が集まり、知的な共同世界がつくられていたことは特筆されてよい。しかし、その担い手は少数聖職者と知識人に限られていた。

一六世紀には教会の腐敗に対する改革運動(Reformation)が広がるが、彼らプロテスタントは聖書の理解を中心に、民衆の教育に熱心に取り組んだ。その一人、M・ルターは、そのため聖書のドイツ語訳に取り組んだが、彼はまた義務教育の主張者でもあった。ボヘミアの改革者J・A・コメニウスは、汎知学を背景に、「すべての人に、すべてのことを」教える技術としての『大教授学』*Didactica Magna* を著わした。彼においては、真理は教育を通して万人のものとならねばならないと考えられた。教育が庶民に共通の、一般的なもの(common and universal)、したがって、それは民衆共通の関心事(つまり public なもの)としてとらえられていく上で、これらの改革派たちの果たした役割は大きい。

他方、カトリックの側は反宗教改革に取り組み、ジャンセニストを中心に、各地にコレージュやセミナリオをつくって布教のための教育に取り組んだ。

宗教戦争によりカトリック普遍世界がほころび、その間隙をぬって絶対王制の国民国家が形成されてくると、国王は教育に強い関心を払い、教皇権の支配を斥けながら、「国家すなわち国王」は「教育者」として(Staat als Erzieher)臣民の教育を手中におさめようと努めた。フリードリッヒ大王のもとでの義務教育制度(一般地方学事通則 Generallandschulreglement、一七六五)はその代表的なものである。フランスでも、大革命前に、ラ・シャロッテによって書かれた『国民教育論』*Essai d'éducation nationale*(一七六三)は、「児童は国家に属する」とし、国家の教育権を弁証するものであった。その"éducation nationale"は国家教育論にほかならなかった。絶対王制下に始まる教育をめぐる国家と教会の確執は、その後の教育史の主旋律の一つとなっていく。

絶対主義下の抑圧の中で革命を予感していたJ・J・ルソーは、旧体制の教育に鋭い批判を加え、一方で『政治経済論』や『ポーランド統治論』では、あるべき公教育(éducation publique)を構想したが、教育論の主著としての『エミール』*Émile ou de l'éducation*(一七六二)では「祖国のないところに公民はいない」と述べ、公民の教育を目指す公教育を斥けて、家庭での、自然の歩みに則しての人間教育を中心にすえ、その人間が新しい公民となる社会を構想した。その教育論は、公教育の前提としての教育の本質に向けられていたといえよう。

近代公教育思想　アメリカの独立革命やフランスの大革命では、革命の精神を根づかせるために、教育への公的関心が高まるが、それは絶対王制下の「公教育」すなわち「国家による教育」という観念を転換させ、教育は「万人共通の関心事」としての「公的なもの」即「みんなのもの」と考えられた。そこでは、教育を考える前提として、国民主権と人間の権利が確認され、教育はそれ自体が人権の一つであるとともに、人権を実現するための手段、その不可欠の前提として、二重の意味づけが与えられた。すでに一七九一年憲法はすべての者に必要なるものとして「無償の公教育」を規定したが、M・コンドルセが革命議会に提示した公教育案(Rapport et projet de décret sur l'organisation générale de l'instruction publique)(一七九二)はその代表的なものの一つである。コンドルセにおいては、教育(éducation)と知育(instruction)はカテゴリカルに区別され、前者は人間の内面形成を含む人格形成、とりわけ徳性の涵養を意味し、後者は知識の伝達を介しての知性の開花を目指すものとして使い分けられており、人間の内面形成にかかわる問題(éducation)は、思想・信仰の自由と同じく、国家権力の干渉してはならない私的領域だと考えられた。したがってまた、公的関心事としての公教育は éducation publique ではなく、instruction publique に限定されていたのである。その上、この公教育は国家を主催者とするものではなかった。政府は「どこに真理が存し、どこに誤謬があるかを決定する権利はもたない」、「政府によって与えられる偏見は、真の暴政であり、自然的自由のうちの最も貴重な部分の一つに対する侵犯である」とされ、公教育の政府からの独立が強く求められ、それを統轄する機構として、政府からは独立した国立学芸院(Société nationale des sciences et des arts)が構想されていたのである。しかも、そのことは知的権威主義を意味するものではなかった。彼は知性への信頼とともに、古い世代を超える新しい世代の権利を認め、教育内容(enseignement)が科学の発展に沿って常に革新されていくことを求めていたのであった。そこでは宗教および、それと関連づけられた道徳教育は除かれ(世俗主義 laïcisme の原則)、科学の教育が中心におかれていた。知育の重視は一七世紀以降の科学革命と啓蒙の思想に支えられていたが、同時に公教育を inst-ruction に限定することは、内面の自由を公権力の圧力から守るために必要だと考えられたからであった。

ジャコバン派を代表するルペルチエの公教育案(一七九三年七月、議会に提案)は、徹底した平等主義に立つものであった。そこでは「(五歳から一二歳までの)すべての児童は差別も例外もなしに、共和国の費用で共通に育てられ、すべての者は、同一の衣服、同一の食事、同一の世話を受けることを、諸君が法令で規定されんことを」求めるものであった。この公教育においては、身体的訓練と道徳的陶冶を通して共和国の国民を育てることが目的とされていた。

資本主義の発展と国家主導の教育　しかし、人権思想と結びつく近代公教育の思想は、現実の教育の制度化を主導するものとはならず、資本主義の発展と結びついて、労働力の保全と再生産の観点から、かつまた、社会の階級分化と対立に対する治安対策的発想から、工場法の義務教育規定を通して、学校教育の制度化は徐々に進んでいった。イギリスはその典型であった。助教制度(モニトリアル・システム)の導入は一斉大量教育を促した。そこでの教育は簡単な3R's(読み書き算)と、宗教・道徳教育(訓練)が中心であった。それは資本主義的秩序への囲い込みにほかならなかった。

民衆的公教育　このような支配者層の動きに対して、国民教育ないし公教育を拒否する主張が現れる。例えば、W・ゴッドウィンはその『政治的正義』*Political Justice*(一七九三)で、「それがわが国の政治と大っぴらに手を握っているものだという理由で、否認されなければならない」と述べ、それが人々の心を鋳型にはめ、平均化するものであり、それが精神の自由と自発性の原理に反すると厳しい批判を加えた。

資本主義の発展は階級対立を生み、それだけ上からの統合化のための学校教育の制度化を必要とするが、労働運動は、この上からの教育を斥け、普通選挙制を通して、政治への参加を求めるとともに、「権利としての自己教育」を主張して、自らの教育組織を構想するようになる。チャーチスト運動はその一つの典型であり、そのリーダーの一人W・ラヴェットは、権力支配のためではなく、「人間の尊厳を高めその幸福を進めるための普遍的な道具」としての教育への機会を、公費によって、無償で保障することこそが「政府の義務」だと主張した。この主張は、民衆的公教育論の一つの原型を成すものであった。

このような労働者階級の要求と運動に対して危機意識を強める支配者層は、一方で、普通選挙制を譲歩するとともに、他方でそれを無害とするためにも、限定づきの教育(教化・訓練)の定着のために、国家の介入を通して、義務教育を普及させようと努める。保守的政治家R・ローの"We must educate our Masters"という発言は、普通選挙権をもつにいたった新しい主人を、われわれは教育して無害のものとしなければならないという危機意識の表現であった。

さらに、科学技術の発展を背景として、初等教育の充実こそが、科学・技術競争に打ち克つ力だとして、学校での基礎教育の充実を求める声が高まってくる。

このような要求を背景に、一九世紀の末までには、ヨーロッパ各国で、国民形成を課題とする教育の制度化が、国家主導のもとに進められ、全国的な規模での義務教育制度が整備されていく。しかし、それは、例えばイギリスの学校教育制度化の画期をなすフォスター法(一八七〇)が、人権としての教育という観点からすれば「みじめなまがいもの」(ラヴェット)と評されるようなものであった。フランス第三共和制下のJ・フェリーによる義務教育制度の制定・整備(一八八二年法)も、フランス革命が理想とした人権としての教育の実現という観点からはほど遠く、ドイツ第二帝政下、ビスマルクによる教育改革は一層国家主義的色彩の強いものであり、学校は「社会主義に対するとりで」として重視されていた。これらに共通して、公教育とは国家権力が主催・主導する教育というイメージを強くもつものであった。

二〇世紀に入ってからは、「福祉国家」イデオロギーのもとで、教育も福祉政策と結びつき、学校は国家的制度としての性格を強め、さらにドイツ・ファシズムや日本の天皇制国家のもとでは、公教育は国家主義教育の性格を濃くしていった。そこでの「公」は「お上」であり、国家には「滅私奉公」し、「一旦緩急アレバ義勇公ニ奉ズ」べきことが求められ、国家への忠誠心の涵養に公民教育、国民教育の眼目がおかれたのであった。したがってまた、そこでの教育行政とは「国家の権力的作用」であり、児童・生徒・学生は「一般国民として国権に服従するは勿論……其身分による特別の服従関係を生ずるなり」(禱苗代『日本教育行政法述義』一九〇六)と考えられていた。戦前日本の公教育はまさしく国権論的公教育であったといってよい。

権利としての公教育　他方、民衆の権利としての公教育の思想は、民衆運動・教育運動に担われて主張され続けてきた。イギリス労働党の「中等教育をすべての者へ」の運動や、H・ワロンやJ・ピアジェをリーダーとする国際新教育運動、あるいは啓明会を組織した下中弥三郎の学習権思想はその先駆的なものといってよい。そして、第二次世界大戦後の人権思想の新たな展開は世界人権宣言(一九四八)に結晶するが、その第二六条には「すべて人は教育への権利(right to education)を有す」とあり、政府は人権としての教育を無償で保障する義務を負うものと解され、また、そこでの「教育は、人格の完全な発展と人権および基本的自由の尊重の強化とを目的としなければならない」と記されている。これより一年先、わが国憲法も、その第二六条で国民の「教育を受ける権利」を保障し、義務・無償の普通教育（universal education）を規定している。この「権利としての教育」を現実に保障する責任は公的機関が負うことなしには不可能だが、同時にしかし、それは国家が教育の主催者として教育内容や方法に介入することを意味するものではない。教育基本法のもとで、教科書は国定から検定に代わり、教育課程は、「これからは下から、教師自身によってつくりだされていくもの」（一九四七、学習指導要領一般篇）と記されていたことにも、このことは明確に示されていた。国民主権と人権の尊重を原理とするわが国憲法下での国家と教育の関係は大日本帝国憲法下での国家と教育の関係を根底的に旋回させるものであり、そこでの公教育とは、教育の地方自治、国民自治の原理を含んで、教育が一人一人の人権に根ざし、その教育は国民の共同の努力によって生み出され、支えられていくべきものであり、その内容がすべての者に共通の基礎的な教養となるべきことが、教育の〝公共性〟の含意となってくる。戦後、廃墟と貧困の中で、村の共有林を伐って中学校をつくった村人の意識の中に、教育を共同・公共のものとするとらえ方が息づいていたといってよい。その意識はまた、公選制の教育委員を選ぶ行為の中に、あるいは教師とともに学校・学級づくりに参加しようとするP

ＴＡの運動にも示されていたといえる。

現在の争点　にもかかわらず、今日においても、依然として国が公教育の主体であり、児童はその客体だとする考え方が、文部省およびそのイデオローグの中に根強く存在している。そこでは「公教育に関しては、それを実施する公権力主体が教育内容・教育方法を当然決定し得る」とされ、教育の内的事項に関しても公権力が決定権をもつのは「当然」だと主張されている(例えば、相良惟一「公教育」『教育学大事典』一九七八)。同様の主張は教育裁判の判例にもみられ、例えば教科書裁判第一次訴訟に対する東京地裁高津判決(一九七四年七月一六日)では「現代国家は福祉国家」であり、そこでの「現代公教育においては教育の私事性はつとに捨象され、これを乗りこえ、国が国民の付託に基づき自らの立場と責任において公教育を実施する権限を有するものと解さざるをえない」と述べ、教育内容への国家介入を合理化した。

しかし、教科書裁判第二次訴訟東京地裁判決(杉本判決)では、教育権は国民にあるとする観点から公教育に対する公権力の介入の限界を強く主張するものであった。そこでは「子どもの学習権」の承認の上で、「教育は本質的に自由で創造的な精神活動であって、これに対する国家権力の介入は極力避けられるべきもの」だと述べ、文部省による教科書検定は教育行政の限界を犯しているとの判断を下した(一九七〇年七月一七日)。ここに示されている論理は、精神的自由の保障を根幹とする憲法・教育基本法の精神と合致し、人権思想と結びつく近代公教育論の忠実な展開だといえよう。

さらに学力テスト事件の最高裁判決(一九七六年五月二一日)は、結論として学力テスト合法を判示したが、そこに示された教育観は国権論的公教育論とは異質のものであった。そこには「子どもの教育は、教育を施す者の支配的権能ではなく、何よりもまず、子どもの学習をする権利に対応し、その充足をはかりうる立場にある者の責務に属する」と述べ、議会の決定は国民の教育意思を代表し得ないとして次のように述べていた。「もとより政党政治の下で多数決原理によってされる国政上の意思決定は、さまざまな政治的要因によって左右されるものであるから、本来人間の内面的価値に関する文化的な営みとして、党派的な政治的観念や利害によって支配さるべきでない教育にそのような政治的影響が深く入り込む危険があることを考えるときは、教育内容に対する右のごとき国家的介入についてはできるだけ抑制的であることが要請される。……子どもが自由かつ独立の人格として成長することを妨げるような国家的介入、例えば、誤った知識や一方的な観念を子どもに植えつけるような内容の教育を施すことを強制するようなことは、憲法二六条、一三条の規定上からも許されないと解することができる。」この判決の指摘する、議会制民主主義のもとでの教育内容に対する国家介入の抑制論は、教育における地方自治原則の確認と合わせて、現代公教育を論ずる際に確認されてきた観点を再確認したものだといえる。

教育の私事化論 中曽根内閣のもとに組織された臨時教育審議会（一九八四—八七）の教育の自由化論は、公教育論にも一石を投じるものであった。それは公費部門をできるだけ縮小し、その分を民間活力に委ねようとする民活論（私事化 privatization 論）の教育への適用であり、教育に関しては私学や私塾の奨励に通じている。それは、端的に、教育活動をも利潤追求の対象にすることであり、教育需要者に対しては、公費負担ではなく、受益者負担原則が強調される。さらに親の教育選択の自由が強調される。こうして教育は家庭の財政状態に応じて選ばれることになり、公教育の無償原則は大きく犯されることになっていく。それは教育そのものを国民の共同・公共の事業だとみなす観念とは対抗関係にある。

この論はまた、公教育だから国家が管理するのは当然だとする国権論的公共性論とは対立している。しかし、この私事化論は、国民統合論を前提にしており、その分だけ、現実には、国旗・国歌の押しつけにみられるような統制主義的方策と相互補完の関係をなしている。したがってその「教育の自由化」が、人権論にたつ「教育の自由」論とは、似て非なるものであることも明らかである。後者においては、国が教育を管理統制して国民の内面世界に介入することを拒否し、その限りでは教育を国家の干渉から独立した

「私事」とみなすとともに、その私事の共同化を通して新しい公共性が生み出されると考えられている。

人権論的・民衆的公教育　私事を公事へと開く契機となるものは、子どもは親の私有物ではなく、本来、社会的存在であり、子どもは社会的・共同体的配慮の中で、周囲の温かいまなざしの中で育つのであり、学校は子に対する親の責任(義務)の共同化されたものであり、そこで学ぶ真理・真実は人類に開かれたものであるべきだとする考え方である。そのことによって、教育は、私事性の契機を含む、共同かつ公共的なもの(common and public)という観念も導き出されるのである。

公教育の公が「お上」と同義的に解される限り、それは一人一人の個人に対してよそよそしい関係となる。公が個人を離れてアプリオリに措定されるとき、個は抑圧され、教育は個人にとって権利ではなく義務となり、強制ともなる。教育の公共性論は人権論と内在的に結びつき、「教育への自由」の原理と結びついて初めて、それが国家主義的公共性論と対立し、同時に素朴な個人主義を超え、民衆的基盤に立つ新しい共同性・公共性をもった教育創造の視点となるだろう。この公教育論を、人権論的・民衆的公教育論とよびたいと思う。

参考文献

伊藤秀夫編著『義務教育の理論』第一法規出版、一九六八年。
堀尾輝久『現代教育の思想と構造』岩波書店、一九七一年。
牧柾名編『公教育制度の史的形成』梓出版社、一九九〇年。
J・ハーバーマス著、細谷貞雄訳『公共性の構造転換』未来社、一九七三年。

（初出・原題「公教育」。『新教育学大事典』第一法規出版、一九九〇年）

追補　「国民の教育権と教育の自由」論再考

――西原博史氏の言説に応えて

一　教基法改正後の「法と教育」をめぐる状況

(1)「教育再生」状況と課題

「戦後レジームからの脱却」を掲げ、「教育再生」を、憲法改正と一体のもの、として推進してきた自公政権は、参院選大敗のあと、安倍から福田へと首相は交代したがその基本路線は継承するという。前内閣の成果として評価されている「教育改革」は教育基本法全面改正、教育三法改正を軸として進められているが、教育はどこに行くのか。「再生」どころか、学校から自由が、教育から人間が消えていく状況が、かえって広がっている。

「教育再生」策の中軸としての教育基本法改正については、そのねらいが、「教育の目標」(第二条)を新設して国の望む価値観(とりわけ愛国心)を押しつけることにあり、それを可能にするため、教育行政(第一〇条)を改め、第一六条、第一七条を設け、行政による教育計画の押しつけの根拠法とするところにあったことも明らかだ。

しかし新法には「憲法の精神にのっとり」という文言が残された。さらに教育改革国民会議・中教審の論議、そして国会論議を通して、四七年教基法の普遍的精神は正しい、しかし新しい時代に則って足りない部分を変えるのだといってきた。それだけに改正された現在では、その普遍的価値(四七年教基法の精神、教育の条理)と憲法の精神に則って、合憲的解釈を徹底的に追求し、改正法のもつ矛盾を明らかにすることが可能なのである。(1)

その第一六条(教育行政)には「教育は、不当な支配に服することなく、この法律及び他の法律の定めるところにより」行われねばならない、とある。しかし、当然のこととして、「この法律」の解釈は憲法を前提とし、国際条約とも適合的であることが求められる。国際人権規約、子どもの権利条約はもとより、ユネスコ学習権宣言、ＩＬＯ・ユネスコ勧告等も参照されねばならない。「他の法律」のなかには、教育関連法規のみならず、慣習法、そして条理法も含まれるはずである。これらの法体系のなかで、学習指導要領や、教育委員会の「通達」等の合憲性・合法性は吟味されなければならない。

とりわけ憲法については、それが教育関連法規の実質上の上位法であることの意味は、憲法そのものに教育に関する基本原則が含まれているということである。憲法上の明示的教育規定は第二六条であるが、教育はすべての人間――ここには当然子どもが含まれている――の幸福追求の権利(第一三条)を前提として、精神的活動の自由と表現の自由

（第一九条、二〇条、二一条）と不可分であり、さらに学ぶ権利（二三条）こそが教育への権利（二六条）を支えているのである。国際条約や条理の展開はこのような憲法解釈を励ますものである。

さらに人権としての、子どもの権利としての教育は、平和なくしては実現しない。第九条の精神は、教育の条理（道理）に通じているのである。

いま改めて、「憲法と教育」「子どもの権利条約と教育」を基軸とし、「国民の教育権と教育の自由」論の発展的再構築が求められているのである。

(2)気になる理論状況　「国民の教育権と教育の自由」論の再構築のためには、その前提として戦後教育と教育学・教育法学の歴史的、批判的総括が重要である。教育裁判と教育法学をめぐる学説動向も無視できない。

それにしても、近年広がっている教育学・教育法学批判は、あまりに浅薄、かつ重大な欠陥をもっている。とりわけ「国民の教育権」と「教育の自由」をめぐる論議は無視できない。そのことが教育法理論の発展とそのための研究者の協力のさまたげになるのではないかと危惧される。

国民の教育権論は時代遅れか　近年の論議では、「国民の教育権論」は一九七六年の旭川学力テスト反対訴訟最高裁判決（詳しくは後述）によって退けられたとされ、「教育の自由」も、もっぱら「教師の教授の自由」としてしかとらえられず、君が代訴訟に対しても、「教師の自由を中心とする国民教育権説では解けない問題」だ、「教育の自由ではなく、「思想の自由」を前面に出していくべきだ」という発言がみられる。「教育の自由」がなぜ「教師の教育の自由」と同義語なのか、なぜ「思想の自由」と二項対立的にとらえられるのか、しかも教師の自由はなぜ身勝手な権力行使の自由なのか。(2)「国民の教育権」をめぐる論争も、事実と論理に即しての丁寧な「作法」が求められている。

西原論文の問題点　『世界』五月号の西原博史氏の君が代訴訟にかかわる一文もこのような視点から見て危惧される。(3)

文科省の中枢にいた菱村幸彦氏は、早速この論文をとりあげ、『内外教育』(07・7・10)の「自由を抑圧した教師たち」という巻頭エッセイで、西原論文が「学校現場における君が代拒否闘争の異常さと、それを支えた戦後の教育法学の独善性(西原教授は「日教組御用法学」と批判)を的確に指摘している。君が代拒否闘争に熱中してきた教師には何とも苦い言葉であろう」と書いている。

西原論文は、その冒頭で、知人Y氏が小学校時代に君が代を歌う自由が抑圧されたという事例をあげ、「四七年教育基本法下の教育法学は、こうした抑圧状況に対して特に問題提起をすることもなく、教師の教育権を語り続け、子どもの無権利状態を容認し続けていた」と批判し、「過去にこうした現実があり、それを正当化する教育法理論が通用していたことを考えた場合、教師が思想・良心の自由という基本的人権を口にすることと自身が悪い冗談のように響く」と書き、さらに「特に混乱に拍車をかけたのが、いわゆる予防訴訟の提起であり、東京地裁二〇〇六年九月二一日判決である」「国歌斉唱義務不存在をおおっぴらに宣言するこの判決は、教師の思想・良心の自由を極限まで拡大した」「判決は、個々の原告ごとの侵害認定を行っていない。イヤなことをやらされたら良心の自由の侵害、自分たちの政治信条とズレることをさせられたら思想の自由の侵害、という論理だが、これが法的に通用する命題であるはずはない」と酷評する。

権力者として子どもを抑圧し続けてきた教師に、思想・良心の自由を要求する資格はなく、原告の言い分をそのまま認めた東京地裁難波判決は検討にも値しないと切りすて、それを支えた「四七年教育基本法下の教育法学」を一括して批判するのである。

しかし西原氏は原告の主張を、その訴状を読んだのだろうか。「イヤなことをやらされたら良心の自由の侵害、自分たちの政治信条とズレることをさせられたら思想の自由の侵害、という論理」だとまとめているのだが、これは原告の主張でもなくまた判決の論理でもないことは、明白なことだ。判決は学習指導要領及びその国旗国歌条項の法的効力をも認めた上で、「一〇・二三通達に基づく職務命令」に従う義務の不存在を確認しているのである。

西原氏は、良心の自由についての自論をこうのべている。

「良心の自由は良心に従ってならば何をやってもいい自由ではない。自らの良心に反する行為を強制され、そのことによって良心本体が回復困難な損害を被り、もはや自分が自分でなくなってしまうような人格崩壊に直面するギリギリの場面で初めて、具体的な行動に関する法や国家の命令が良心の自由に対する侵害と構成される」

これこそまさに原告の思いではなかろうか。人間としての、そして教師としての良心が「回復困難」な、「人格崩壊」を未然に防ぐための予防訴訟は訴訟要件を充たさないと西原氏は考えているのだろうか。あるいは四百名を超える原告一人一人にこの基準を適用して、内心の自由侵害の有無を認定しろというのだろうか。その判断を裁判官にゆだねること自体に問題はないのだろうか。裁判所が個人の内心の自由を侵害する危険はないのだろうか。

教師中心主義と子ども中心主義　西原氏は君が代問題をめぐる二つの立場として教師中心主義と子ども中心主義をあげ、自分の立場は後者だとした上で、「国歌の扱いに関するすべての場面で教師個人の思想・良心の自由が優先されるという命題を、その一般的な形のままに主張することは、偏狭な集団エゴとしての側面も含めて教師中心主義へと立場決定することを意味し、もはや子ども中心主義とは相容れるものではなくなる」とのべ、続けて、「立論の過程でいかに子どもの思想・良心の自由を根拠にしようと、最終的にコントロールされない教師の教育の自由の保障によって問題を解決しようとするならば、子どもの自由の保障が真剣に追求されているわけではなく、単に運動論的な名目として利用されているに過ぎなくなる(堀尾輝久『教育に強制はなじまない』岩波書店、二〇〇六年)」という。まず、「教師個人」と「偏狭な集団エゴ」と「教師中心主義」がなぜ一つのものになるのか、私には理解できない。しかもここには〈一人の教師として〉と〈一人の人間として〉の区別と関連の視点もない。本件に関しても、原告は一人一人の責任で提訴しているのであり、教職員組合の方針でもなければ、組織的支援もないということを西原氏は知らないのであろうか。さらに「立論の過程で」以下の文章は一読して理解できる人はいないのではなかろうか。なぜ私の著書が引照されているのかも。

私はこの裁判で意見書を書き、法廷で証言をした一人である。そして意見書と証言を、そのまま『教育に強制はなじまない』として大月書店(岩波書店ではない)から出版した。私の証言の中心は、思想・良心の自由はすべての人間に当然に保障されるものだが、教師(教育公務員)は、その職責上、その自由は制約されるという教育委員会の見解に対して、教師の人間としての精神の自由とともに、教師であるが故に求められる精神の自由と教育の自由、子どもの豊かな精神発達、自由な精神の発達を保障する責任をもつ教師の、その職責とかかわっての精神の自由と教育の自由が要請されることを証言した。教師の自由が奪われれば生徒の自由も失われる。私の「意見書」は結章を「君が代強制と教師と生徒の内心の自由」とし、こう書いた。「職務命令による強制は、校長・教諭の関係を裂き、教師と生徒の信頼を裏切りかねない。このような状況を現出させた直接のきっかけは教育委員会の一〇・二三通達にあり、これが教育行政の教育への「不当な介入」(教育基本法一〇条)に当たることは明白であろう。そうであれば、生徒の豊かな精神的な発達を保障する学校で強制はなじまないということがいっそう強く言われなければならないではないか。教師に対する強制は、教師自身に対する人間としての精神の抑圧になると同時に、教師としての自由を抑圧する。それは、生徒の精神発達の自由を奪うことになっていく。このことが決定的に重要な視点だと私は考えている。子どもに強制するということは、間接的強制を含めて、いっそう不適切であり、精神発達のプロセスにある子どもたちにはより丁寧な学習と指導こそが大切である。教育に強制はなじまない。そしてとりわけ精神的自由、内面の自由にかかわる問題に強制はなじまないということをくり返し言っておきたい。」と。これが私の主張の核心である。難波判決も、この点をふまえて、「教師に対する強制が生徒に対する強制になる」と明記している。私自身、教育思想、教育哲学研究者として、子どもの人間的成長発達と学習の権利、それにふさわしい教育への権利を中軸とする子どもの権利論者だと自負もしてきた(拙著、『子どもの権利とはなにか』岩波書店、一九八六年、『人権としての教育』同、一九九一年)。それだけに、この西原氏の「立論」以下の文章は、私の意見書と証言の曲解も甚しい。

また、この訴訟が教師中心主義だという西原氏の主張に対して、原告の一人はこう反論している。「原告の多くが陳述書に記し、また法廷での証言で語ったのは、その生い立ち、歴史認識、宗教的・教育的信条からこの強制には従えないということとともに、子どもたちの面前で強権の前に跪く姿を見せることはできないという教職員としての矜恃、そして、自分が屈することによって子どもたちの思想・良心の自由が侵害される事態を促進してしまうことへの怖れであった。教師も子どももどちらも「中心」である。[4]」

西原氏の論は、教育基本法改正後は、四七年教育基本法への批判に向けられていく。「四七年法の中では、子どもの権利も親の権利も明示されていない……子どもと親の権利を否定することによって、教育の私事性に関わる部分が否定される[5]」

西原氏は四七年法の評価を自ら改めることによって国民の教育権論と四七年法を重ねて批判したいのであろうか。

ところで、国家一人じめ的伝統的教育観に対して教育の私事性を主張し、「私事の組織化としての公教育」をどう創り出すかという提起をしたのは勝田守一と私であり(「国民教育における「中立性」の問題」上・下、『思想』一九五八年九月号、五九年三月号、『現代教育の思想と構造』岩波書店、一九七一年所収)、それ以来私は「私事性論者の堀尾」といわれ、ときに批判されてきたのであり、それだけにこの西原説をどう受けとめてよいのか、とまどうばかりである。

二　憲法・教育基本法体制と教育法学

西原氏は「四七年教育基本法下の教育法学」「戦後教育法学」には「親と子どもの視点がない教師中心主義」ととらえ、それと同義語の如く「国民教育権論」を批判する。しかも「日教組御用法学」という表現さえ使っているのだが、その論理の大ざっぱさに、教育法学に貢献した多くの先人や同輩は、これは誰のことかととまどうに違いない。

そもそも教育法学とは何であり、いつから成立したのだろうか。教育法学会は一九七〇年、教科書裁判の杉本判決で民間教育運動が高揚した時期に成立したが、国家と教育、教育と法の関係についての法哲学的、教育哲学的探求を含む新たな学際的研究の必要を自覚させたものは、憲法と教育基本法の成立そのものであり、とりわけ「憲法と教育」の関係、教育基本法の本質とその法的性格と深くかかわっていた。

戦後の教育の基本構造を私たちは「憲法・教育基本法体制」と表現してきたが、それは戦前の帝国憲法・教育勅語体制から訣別し、教育を国家の支配から解放し、人権としての教育をすべての国民《ピープル》に保障しようとした改革であり、それは精神革命、文化革命（南原繁）ともいうべき大転換の一環としての教育改革であった。教育の自由は国民の精神的自由と不可分のものとしてとらえられていた。

(1)田中耕太郎が提起したこと

改革期に文部大臣として、教育基本法の成立に大きな役割を果した田中耕太郎は、「教育と法」の研究の開拓者であった。田中は一九五二年の『ジュリスト』創刊号に教育権の独立と教育の自由論を軸に教育基本法第一条、教育目的の成立をめぐる一文を寄せているが、それは教育法という新たな研究領域への開拓の呼びかけでもあった。[6]

その自由論は第一義的には国家の教育の領域への「不干渉主義」であり、それは教育の本質認識に根拠をもっている。

田中は「教育が本来教育者とその対象たる被教育者との間の純然たる内的関係であり、その結果としてそれは国家社会の干渉の外にあることは、最も本源的で普遍的な教育現象である」とのべて教育の自由の原型を家庭教育への国家の不干渉に求め、さらに「教育者が被教育者に創造的に働きかけるところの、二人格者の間の内的影響関係は……家庭外における個人的な師弟関係及び学校教育においても均しく存在するところのもの」だとし、「この種の関係が本来国家の干渉の外にあるべきものであることも家庭内の教育関係と異るところがない」とのべ、その上で、社会的、集団的に行われる学校での教育が「社会的価値判断を要請するようになるに及んで国家との関係を生じ、法との必然的な交渉が始まる」のだが、その「国家的立法を以て教育の目的に関する指針を示す」

のではなく、「むしろ教育に従事する者が良心と良識とに従って教育の目的が何れにあるかを判断すべきものである」という。

この視点からすれば、教基法第一条の目的規定はその限界を越え、近代国家の常態からみれば「変態的」なもので、教育が権力的に押しつけられてきたわが国の固有の歴史的事情に起因する「異例」のものだとのべ、「教育者は外部的権威に依存しないで、自己の研究と識見とを以て正しい教育理念と教育方針とを見出さなければならない」、それは「教育学の範囲に属する問題」だと指摘する。さらに「本稿の主眼」は「教育の理念目的についての……不干渉主義の原則が確立されなければならないこと」にあるとのべ、さらに、「法と教育との関係」という「今日に至るまで教育学及び法学の双方にとって学問的な一つの盲点」をなしていた問題領域に対して、「法学者と教育者とは互に孤立せず」、その「解明に共に協力」することを求めてこの文章を結んでいた。

これこそ新しい学際的な教育法学の必要性の提言であったといえる。それは、文化・教育の国家からの自律性という原則の確認の上で、その境界領域の問題、そこで起るであろう係争問題に、単なる行政法の適用ではなく、逆に教育者の独善を許すものでもない新たな水準の合意をつくりだす、そのための法学者と教育学者の協同への呼びかけであり、新たな学問としての教育法学への課題提起であった。

これは、新憲法のもとで、文化・教育という国家権力が介入すべきでない自由の領域において、誰が、どのような責任を負うのか、その実践の自由と責任のありようの探求を求めるものであったといえる。

(2)六〇年代の発展——宗像誠也の問題意識の原点　西原氏は、近著『良心の自由と子どもたち』(岩波新書、二〇〇六年)では「(一九六〇年代の)時代背景の中、憲法学・教育法学は、教師集団に多くを期待する理論を作り上げ、それによって子どもと親を置き去りにしてきた。その理論が、〝国民の教育権〟説と呼ばれる」と書き、さらに「教師の立場をめぐる論争の一方の極は、学校における……教育内容決定権を独占することを認める古典的な国民の教育権説である」という(7)。

確かにこの時期(五〇年代後半から六〇年代)は国民の教育権論が構築されていく重要な時期であった。教育委員会の公選制から任命制へ、教師の勤務評定の実施、学習指導要領の改訂(試案から法的拘束力へ)、教科書検定の強化、全国一斉学力テスト、「期待される人間像」の提示と、矢継ぎ早に「戦後改革の行き過ぎ是正」策が強行され、教育基本法の空洞化がすすめられ、「教育への国家の復権」が企てられていく。

学校と教育をめぐる紛争状態が拡がり、勤評、学テ、教科書と、いわゆる教育裁判が続出することにもなっていく。

憲法・教育基本法体制(いわゆる戦後レジーム)の危機を意識した教育学者、法学者(憲法、行政法、労働法、民法)が、それに対する批判の論理を構築していったのである。それが「国民の教育権と教育の自由論」だといってよい。

その代表者の一人に、教育行政学の宗像誠也《むなかたせいや》がいた。宗像は上記の状況に危機意識をもち、若い教育学、法学研究者と協力して「抵抗の教育行政学」に打ち込んだ。教育法学会の結成の直前に亡くなったが、その追悼文集の表題は『国民の教育権を求めて』(一九七二年)となっている。

宗像は君が代問題には特別の関心をもっていた。それにかかわる一つのエピソードを紹介しよう。

一九五八年学習指導要領で、「君が代」を歌うことが「望ましい」と規定された後、教育委員会はその方向で指導していった。宗像先生の娘さんの学校もそうであった。先生は親として、歌わせたくない、「親権」を使っての裁判はできないだろうかと考え、研究会でも発言されていた。私は院生であったが、先生に「親の権利としてというのはどうだろうか、親権解釈も、親の子どもへの義務を軸に変ってきているのだから、論理的には子どもの成長・発達という観点から批判すべきではないか」といって、子どもの権利・学習権の視点から宗像先生と論議し、そのあと宗像理論にも子どもの権利・学習権の視点が入ってくるのだが、その「君が代」問題では、宗像家でも大論議があったことは後に知った。宗像夫人は地区の教育委員をしており、娘さんの中学の卒業式に出席した。卒業式のあとの食卓で、娘さんが「私は歌わなかったけど、お母さんは歌ってたわね」といい、宗像さんは「このおれが一生懸命やっていることがお前には何もわかっていない」「教育委員などしているからだ。すぐ今夜辞表を書け」といって責めた。「私にとって結婚以来始めての深刻な事態だった」と、夫人は追悼文の中で書いている(8)。

君が代問題は、この時代から、家族をまきこんでの深刻な問題を引きおこしていたのであり、教育権論も、その出発の時点から、子どもの権利の問題、そして親権解釈の問題を含んで議論されていたのであり、子どもの学習権は教師の絶対的な権力を引き出すための道具だとか、親の発言権など問題にしていなかったというような言説が、いかに不正確な(学説史的にも)ものかということもわかろう。

(3)子どもの権利を軸とする法的証言

私自身は、教科書裁判の杉本法廷で証言し(一九六九年)、教育法学会の結成にも参加したが、法学者ではなく、教育思想・哲学、人間・発達論の専門の立場から新しい学問である教育法学に寄与できればよいと考えていた。その研究は、現実の問題から離れてではなく、その渦中をくぐりぬけての教育学のあり方を求めるものであった。その中心を子どもの発達、学習の本質、子どもの権利と人権思想の歴史的展開のあとづけにおいてきた。係争的問題に対しても発言を求められ、教科書裁判(杉本法廷)では子どもの学習権の視点から教科書のあり方を考え、教科書検定を批判する証言を行ったし、教師の研修権裁判でも子どもの発達と学習の権利を保障するという観点からの教師の研修権論であり、それは西原氏のいうような「教師の教育権を絶対視」するのではなく、研修の内実を子どもの発達と学習の権利との関係を通して問い直すものであった。私はこれらの法廷証言でも「教師の教育権」という表現は意識的にさけて、教師の専門性にもとづく、「責任と権限」という表現をしているのである。それは教師に対して厳しい要求を含む教師論でもあった。これらの証言はいずれも私の『教育の自由と権利』(青木書店、一九七五年、新版二〇〇二年)に収められている。君が代予防訴訟にしても、既述のように、教師だから、公務員だからその自由が制約されるという統制論に対して、逆に教師として、教育公務員としての職務上の責任を明らかにすることが、私の意見書及び証言の内容の中軸であり、教師への統制が生徒の精神の自由な発達への抑圧になること、逆に子どもを自由な主体として育てるためには教師の自由(自由な精神のあり様)が職責上求められていることを強調したのだった。(9)

西原氏は「国民の教育権説は、国家を主体としたイデオロギー的教化から子どもを守ることを最大の眼目としている。しかし子どもの側からすれば、イデオロギー的教化が行われた時に、それが国家由来のものでも、目の前の教師一人の権力によるものでも、その間に何の違いもない」(10)という。これはその通りである。だからこそ国民の教育権論(少なくとも私)は、教育的価値論を媒介して、教化と教育の違い、宣伝と教育の違いを強調し、よい権力ならば教育内容に容喙《ようかい》してもよいという議論に対しては、よい権力とは、教育内容に介入せず、教育の自由を保障する権力だと主張し、真理だからといって、それを「教え込む」ことを是とする教育論に対しては、たとえそれが真理であろうとも、子どもが自ら考え、新しい世界が開かれていく喜びを感じる学習、それこそが学習権の保障であり、そのような授業者であるべきことを主張してきたのである。これは今日では、教育学の常識であろう（堀尾『教育入門』岩波新書、一九八九年参照）。

さらに教育内容を誰がきめるのかという問題は、授業の場面では、教師にその最終的な責任がゆだねられるが、しかし参考となる学習指導要領や教科書のあり方が、地球時代にふさわしい仕方で当然に、問われてくるのであり、そこでは、教育課程に関する「国民の英知」を結集しうる審議会のあり方（学術会議なども関与しての）が求められ、教科書執筆者の努力や検定のあり方もまた関与してくるのであり、国民の教育権論は西原氏のいうような「教師集団が、教育内容決定権を独占することを認める」理論ではない、まさしく「国民の教育権」論なのである(11)。

(4) 学テ最高裁判決と国民の学習・教育権論

学テ最高裁判決は折衷説か　国民の教育権論は一九七六年の学テ最高裁大法廷判決によって否定された古い学説だという説も広がっている。西原氏もその一人である。さきの『ジュリスト』座談会でも今後は学テ最高裁判決を新たな出発点とすべきだという主張が共有されているように感じられる。

私もこの最高裁判決を重視することにやぶさかではない。さきの国会の教育基本法問題特別委員会に参考人陳述をした時にも、文科省の判決の読み方批判を含んで、この判決が国の教育への過度の介入に抑制を求め、法にもとづく行政行為も不当な支配に当たる場合がありうると指摘していることの重要性を強調した。同時にしかしこの判決の弱点を批判し、より質の高い教育認識にもとづく、「教育と法」の関係をつくり出していくことが求められているのである。

私自身、判決直後の判決評の一文[12]でこう書いた。

「この判決は、はたして、文部省をその将来にわたって真に勇気づけるものであるかどうかは、はなはだ疑わしい。むしろ逆に、教育権について、弁護団側の意見を、かなりの程度反映させ、教育行政のあり方に、一定の歯どめをかけている点こそが重要である。」

さらに、国家の教育権説と国民の教育権説をともに退けたとするこの判決は「はたして折衷説なのか」、「そもそも、国家の教育権でもなく国民の教育権でもない中間の教育権論は存在しうるのであろうか」と問い、「国民主権」のもとでは教育権は国民にあることは「自明」であり、問題は「国民の教育権」の構造の違いだと指摘しておいた。最高裁判決は、少なくとも、国民の教育権論の土俵にのった上での、子ども、親、教師、国家(国と地方)のそれぞれの関係のとらえ方の違いもまた浮き彫りにしたのであり、それ故、政治的イデオロギー論争ではなく、事実と論理、実践と条理をつき合せていけば、合意をつくりだし、「国民の教育権」論をゆたかに発展させることができると私は考えてきた。

杉本判決を読み直そう　この視点からみて、国民の教育権論に依拠するものとして退けられたとされる杉本判決(家永教科書裁判で、検定を違法とした東京地裁判決。七〇年七月一七日)は、いま改めて丁寧に読み直されてよいのではないか。「国民(親)の教育権と教育の自由」論を軸とするこの判決は、西原氏のいうような〈子どもの視点も親の視点もない教師中心主義〉などではない。この判決は、憲法第二六条(教育を受ける権利)の根拠を、教育の本質認識に求めてこうのべていた。

「民主主義国家」は、「一人一人の自覚的な国民の存在を前提とするものであり、また、教育は次代をになう新しい世代を育成するという国民全体の関心事」であるが、「同時に、教育が何よりも子ども自らの要求する権利である」(傍点堀尾)。さらに、子どもの人権の特殊性に着眼し、「未来における可能性」をもつ存在としての子どもの「成長と学習の権利」を、その「生来的」権利として認め、「このような子どもの学習する権利を保障するために教育を授けることは国民的課題」であり、「この責務をになうものは、親を中心として国民全体である」とのべ、その「信託」にもとづく教師の責務は、「児童、生徒の学習する権利を十分に育成する職責をになうとともに、他方で、親ないし国民全体の教育意思を受けて教育に当たるべき責務を負う」とされていた[13]。

学テ最高裁判決の意義　学テ最高裁判決の二六条解釈はどうか。判決はこの規定を支えている基本的な教育思想に言及してこうのべている。

「この規定の背後には、国民各自が、一個の人間として、また、一市民として、成長、発達し、自己の人格を完成、実現するために必要な学習をする固有の権利を有すること、特に、みずから学習することのできない子どもは、その学習要求を充足するための教育を自己に施すことを大人一般に対して要求する権利を有するとの観念が存在していると考えられる。換言すれば、子どもの教育は、教育を施す者の支配的権能ではなく、何よりもまず、子どもの学習をする権利に対応し、その充足をはかりうる立場にある者の責務に属するものとしてとらえられているのである。」

私は前述の判決評で「ここにしめされた二六条の一般的含意、およびその背景として国民の学習権、とりわけ子どもの学習権がこの条項をささえているという指摘は、画期的といえる。このような観点は、教育学および教育法学の世界では、ここ十数年のあいだに、思想史的系譜においても、その理論の発展においても精力的にすすめられ、いまや通説的地位を占め、憲法学会においても、この説が受け入れられてきた。そしてそれは杉本判決に最初の反映をみた。

しかし他方で、文部省すじではこのターム（学習権）は法律にない架空のものとしてしりぞけられてきただけに、これが最高裁判決において確認されたことは、……判決の最大のメリットだといってよかろう」と書いた。

ここにみられるように、私はこの最高裁判決は国民の教育権論の前提とする教育本質論（条理論）を承認しているのであり、前述のように、これからは国民の、そして子どもの発達・学習権の保障という同じ土俵での、親、教師、地方、国の権利と義務、責任と権限の関係をめぐっての争いであり、そこでは条理にもとづく解決が可能になったと考えてきた。したがってまた、「国民の教育権内部」での具体的な論議（論争）が重要であり、異った見解との冷静な対話が求められていると考えている。

その視点からすれば、最高裁判決の積極面を認めると同時に、その弱点についても的確な批評が必要なのである。

教師の自由　その際教師の自由や親の発言権について、二つの判決の丁寧な読み比べが必要である。最高裁は教師の自由の「抑制」を説くのだが、杉本判決では「教師の教育の自由」は、教育の本質に照らして「教職の本来的責務」に即して、深くとらえられていた。

そこでは、教育が「児童、生徒の可能性をひきだすための高﹅度﹅の﹅精﹅神﹅的﹅活﹅動﹅であって、教育に当たって教師は学問、研究の成果を児童、生徒に理解させ、それにより児童、生徒に事物を知りかつ考える力と創造力を得させるべきものであるから、教師にとって学問の自由が保障されることが不可欠」であり、さらに「児童、生徒の心身の発達とこれに対する教育効果とを科学的にみきわめ、何よりも児童、生徒に対する深い愛情と豊富な経験をもつことが要請される。してみれば、教師に対し教育ないし教授の自由が尊重されなければならないというべきである」とのべ、この自由は、「教師という職業に付随した自由であって、その専門性、科学性から要請されるものであるから、自然的な自由とはその性質を異にする」とのべ、この本質的に自由で創造的な活動に対して「国家権力の介入が極力避けらるべき」だとのべられていた。

ここに示されているように、教育は子どもたちの、人間としての発達可能性を開花させるという目的に規定されており、それは真理、真実にもとづき、子どもの発達の法則性、そのすじみちに即して順序だてた指導にもとづいてはじめて可能なのであり、これは教師の勝手気ままを許すということとは、まるで正反対のことを要請しているのである。そして、その教育の本質的要請に応えるためには、教師の精神のありようが、まさに自由・闊達でなければ不可能だということも、ことがらの本質(条理)に則して明らかなことなのである。したがってその自由は、まさしく子どもの発達、学習権の保障という教育活動の本質に由来するものであり、それは最高裁判決も正当に認めたように、憲法第二六条の規定の背景に国民と子どもの学習権を認めたことに、直接的につながる問題なのである。教師は、その責務を果すために、不断の教育内容・教材研究、子ども研究、授業研究が要請されており、教師の自由とはその精神のありようとしての自由である。さらに授業は、人間的・人格的関係であり、生徒を自由な精神の主体に育てるためには、教師自らも、自由な精神の主体であることが求められている。ここに教師の自由の根拠とその内容がある。それは放縦とは逆に、教育の条理に即しての内在的「制約」といってよい。

したがってこの憲法上の根拠を求めれば、それは第二六条を支える学習権の思想というべきであり、しかも教師の専門性にかかわる不断の探求が学問的(教育学的)探求であるかぎり、第二三条もまた、当然に、その自由を保障しているというべきであろう。それは、教職の専門性にかかわる自由であり、その自由を侵すことは子どもの自由な精神の発達を侵すことにつながるのである。

親の位置づけ　国民の教育権論では、親はどう位置づけられていたか、親権を教師に信託することによって無権利状態になっているという批判が俗論でしかないことは、例えば、最高裁学テ判決での親の位置づけの弱さに対する(当時の私の)批判をみても明らかであろう。私は、判決が「学校と父母との関係について無理解」だと指摘し、父母の教育権とＰＴＡの重要性を強調した。[14] そして今日ではＰＴＡは、生徒を含む三者(Ｓ・

P・T)協議会に発展してきているのである。

さらに私は「地方自治原則と地域住民の権能」もまた、「教育権論の内部に当然に位置づけられてしかるべき」だと書いた。そこには当然、父母・住民参加の視点が含まれてくる。七〇年代に国民の教育権論を基礎づけた一人、兼子仁氏の近年の仕事は、まさにその点に向けられている。それ自体「国民の学習・教育権論の発展」だと私は理解している。

おわりに
——「国民の学習・教育権と教育の自由」論の再構築へ

私はかつて、『人権としての教育』(旧『教育と人権』一九七七年)の第一章を「国民の学習権」とし、冒頭で、教育をめぐる対立を、「国家の教育権(論)と国民の教育権(論)の対立」としてとらえる見方に疑問を呈し、「国家教育権論者も、今日では、その主張を明示的に国家教育権論と呼ばず、国民に固有の教育権があることは一応認めながら、議会制論と国政の国家への信託論を援用して実質的に国家教育権を主張する場合が多い。本来、主権論と一体であるべき教育権論にあって、国民主権の現憲法下で、国家教育権論は原理的に成り立たないことを承知しているからであろう」とのべた。

このことを逆にいえば、批判のためであれ肯定的用法であれ、「国民の教育権」ということばを使っているからといって、それは何も規定してはいないのであり、国民の教育権、つまりは子どもの教育にかかわる親、教師、住民、国と地方の、権利と義務、責任と権限の総体の構造、その違いによって複数の「国民の教育権論」が成立し、その構造をめぐっての対立、論争があるのだといえる(15)。

その違いは基本的には子どもと国民の学習権の視点の有無、およびそれを、条件整備の責任を含めて、誰が保障するかという点、さらに、学習・教育にかんする権利と義務、責任と権限が衝突する場合に、どのような解決がなされ、新たな合意がつくられうるか、その手続きを含んでの制度をめぐる問題である。

その際、前提として確認されてよいことは、学習と教育は国民の精神的な自由な活動の一環であり、このコンテキストのなかで、「教育の自由」は基本的に重要なコンセプトなのである。それは教師の教授の自由と同義ではない。それは国民(人間)の精神活動の自由と、そこへの権力不介入の原則を前提とし、とりわけ自由な精神発達の途上にある子どもたちは、そのゆたかな成長・発達の権利をもち、それが保障されるためには、ゆたかな人間関係のなかで、子育て、教育の柔軟な働きかけが求められているのである。

そこで、「教育の自由」論も、広・狭二つの意味の区別と統一が必要である。教育という国が介入すべきでない自由な領域、空間(freedom of education)内で、子育て、教育にかかわる者の実践的な働きかけの自由(liberty of educational practices)が保障され、それらが子ども・青年の人格形成・人間発達にどのように関係するかの研究的吟味と裏づけを含んで、その自由《リバティ》の内容も問われてくる。当事者間の利害の衝突をどう解決し、どうすれば「子どもたちの最善の利益」を保障するためのより質の高い合意をつくりだすことができるのか、教育内容に関しても、地球時代にふさわしい国民的・人類的英知を結集する教育課程の作成システムをどうつくりだすことができるのか、教育条件整備システムをどうすればよいか。これらの問題を含んでの「国民の学習・教育権と教育の自由論」の再構築が求められているのである。その際、子どもの権利(条約)の視点から憲法の人権条項を読み直す作業も不可欠のものとなる。[16] 別稿を期したい。

(1) 堀尾輝久「憲法と新・旧教育基本法——新法の合憲的解釈は可能か」、世取山洋介「教育基本法の全部を改正する法案の国会審議分析」『教育』国土社、二〇〇七年五月号。
(2) 座談会「戦後教育制度の変遷」『ジュリスト』有斐閣、二〇〇七年七月一日号での戸波江二、横田光平氏の発言、西原博史『良心の自由と子どもたち』岩波新書、二〇〇六年。
(3) 西原博史「「君が代」伴奏拒否訴訟最高裁判決批判」『世界』二〇〇七年五月号。
(4) 宮村博「現場教員の違和感」『教育』二〇〇七年九月号、なお原告の法廷での陳述は『強制で、歌声はあがらない』明石書店、二〇〇七年八月、参照。

(5)　西原博史「改正教育基本法下の子どもと親と教師の権利」『ジュリスト』前掲号、四二頁。
(6)　田中耕太郎「教育基本法第一条の性格」『ジュリスト』創刊号、一九五二年一月一日号、参照。
(7)　西原、前掲書、七四頁、一九三頁、西原氏は堀尾をその「代表的モデル」だという。
(8)　『国民の教育権を求めて——宗像誠也・人と業績』百合出版、一九七二年。
(9)　堀尾「君が代予防訴訟——東京地裁判決に思うこと」『生活指導』明治図書出版、二〇〇七年二月号。
(10)　西原、前掲書、一九三頁。
(11)　堀尾『人権としての教育』岩波書店、一九九一年、第三章「国民の教育権の構造」及び同『教育を拓く』青木書店、二〇〇五年、同『地球時代の教養と学力』かもがわ出版、二〇〇五年、参照。
(12)　堀尾「学力テスト最高裁判決の問題点」『ジュリスト』一九七六年八月一日号、堀尾「教育権の構造と教育内容編成」『季刊教育法』二一号、堀尾『教育の自由と権利』青木書店、一九七五年、新版二〇〇二年、所収。
(13)　堀尾「杉本判決の論理」『判例時報』臨時増刊号一九七〇年一〇月、堀尾、前掲書所収。
(14)　詳しくは前掲の『季刊教育法』堀尾論文参照。西原氏は、国民の教育権論は八〇年代になって「理論の生き残りを図る」ため親の参加をもちだしてきたという(西原、前掲書、七九頁)。なぜこのようなことば使いをするのだろうか。私のＰＴＡ論は一九七四年に書いた

「国民の教育権の構造」（『人権としての教育』第三章）でも展開している。

(15) 堀尾『人権としての教育』。「国民の教育権」批判の論者が、この本、及び『教育の自由と権利』（青木書店）に言及していないのは残念である。

(16) 堀尾『子育て・教育の基本を考える』童心社、二〇〇七年、参照。

（初出・『世界』二〇〇七年一二月号、岩波書店）

第二部　日本における教育と教育法

第一章　憲法・教育基本法体制の成立の意義

はじめに

すでに第一部でのべたように、今日では教育は、人間が人間となるために不可欠のものであり、それ自身が人権の一つであると同時にその他の人権を意味あるものにするための手段でもあるという、二重の意味をもつものとして自覚されてきている。これは世界的な動向である。そして、わが国の憲法と教育基本法を支える思想もこの点を共通の基盤としているといってよい。

しかし、日本の教育の現実は、それを権利として認めるには、余りにいびつな問題に充ちている。教育への国の介入が強まり、学校は管理体制のもとに自由な雰囲気を失い、そのうえ教育を「能力主義」が支配し、学校が競争と選抜の場でしかないと思われたとき、その教育を受けることを権利としてとらえることはきわめて困難である。今日、社会科の教師が、人権のなかに教育への権利を位置づけて教えようとしても、生徒の方から、こんなものが権利だといわれてもそれはご免こうむりたいと言い出しかねない現実があるからである。教育を受けることは、時に苦しみを伴いつつも、それは、新しく何かを発見し、自分の精神に新しい世界がひらかれていくのだという確かな手ごたえがあってはじめて、教育は自分たちにとって、他に譲り渡しえない、放棄できない権利としての自覚と責任も生まれてくるといえよう。他に譲り渡しえない、放棄しえない権利とは、それを放棄すれば、自分の人間としてのあり方に大きな欠損を生ずることが明らかであり、そのことによって、人間が社会の一員としての責任を担いつつ自らの生を選択することにとって、重大な障害を生ずることになるからに他ならない。

ところで、教育を自分たちにとってかけがえのない権利として自覚するということは、第一部でみたように、人間の歴史のなかでも、そんなに古いことではない。

たとえば、ヨーロッパでは、近代市民革命を通して人権思想が確立してくるが、その人権思想の深まりのなかで、教育への権利(right to education)は、一つには精神の自由の一環として主張され、二つには国民主権と両輪をなすものとして論じられ、現実のものとなっていく。そして、さらに権利としての教育の思想は、労働者大衆の自覚的運動に担われつつ、労働への権利、政治への権利の要求と合わせて思想的にも深められ、生存権的基本権の一角を担うものとしての位置づけを得ることになる。

この間、教育思想の面でも、子ども・青年が、おとなとは違う発達の可能性をもった存在としてとらえられ、教育への権利が、子ども・青年の固有の権利の一つとして自覚されてくるというもう一つの系譜が、人権思想の深まりと呼応し、それと合流するなかで、国民(とりわけ子ども・青年)の学習権を軸とした国民教育権の思想が展開されてきた。子ども固有の権利としての学習権は、子どもの発達の権利の一環として位置づくものであり、ここでも、学習と教育は、生存・発達の権利の思想と相互に深め合い支え合う関係をもち、さらに、教育実践、とりわけ障害者教育へのとりくみのなかで、発達権と学習権が固く結びつけられることによって、「教育への権利」の思想はより強固な人間論的土台のうえに据えられてきたといってよい。

そして、これらの動向に呼応して、法律論においても、国民教育権理論が構築されつつあるというのが、今日の動向だといえよう。そしてこれは世界的動向でもある。それだけにまた、教育権の思想とその理論化の課題とともに、それを日本の教育の現実のなかに根づかせることは容易ではない。とりわけ、戦前的思考と現代福祉国家理論が癒着して強化しあっているわが国では、その困難は著しい。そこで、今日の教育の仕組の根幹をなしている憲法・教育基本法体制が、戦前の天皇制教育体制の否定の上に成立したことの意味と、その内容を明確にとらえておくことがまず必要となってくる。教育勅語を頂点とするこの体制はいかなるものであったのか。教育基本法体制は、いかなる意味で教育勅語体制の否定であったのか。そして、両者の本質的差異が、戦後改革の当時、どこまで深くとらえられていたのだろうか。

一　天皇制教育体制の特色

(1) 教育の淵源としての国体　天皇制国家は、大日本帝国憲法（一八八九年）と教育勅語（一八九〇年）および軍人勅諭（一八八二年）をその精神的支柱とし、天皇は、統治権の総攬者、統帥権の保持者として、政治的権力の王者であると同時に、皇祖皇宗の遺訓に基づく道徳の大本を指し示す精神的価値の体現者であった。

天皇を国民道徳と国民教育の中心におくという発想は、明治の政治家（ステーツマン）の苦心の策であった。日本人としての自覚を中心とするナショナリズムをどのようにつくり出すかが、この時代のリーダーの共通の関心事であった。「一身の独立」と「一国の独立」、「民権」と「国権」の調和ある発展がゆきづまりを示したとき、民権はきりすてられ、国権を中心とする国民の統合がはかられてくる。

初代文相森有礼は、そのような時代思潮の先頭にいた。彼は伊藤博文にこわれて文相に就任するや、各学校令を制定して国民教育の基盤を固めたが、彼は「国民ノ志気ヲ培養発達」することこそ国民教育の課題だと考え、その「志気」のよりどころを「国体」に求めて、つぎのようにのべていた。

「顧ミルニ我国万世一王天地ト与ニ限極ナク、上古以来威武ノ耀ク所未タ曽テ一タヒモ外国ノ屈辱ヲ受ケタルコトアラス、而シテ人民護国ノ精神忠武恭順ノ風ハ亦祖宗以来ノ漸磨陶養スル所、未タ地ニ墮ルニ至ラス、此レ乃チ一国富強ノ基ヲ成ス為ニ無二ノ資本至大ノ宝源ニシテ、以テ人民ノ品性ヲ進メ教育ノ準的ヲ達スルニ於テ他ニ求ムルコトヲ仮ラサルヘキ者ナリ」（「閣議案」一八八七年）(1)。

「万世一王」の国体と「忠武恭順」の人民の「護国ノ精神」こそは、「一国富強」の「無二ノ資本」だというのであった。森は教育とその求める人間像をつぎのようにのべる。

「教育トハ、教師等ノ薫陶ニ由リテ善良ナル臣民ニ成長セシムルノ謂ナリ、……教育ノ主義ハ専ラ人物ヲ養成スルニアリ人物トハ何ゾヤ、帝国ニ必要ナル善良ノ臣民ヲ云フ、其善良ノ臣民トハ何ゾヤ帝国臣民ノ義務ヲ充分ニ尽スモノヲ云フ、充分ニ帝国臣民ノ義務ヲ尽ストハ、気質確実ニシテ善ク国役ヲ務メ、又善ク分ニ応シテ働ク事ヲ云フナリ」（海門山人『森有礼』一八九七年）(2)。

森はまた、「学政ノ目的」は「専ラ国家ノ為メ」だといい、小学校から帝国大学までの「諸学校ヲ通シ学政上ニ於テハ生徒其人ノ為メニスルニ非スシテ国家ノ為ニスルコトヲ始終記憶セサル可ラス」とのべて、国民教育の基本が「国家のため」にあることを強調した。

帝国憲法もまた、日本国家の存立の根拠を万世一系の国体に求めた。それは明治二二(一八八九)年の紀元節を期して発布されたが、伊藤博文はその権威ある注解書である『憲法義解』(一八八九年)で「万世一系ノ天皇」について、「古典に天祖の勅を挙げて「瑞《みづ》穂国是吾子孫可レ王之地《ほのくにはこれあがうみのこのきみたるべきくになり》 宜《よろしく》 爾《いまし》皇孫《すめみま》就而《ゆきて》治焉《しらせ》」と云へり。……」と注釈した。このことは、万世一系の天皇統治の国体が記紀の神話に由来することを示すと同時に、その神々の物語を含めて、天皇制への恭順を要請するものであった。さらに、その翌年、国民教育の「淵源」として示された教育勅語は、「皇祖皇宗」の肇国の精神をたたえる一節で始まっており、権威ある注解書とされた『勅語衍義』(一八九一年)で、井上哲次郎は、これを瓊瓊《にに》杵尊《ぎのみこと》から始まり神武天皇にいたる建国の神話で説明していた。

このことからもわかるように、勅語を教育の中心として、日本人に国民としての自覚を与え、忠君愛国の精神を植えつけることは、万世一系の天皇を、天孫降臨から神武建国の神話を含めて、その始源から理解させ、それを価値体系の中心として内面化させることであった。国民教育の中心課題はここに置かれた。勅語が渙発されると、芳川顕正文相は、その謄本を全国の学校に配布し、「凡ソ教育ノ職ニ在ル者須ク常ニ聖意ヲ奉体シテ研磨薫陶ノ務ヲ怠ラサルヘク殊ニ学校ノ式日及其他便宜日時ヲ定メ生徒ヲ会集シテ勅語ヲ奉読シ且ツ意ヲ加ヘテ諄々誨告シ生徒ヲシテ夙夜佩服スル所アラシムヘシ」と訓示し、勅語の滲透・定着につとめたのである。

明治国家にあって、国体は国民道徳の中心をなすべきものであり、それはヨーロッパ諸国におけるキリスト教に当るものとして意識的にもちこまれたものであった。明治一〇年代の終り、徳育をめぐる論議で、儒教主義の立場から論陣をはり、修身教科書の編纂に責任を負った西村茂樹のつぎの発言は、教育勅語体制の意味づけを知るのに参考になる。彼は『往事録』（一九〇五年）でこうのべている。

「西洋の諸国が昔より耶蘇教を以て国民の道徳を維持し来れるは、世人の皆知る所なり、就中魯西亜の如きは、其国の皇帝と宗教の大教主とを一人にて兼たるを以て、国民の其皇帝に信服すること甚深く、世界無双の大国も今日猶君主独裁を以て其政治を行へるは、皇帝が政治と宗教との大権を一身に聚めたるより出たるもの亦多し、……本邦には世界無双の皇室あるに、是を徳育の基礎とすることを知らずして、教育者紛々擾々各其知る所を主張するは誤れるの甚しき者なり、余因て、皇室を以て道徳の源となし、普通教育中に於て、其徳育に関することは皇室自ら是を管理し、知育体育の二者を以て文部省に委任する時は、徳育の基礎固定して人民の方向亦定まり、皇室は益ゝ其尊栄を増すべし。」

教育勅語体制とは、西村のいうように、天皇を「道徳の源」とし、森のいうように「国体」を「無二の資本」として、国民道徳の中心に据えた国民道徳涵養のための方式に他ならなかった。

それでは、教育勅語はどのような意味で教育の最高規準と考えられたのであろうか、それは君主のありがたきおことばに止まらなかった。

憲法学者穂積八束はその性質を「国民道徳に関する講演」でつぎのようにのべた。

「教育の基礎は教育に関する勅語に在ることは言うまでもないことでございます。……然しながら教育に関する勅語は唯古の聖賢の教義などと同様の性質のもののように思い、其の国法上の効力を感得して居らぬ者も世間にはないでもありませぬから、第一に此の勅語は教育の大方針を決定したる所の国家大権の行動に出でて居るものなることを明かにせねばならぬのであります。国を統治し給う大権の行動の一として此の勅語が出て居るのでありまして、比較することは畏いことでありますが聖人賢人が世の人を導く為に書物を公けにするとか、金言を述べて後世に遺す類のこととは全く其の意義を異にして居る。」

国民の内面の領域に君臨する教育勅語は、天皇の統治大権の行使として出されたものだとして、その国法上の位置を説明している。これは、当時の立憲思想の風潮のなかで、「動《やや》ともすれば、輙《すなわ》ち曰く、「臣民は法律命令に依りて、主権に服従する義務あるも、法律命令に依らざれば、此の義務なし、教育の勅語何する者ぞ」」といった考えがみられたのに対する憲法学者の回答でもあった。(3) そして、さらに、たしかに教育勅語は、それ自体は法規ではなかったが、「教育勅令や命令に、その趣旨に則るべきことが定められ

たことに基づいて、結局はその内容は法規的効力をも有するものとされていた」のである。(4)

(2) 学問・教育の自由　この天皇制国家において、学問・教育の自由は存在しなかった。伊藤博文は、憲法に、学問・教育の自由を規定しなかった理由をつぎのようにのべていた。

「学問ト教育トハ自由ナリト云フコト、普国ノ憲法ニモ明条アリシ。……若シ右ノ如ク教育ノ自由ト云フコトヲ明載スルトキハ、必ズ是ヨリ百端ノ議論ヲ生ジテ為メニ行政ノ権力ハ甚減殺セラルベシ。(5)」

思想・信条の自由はどうか。明治憲法は、その第二八条に信教の自由を認めてはいたが、それは、「安寧秩序ヲ妨ケス及ヒ臣民タルノ義務ニ背カサル限ニ於テ」という条件が付けてあった。しかも、国体の弁証にとって不可欠な神道は、「宗教にあらず」とされ、そのことによって神道は実質的に国家宗教になっていた。

このことは天皇制国家が、疑似宗教国家であることを意味し、精神的価値の根源が天皇(ないし国体)に由来することを意味した。そしてそのことは、必然的に、思想・信仰・言論・教育の自由を著しく制約し、異端に対する権力的排除を必然化した。「思想」が弾圧され、教育が統制され破壊されたのはファシズム下での異常なできごとではなかった。それは、天皇制国家の病理ではなく、むしろ生理であったのである。

教育勅語渙発の翌年早々に起った内村鑑三不敬事件(一八九一年)と、それに続く「教育と宗教の衝突」問題は、天皇制国家の成立直後に起った最初の異端排除の事件であり、天皇制国家における権力と自由との構造を示すものとして、そして、その後の思想・信条の不自由の歴史を象徴するものとして、きわめて重要な事件であった。

ここで簡単にこの事件の問題点にふれておこう。内村は、教育勅語への拝礼を拒否して第一高等中学校を追われ、名古屋や熊本においても類似の事件が起った。そして、これらの事件に追い打ちをかけるように井上哲次郎は「教育と宗教の衝突」という論文を発表(『教育時論』一八九一年一一月号)して、キリスト教が国体に反すると論難した。

この過程でキリスト教徒が発表した内村擁護論や、井上への批判には、近代国家における権力と宗教(倫理)の関係が明確にとらえられ、思想・信条の自由が原理的に展開されていたことは、わが国の思想史上、そしてわれわれがわが国の近代史をたどる上においても、きわめて重要な思想的遺産といわねばならない。

因に、内村擁護のために出された押川方義《まさよし》・植村正久等の共同声明には、「皇上は神なり、之に向つて宗教的礼拝を為すべしと云はゞ是れ人の良心を束縛し、奉教の自由を奪はんとするものなり」とあり、金森通倫も、「如何に政府の命と雖も己が主義を破りては是に服従する事能はざるなり」(『基督教新聞』)と書いた。

さらに井上哲次郎に対しても、植村は、「政治上の君主は良心を犯すべからず、上帝の専領せる神聖の区域に侵入すべからず」(「今日の宗教論及び徳育論」『日本評論』四九―五一号)とのべ、良心の自由と世俗権力の限界を強調した。大西祝《はじめ》も「倫理の主義」は「勅語を楯」に争うべきではなく、「自由の討究」にゆだねるべきであり、「学術宗教の自由」も、「国家の安寧」をもち出して禁じてはならないと主張した(「基督教問題」『教育時論』一八九一年六月号)。柏木義円《ぎえん》の反論は国家主義への痛烈な批判であった。「若し夫国家を以て唯一の中心となし、人の良心も理性も国家に対しては権威なく、唯人を以て国家の奴隷、国家の器械と為す、是れ国家主義か。基督教固より此の如き主義と相容れず……若し勅語の精神の意義にして此の如きか、是れ非立憲の勅語なり」、「今や思想の自由を妨ぐるものは忠孝の名なり、人の理性を屈抑するものは忠孝の名なり、偽善者の自らを飾るの器具は忠孝の名なり」(「勅語と基督教」『同志社文学』五九―六〇号)と。(6)

しかし、天皇制国家には、これらの貴重な発言を許容する「寛容の原理」はなかった。まことに、勅語の発布は、「日本国家が倫理的実体として価値内容の独占的決定者たることの公然たる宣言」(丸山眞男)であり、「教育と宗教の衝突」問題は、このことをいよいよ明らかにするものであったといってよい。

こうしてこの「衝突事件」は、天皇制と国体の本質を明瞭に示している。天皇は、政治上の長であると同時に精神的領域における権威者であるという天皇制の本質は、それゆえに、精神の領域への権力の不可侵を説くキリスト教と相容れないのである。さらに、そのような天皇制は、その本質において、信条や学問の自由を著しく制約し、異端への権力的排除を必然化することを教えている。

さて、この衝突事件を経て、教育勅語を頂点とし、「国体観念」の養成と「忠孝一致」の修身道徳を中心とする天皇制教育体制は、その基礎を固めていった。その上、学問と教育の区別は、教育の自由をさらに制限する論拠とされた。そしてこの区別の原則は、森有礼文相の主張以来一般のものとなっていった。森は、従来の教育令に学問と教育の区別のないことを批判し、両者の区別を説いて、つぎのようにのべた。

「夫レ教育トハ他人ノ誘導ニ由リ智育徳育体育ヲ施スモノニシテ、其関係スル所主トシテ幼年子弟ニ在リ、蓋シ幼年子弟ハ自分ノ注文ナク専ラ他人ノ指示ヲ受ケテ働クモノトス、学問ニ至テハ自分選択ヲ以テ学業ヲ専攻スルコトニシテ他人ハ唯其方法ヲ与フルノミ、今其実例ヲ挙グレバ帝国大学ハ学問ノ場所ニシテ中学校小学校ハ教育ノ場所ナリ、特ニ高等中学校ハ半ハ学問半ハ教育ノ部類ニ属ス」(一八八七年六月二一日、宮城県庁において県官郡区長及び学校長に対する演説)。

学問と教育を区別し、教育を国民道徳の形成の場として、そのためには、学問的真理がゆがめられることも許されるとする発想は、ここに端を発しているといえる。学校制度はまた、社会への人材配分の装置であり、社会の秩序を形成する手段でもあったが、学問と教育の区別は学校段階による教育目的の区別と対応していた。森は、各学校をつぎのように性格づけた。

「小学校尋常中学ハ中等以下ノモノヲ教育スル所ナレハ其教養ノ目的ハ普通実用ノ教育ニ外ナラサレトモ、高等中学校ニ至テハ頗ル異リ、之ニ学フモノハ学科ヲ卒業シテ直チニ実業ニ就クモ又ハ進ンテ専門ノ学科ヲ修ムルモ、等シク社会上流ノ仲間ニ入ルヘキ人ナリ、即チ高等中学校ハ上流ノ人ニシテ官吏ナレハ高等官、商業者ナレハ理事者、学者ナレハ学術専攻者ノ如キ、社会多数ノ思想ヲ左右スルニ足ルヘキモノヲ養成スル所ナリ」(同前)。

そして高等中学に続く帝国大学は、「国家ノ須要ニ応スル学術技芸ヲ教授シ及其蘊奥ヲ攻究スルヲ以テ目的」としていたのであり(帝国大学令第一条)、大学は国家のためにつくす上流の人材をつくるところであった。

こうして、明治二〇(一八八七)年前後にその基礎を固めた国民教育は、明治末期には教科書が国定になり、修身を筆頭教科として、すべて「勅語ノ趣旨ニ基」づいて編纂され(文部省・国定教科書編纂趣旨書)、さらに、国体論的国民教育論は大逆事件(一九一〇年)と「南北朝正閏問題」(一九一一年)に端を発する「国民道徳運動」を通して定着し、同時に学問と教育の分離を決定づけた。教育は学問的真理に基づくのではなく、国民道徳形成の観点から選択され、そのための真実の歪曲もまた当然視された。すでに森有礼文相以来の「学問と教育の分離」の方針は、こうして国民道徳運動のなかで再確認された。

たとえば内村鑑三批判の急先鋒であった井上哲次郎は、正閏問題に際しても、「同じ歴史上の事実を判断研究するにも、勿論二様の態度が在る。一方は事実を事実として、其正邪善悪に拘泥せずに極めて科学的に研究する。……之に反して他の一方は、国民道徳の上から事実を判断研究する。即ち国家の為に是非善悪を云ふ事を主眼に置く」。そして、「国定教科書の場合勿論後者に依らねばならぬ事は論ずる迄も無い事だ」[7]とのべ、国体イデオローグとしての面目を示した。学問と教育の分離は、肇国の神話と万世一系の万古不変の国体イデオロギーを、国民教育を通して注入するための必要な手順であった。国体論的憲法論に立つ上杉慎吉が美濃部達吉の天皇機関説の論難を開始したのもこの頃であった。

しかし、大正に入ってからは、民本主義を背景に、美濃部説が通説視されていた。教育の領域においても、芸術家や私学関係者を中心に教育の自由を求める動きも高揚した。

しかし、昭和に入って、自由を圧殺しつつ戦争への道をつき進んだわが国は、国民学校令(一九四一年三月一日)を中心に挙国一致体制、臨戦体制に向けて教育の再編を図ったが、その第一条には、「国民学校ハ皇国ノ道ニ則リテ初等普通教育ヲ施シ、国民ノ基礎的錬成ヲ為スヲ以テ目的トス」とあり、同施行規則第一条には、教育目的に関する留意事項(全一〇項)として、

一　教育ニ関スル勅語ノ旨趣ヲ奉戴シテ教育ノ全般ニ亘リ皇国ノ道ヲ修練セシメ特ニ国体ニ対スル信念ヲ深カラシムベシ

三　我ガ国文化ノ特質ヲ明ナラシムルト共ニ、東亜及世界ノ大勢ニ付テ知ラシメ皇国ノ地位ト使命トノ自覚ニ基キ、大国民タルノ資質ヲ啓培スルニ力ムベシ

とあり、第二条には国民科の目的について、「国民科ハ我ガ国ノ道徳、言語、歴史、国土国勢等ニ付テ習得セシメ、特ニ国体ノ精華ヲ明ニシテ国民精神ヲ涵養シ、皇国ノ使命ヲ自覚セシムルヲ以テ要旨トス」とあった。

大学とても、国家主義の呪縛において例外ではなく、その学問研究も、「国家ニ須要」の「実学」が求められたが、一九一八年の大学令では、「国家思想ノ涵養ニ留意スルコト」が加わり、やがて、ファシズム下においては、「大学ハ国家ノ重要ナル学府トシテ、国体ノ本義ヲ体シ」て行なわるべきことが求められ、また、「学問ノ研究ト学生ノ教授トノ間ニハ明確ナル区別ヲ存シ、不適当若シクハ未熟ナル学説ヲ教授スルカ如キコトナキヲ要ス」とされた(8)。教育を国の統制のもとにおくために援用された学問と教育の区別の論理は、やがて学問の自由の根を枯らし、学問をも国の統制のもとに従えるにいたった。この時すでに、「たとえ社会に自由なくとも、大学にだけは自由が保障さるべきだ」(河合栄治郎)とする論理すらも通じなくなっていたのである。

こうして戦前戦中の教育は、国民学校から大学まで、事実は隠され歪められ、子ども

や青年の人格は否定され、人間性は奪われていた。そこには「人間」は存在せず、国家の道具的存在としての国民(公民《おおみたから》、皇国民)を鋳型にはめる教化があったにすぎない。戦争による日本の破滅への道は、学問と教育の破壊の過程を必然的に伴っていたのである。そしてその道は、天皇制の病理ではなく、まさにその本質に由来する必然的帰結であったといわねばならない。

(3)義務教育の概念

わが国の学校制度は、一八七二年の学制にはじまり、森有礼文相の各学校令に基づいてその全体が構築され、さらに、一八九〇年の教育勅語および小学校令の改正によって、天皇制教学体制の原型が構築された。

学制および教育令においては、就学奨励はなされたが、法制的な意味での義務制とはいえず、「強迫」教育としての義務制は一八八六(明治一九)年の小学校令からであった。義務教育は、戦前の教育行政関係書では、つぎのように説かれていた。

「教育ハ単ニ人類各自ノ性能ヲ成長セシメ、以テ各自ノ要求ニ適合セシムルノミヲ本旨トセズ、其主眼ハ、国家生存ノ為ニ臣民ヲ国家的ニ養成スルニアリ。然ラバ如何ナル方向ニ於テ之ヲ養成セバ国家的臣民トナリテ我帝国ノ臣民タルニ適合スベキカ、吾人ハ之ニ答ヘテ「無窮ノ皇運ヲ扶翼スル忠良ノ臣民」ヲ作ルニアリト云ハントス。何トナレバ此ノ如キ忠良ノ臣民アリテ始メテ国家ノ生存発達ハ望ミ得ベケレバナリ」「臣民ヲ強迫シテ其児童ニ教育ヲ受ケシムルノ義務ノ程度ヲ規定スル標準ハ、内ハ国家ノ状態ト臣民生活トヲ考へ、外ハ交際各国ノ情況ヲ弁ジ、而シテ全国一般ノ人民ガ此程度ノ智能ヲ有シ得レバ、内外ニ対シ国家ノ生存ヲ保全シ得ベシトノ一点ヲ採テ定ムルモノトス」(小林歌吉『教育行政法』一九〇〇年)(9)。

したがってまた、このような就学義務は、親の子に対する義務ではなく、国家に対する公法上の義務と考えられた。「此義務タル権利関係ヨリ生ズルモノニ非ズ国家及臣民ナル不対等者間ニ於ケル権力関係ヨリ生ズルモノニシテ国家ハ命令シ臣民ハ服従セザル可カラザルモノナリ」、したがって、「就学セシムル義務ハ児童ニ対シテ負フニ非ズシテ国家ニ対シテ負フ」ものとされた。保護者の就学義務は、子どもの権利に対応する義務ではなく、臣民としての国家への服従の義務に他ならないのであり、ここには天皇制国家のもとでの義務教育思惟が典型的に表現されているといってよい(10)。

そして、このような教育行政法上の解釈は、民法の親権解釈と対応していた。たとえば、穂積重遠は親権が親義務と解される動向を意識しつつ、つぎのようにのべる。

「従来は親権を権利の方面から観察したが、今後はむしろ「親義務」として義務の方面から観察した方がよいと思ふ。……さう云ふと直ぐに、それでは養ひ育てて貰ふのが子の権利と云ふことになつて面白くない、と云ふ批難があるかも知れぬが、義務者に対応する受益者が必ず権利者であると考へるのが抑も囚はれた話で、親が子を育てるのは、子に対する義務と云はんよりは、むしろ国家社会人類に対する義務と観念すべきである。(11)」

ここでも就学義務を公法上の義務としてとらえることによって、子どもの権利の観点をしりぞけているのである。こうして教育は、兵役、納税と並ぶ、国民の三大義務の一つとして意識され、教育を通して、そのように教えられてきたのであった。

(4) 教育行政の特徴　ここで天皇制教育体制下の教育行政の特徴をまとめておこう。

明治憲法のもとでは、教育は天皇大権の一つとして、天皇＝国家の手に握られ、教育勅語を頂点として、国民道徳の形成を主眼とする国家主義教育が支配的であった。そこでは、教育に関する事項は、議会の意思を越えて(超然主義)、勅令(天皇の命令)をもってその方針が定められていた。たとえば、小学校令、あるいは大学令によってその基本的あり方が決まっており、それはその名称が示すように、議会を通して法律として提示されたのではなく、天皇の命令として公布された。もちろん、天皇の命令というのはあくまで一つの擬制であり、実際には、教育に関する事柄は、枢密院を中心とする元老たちや、軍部・官僚の手に握られていた。

教育における命令主義とは、一般には教育が法律に基づかず、行政命令の形式において行なわれるということであり、それは教育の官僚支配を意味するものであった。命令主義の原則は、帝国憲法から教育条項が除かれたときに原則的に確認され、一八九〇年の小学校令改正に際して、法律主義採用の主張をしりぞけて再び勅令の形式がとられたときに、命令主義は決定的となったといえよう。

教育行政観もまた、国権主義に強く支配されていた。すなわち、教育行政は内務行政の一部として、治安対策的発想が支配的であった。そして、学校教育もまた権力的行政の一部と考えられる傾向があり、いわゆる教育と教育行政との区別が、法理論的に問題にされておらず、学校教育もまた「権力作用」と解されることが通説であった。美濃部達吉などのように、それを非権力的性質においてとらえようとする説は異説とされた。

教育内容行政のあり方にも著しい特徴があった。教育の目的や内容にかかわる事項(内的事項)は天皇＝国家の直轄事項であり、教育条件の整備や管理運営(外的事項)は地方官庁の任務とされ、学校は「営造物」として行政による管理に服し、学校には特別権力関係が成立し、教師は校長の、校長は視学の統制に服することが求められていた。それは法律によらない教育の権力支配であり、その行政的慣行は、国家統治の法としての行政法の一部ではあっても、教育の本質と条理に基づく固有の意味での教育法の存立する余地はなかったといえる。

教育内容は、修身を筆頭教科とし、教育勅語の徳目の注入による国民道徳の涵養をその中心的任務とするものであり、教科書は一九〇三(明治三六)年以来国定教科書として、強い統制のもとにおかれていた。そこでは、教育と学問の自由、総じて精神の自由は無視され、人間のひとりひとりの多様な可能性の開花はおしとどめられたのであった。(12)

二　戦後教育改革と教育基本法体制の成立

(1) 教育基本法の成立

天皇制教育の体制は、新しい憲法と教育の理念に基づいて根本的に刷新されなければならなかった。一九四五年八月一五日、反軍国主義と民主化を求めるポツダム宣言の受諾によってもたらされた終戦は、必然的に明治憲法体制の崩壊を帰結した。

マッカーサー司令部は明治憲法に代わる新しい憲法の検討を求め、教育に関しても、「四つの指令」によって、軍国主義的国家主義的教育の一掃をはかった。その指示に従う文部省は、一九四六年一〇月八日に、「勅語及詔書等の取扱について」という次官通牒を出し、教育勅語が「我が国教育の唯一の淵源となす従来の考へ方を去」ることを求め、式日等において、「今後は之を読まないこと」、さらに、「之を神格化すること」のないよう指示した。一九四六年元旦には、「天皇の人間宣言」が出された。天皇制教学体制の要は、この時大きくゆらいだ。

三月来日した米国教育使節団とその報告書は、教育の自由主義化、民主化をうながすものであったが、使節団に協力する日本側委員会は、戦前からの教育改革への志向を受けつぎ、さらに新たな状況に対して積極的に対応し、自主的な教育改革への模索を教育家委員会報告書としてまとめた。この委員会は、やがて、教育刷新委員会へと発展し、そこで、新しい憲法の審議をにらみながら、教育勅語に代わる教育の根本法の検討を重ね、教育基本法の骨子がつくられた。委員会の開催に当たって、幣原喜重郎国務大臣は、吉田茂首相の代理として、つぎのように挨拶した。

「今回の敗戦を招いた原因は、煎じつめますならば、要するに教育の誤りに因るものと申さなければなりませぬ。従来の形式的な教育、帝国主義、極端な愛国主義の形式というものは、将来の日本を負担する若い人、これを養成する所以ではありませぬ……我々は過去の誤った理念を一擲し、真理と人格と平和とを尊重すべき教育を、教育本来の面目を発揮しなければならぬと考えます。」

続いて田中耕太郎文相は、教育改革の目標は、「真理と平和とを理念とする民主主義教育制度の樹立」にあるとのべた。

教育勅語に代わる教育の根本法をつくるために検討を続けてきた教育刷新委員会第一特別委員会は、「教育基本法要綱案」(参考案)を第一三回総会(一九四六年一一月二九日)に提出したが、そこでも、基本法前文は過去の反省から書き始められていた。

「教育は、真理の開明と人格の完成とを期して行われなければならない。従来、わが国の教育は、ややもすれば、この自覚と反省にかけるところがあり、とくに真の科学的精神と宗教的情操とが軽んぜられ、徳育が形式に流れ、教育は自主性を失い、ついに軍国主義的、又は極端な国家主義的傾向をとるに至った。この誤りを是正するためには教育を根本的に刷新しなければならない。」

教育刷新委員会を中心としての、新しい教育理念の模索は、戦前の教育の深い反省の上になされたものであった。

(2)憲法と教育基本法　教育基本法は、前文でまず、「われらは、さきに、日本国憲法を確定し、民主的で文化的な国家を建設して、世界の平和と人類の福祉に貢献しようとする決意を示した」とのべ、日本国憲法における民主主義と平和主義の根本理念を確認し、「この理想の実現は、根本において教育の力にまつべきものである」とのべて、民主的で平和的な国家と社会の建設のために教育の果たす役割の大きさを示し、三項で、「ここに、日本国憲法の精神に則り、教育の目的を明示して、新しい日本の教育の基本を確立するため、この法律を制定する」とのべて、教育基本法の立法の趣旨を明示している。

その趣旨は、高橋誠一郎文相の提案理由説明(衆議院一九四七年三月一三日)をみればいっそう明白である。

「民主的で平和的な国家再建の基礎を確立いたしまするがために、さきに憲法の画期的な改正が行われたのでありまして、これによりまして、ひとまず民主主義、平和主義の政治的、法律的な基礎がつくられたのであります。しかしながらこの基礎の上に立って、真に民主的で文化的な国家の建設を完成いたしますとともに、世界の平和に寄与いたしますこと、すなわち立派な内容を充実させまするることは、国民の今後の不断の努力にまたねばなりません。そしてこのことは、一にかかって教育の力にあると申しましても、あえて過言ではないと考えるのであります。かくの如き目的の達成のためには、この際教育の根本的刷新を断行いたしまするとともにその普及徹底を期することが何より肝要でございます。

かかる教育刷新の第一前提といたしまして、新しい教育の根本理念を確立明示する必要があると存ずるのであります。……さらに新憲法に定められておりまする教育に関係のある諸条文の精神を一層敷衍具体化いたしまして、教育上の諸原則を明示いたす必要を認めたのであります。」

また、文相は、教育基本法の教育根本法としての特殊な性格にふれて、こうのべている。

「この法案は、教育の理念を宣言する意味で、教育宣言であるとも見られましょうし、また今後制定せらるべき各種の教育上の諸法令の準則を規定するという意味におきまして、実質的には、教育に関する根本法たる性格をもつものであると申し上げ得るかと存じます。従って本法案には、普通の法律には異例でありますところの前文を附した次第であります。」

この文相の提案理由からも明らかなように教育基本法は、教育勅語に代わる教育理念を示すいわば教育宣言であると同時に、その他の教育法を導く、「教育法の中の根本法即ち、教育憲法」(田中二郎)だといってよい。前文の文言が、そして文相の提案説明が示しているように、教育基本法は、なによりも教育が日本国憲法の精神に則り、その理想の実現を担うものであるべきこと、そのために教育の目的をさらに具体的に明示して、新しい日本の教育の基本を定め、教育実践と教育行政のあり方を方向づけるためのものであった。したがって日本国憲法のめざす理念は、そのまま教育基本法の理念だといってよい。

ところで憲法の理念は、憲法前文に明確に示されている。そこでは「政府の行為によつて再び戦争の惨禍が起ることのないやうにすることを決意し、ここに主権が国民に存することを宣言し、この憲法を確定する」とのべ、民主主義を「人類普遍の原理」であり、全世界の国民が「平和のうちに生存する権利」を有することを確認している。

基本的人権の尊重、民主主義、そして平和への努力こそは、憲法を貫く基本原則であった。憲法はさらに、最高法規の規定において、「この憲法が日本国民に保障する基本的人権は、人類の多年にわたる自由獲得の努力の成果であつて、これらの権利は、過去幾多の試錬に堪へ、現在及び将来の国民に対し、侵すことのできない永久の権利として信託されたものである」(憲法第九七条)と規定し、人権が人類のたたかいの遺産として、今日では普遍的原理として確認され、いまやそれは不可侵の権利であると特に強調している。さらに、「この憲法が国民に保障する自由及び権利は、国民の不断の努力によつて、これを保持しなければならない」(憲法第一二条)とのべ、人権と自由の実現のための不断の努力をうながしている。国民は日常の生活のなかで、教育者は教育を通して、この努力をつみ重ねなければならない。この憲法は、幸福追求の自由、思想・信条の自由と並んで学問の自由を規定している。このことは、当然、国民の探究の自由、真実を知る権利をも、「精神の自由」の当然の帰結として認めていると解される。これは「憲法的自由」(高柳信一)と呼ばれるにふさわしい。この国民の探究の自由、学習の自由を前提として、国民の教育への権利を明文化したものが憲法第二六条の教育規定である。しかも、教育への権利は、自由権的権利にとどまらず、それが、生存権、労働する権利と不可分の権利であることを条文の構成は示している。

これは、教育を、兵役、納税と並ぶ国民の三大義務の一つとしてとらえる天皇制下の教学思想とは決定的に異なるものであった。

(3) 教育の目的

教育基本法は、前文で教育理念が「憲法の精神に則る」ものであることを確認し、「民主的で文化的な国家」の建設と「世界の平和と人類の福祉」に貢献する新しい国づくりの決意に基づいて、そのために「個人の尊厳を重んじ、真理と平和を希求する人間の育成を期するとともに、普遍的にしてしかも個性ゆたかな文化の創造をめざす教育を普及徹底」すべきだとのべるとともに、さらに、その第一条で「教育の目的」をつぎのように規定している。

「教育は、人格の完成をめざし、平和的な国家及び社会の形成者として、真理と正義を愛し、個人の価値をたつとび、勤労と責任を重んじ、自主的精神に充ちた心身ともに健康な国民の育成を期して行われなければならない。」

この前文と第一条を併せて、教育の目的規定とみることができる。「個人の尊厳を重んじ、真理と平和を希求する人間の育成」が、同時に、「平和的で民主的な国家及び社会の形成者としての国民の育成」に通じ、「個性ゆたかな文化の創造」が、同時に、「普遍的」な価値を担い人類の福祉に貢献できると考えられている。

これは過去の偏狭な国家主義と、侵略的な軍国主義教育との訣別の宣言であった。すでにのべたように教育刷新委員会第一特別委員会の「教育基本法要綱案」(参考案)には、基本法前文として従来のわが国の教育が「真の科学的精神と宗教的情操とが軽んぜられ、徳育が形式に流れ、教育は自主性を失い、ついに軍国主義的、又は極端な国家主義的傾向をとるに至った」と過去の誤りを率直に反省し、それを改める決意がのべられていた。

この部分は、「新しい教育を律すべき法律において過去の教育の欠陥にまで言及することは、新しい文化的な国家の建設の上に、かえって暗い影を投げかけるであろう」というらざる配慮から、さらに「前文があまりに冗漫に流れるという体裁上の理由」から、成文からは除かれた。

しかし、この要綱案はその立法の意思を知るには十分であろう。そして超国家主義や軍国主義との、反民主主義的、非科学的精神との訣別は、それに代わる新しい理念の高さにおいて、より積極的に示されることも確かである。人格の完成をめざし、個人の尊厳を重んじ、真理と正義を求め、平和で民主的な国家と社会をつくり出し、人類の福祉の実現を担う人間と国民の育成という高い理想が、そこにはあった。教育は国家の呪縛から解放され、「国家ノタメ」の教育は、個人の尊厳と価値を機軸とし、真理の前になにものをも恐れない科学的・探求的精神の開発が求められる教育にとって代わった。真理と正義を希求する人間を育てるためには、「学問の自由」が尊重されなければならないとあるのは、そのためであった。

もちろん、この法の成立過程では、これらの教育理念と教育目的について、意見は多様に分かれていた。教育刷新委員会の論議をみても、たとえば民主教育について、「民主教育なんてことは、日本では百年かかってもできるかどうか判らないのだから、そんなにたやすく民主主義なんてことを言うべきではないんだ」という芦田均の発言をめぐって激論が交わされたし、務台《むたい》理作の「個人の尊厳」の主張に対して天野貞祐《ていゆう》は「公けの為」に生きる「奉公」を強調した。全般的にみても、教育刷新委員会の意見は、芦田均・天野貞祐の保守派、務台理作・南原繁・森戸辰男の進歩派の線で緊張したが、結果は、後者の主張がより多く成文に反映しているとみてよい[13]。

また要綱案には、教育の目的として、「教育は、人間性の開発をめざし、民主的、平和的な国家及び社会の形成者として、真理と正義とを愛し、個人の尊厳をたっとび、勤労と協和を重んずる、心身共に健康な国民の育成を期するにあること」とあった。教育刷新委員会案の「人間性の開発」が「人格の完成」に変わるについては激しい論議が交わされた。後者に強く固執したのは田中耕太郎文相―文部省―法制局のラインであった。その理由は、「人間性という言葉は一般に熟していないので法律用語とすることに対する疑問」(法制局)であったが、より重要な理由は田中耕太郎文相の人格と人間性の理解にあった。田中耕太郎は、後年、『教育基本法の理論』において、この理由をこう説明している。

「人間性を現実的に解するならば、それには物質的方面と精神的方面とがあり、また善に傾く性質と悪に傾く性質とがある。もしこれを人間のあるべき姿すなわち理想的の性質と解するならば、人格の観念を以て表わすところに内容的には一致するであろう。……要するに人格の完成は、完成された人格の標的なしには考えられない。そうして完成された人格は、経験的人間には求め得られない。それは結局超人間的世界すなわち宗教に求めるほかはないのである。」

この説明自体が示しているように、これは宗教的色彩の強い抽象的観念であった。田中耕太郎はそれゆえにこの観念に固執し、教育刷新委員会の大勢は、それゆえにこれには批判的であった。そこでは「人間性の開発」はすべての人間に共通する人間的ゆたかさの開花をめざす概念として主張されていた。

「人格」よりも「人間性」を是とした務台理作は、その主張の根拠をこうのべている。

「人間性の開発なれば、誰人もあらゆる場所あらゆる機会においてこれを行なうことができる。人間性をもたない人間というのはありえないからである。人は人格者になることはむつかしかろう。しかし、……人間性の中の最もよきものを成長させることは、あらゆる場所あらゆる機会において可能であるからである[14]。」

(4) 争点としての教育目的　教育基本法の教育目的は、人間の育成と国民の育成の統一という難問を提起した。二つの視点の統一はいかにして可能かという問題は、政治哲学と同時に教育哲学の根本問題の一つである。人間といい人類といっても、それは依然として課題にとどまる。しかも、今日、国民国家が国際社会の単位を形成しているという歴史的現実のもとでは、「国民」の視点に媒介されない人類の理想は虚しい。個人(個と人類(普遍)は国民(特殊)に媒介されてはじめて、その統一が可能である。のみならず占領下の日本は、社会の民主化による人民主権の確立と同時に、独立による国家主権の回復という二重の課題を果たさねばならなかった。

民族の独立の課題を抜きにして、人格の完成を語り人類の平和を語ることは、非現実主義という批判をまぬかれえない。問題は、自立した国民が閉じられた自己愛の国民であるのか、それとも、「普遍へと開かれた特殊」として、そのナショナリズムが、インターナショナリズムを志向するものであるかどうかにかかっている。教育刷新委員会はもとより、教育基本法審議のための特別委員会においても、まさにこの問題は、論議の一つの焦点となった。

貴族院の特別委員会(一九四七年三月二二日)で、佐々木惣一議員が、「祖国観念の涵養」について政府の見解を問うたのに対し、高橋誠一郎文相は、「健全なる祖国思想の涵養は、御説の通り教育上重視しなければならないと考える。したがって第一条において、「教育は、人格の完成をめざし」という言葉につづいて、「平和的な国家及び社会の形成者として」とのべており、又「自主的精神に充ちた心身ともに健康な国民」とうたっている。更に前文第二項において、「普遍的にしてしかも個性ゆたかな文化の創造をめざす教育」とあるのは、健全なる国民文化の創造、ひいては健全なる祖国愛の精神の涵養を含むものと考える。人格の完成、これがやがて祖国愛に伸び、世界人類愛に伸びて行くものと考える」と答えた。

文部省審議室参事として法文の作成の中心的役割を果たした田中二郎も教育基本法の成立直後、第一条の解説でこの点について、つぎのようにのべている。

「ここに、「国家有用の人物を錬成」することを目的とした在来の偏狭な国家主義的教育から解放され、発展してやまない人間の諸能力諸要素の統一調和の姿である人格の完成をめざして教育が行なわれなければならないことが明示されている。そこでは、単に国家に有用の国民としてでなく、広く国家及び国際社会を含む社会の形成者――単なる成員ではない――としてふさわしい条件（新憲法の精神に則り、真理と正義とを愛し、個人の価値をたっとび、勤労と責任を重んじ、民主的精神に充ちた心身ともに健康な）を具えた国民の育成を期して行なわれるべきことが要請されているのである。こうした教育こそが、やがて世界的であるとともにしかも真の日本国民を育成することになるのであり、又普遍的であるとともにしかも個性ゆたかな日本文化を創造することになるであろう。」[15]

国民と人類は高い次元で統一が目指されていた。

(5)教育行政の理念　以上のような教育の目的を実現するためには、教育行政は、時の政治権力から自律し、教育独自の価値と論理を尊重する教育行政のしくみがつくられることがとりわけ重要であった。その理念は「教権の独立」として表現された。田中耕太郎は、教権の独立の構造を機会あるごとに主張していたが、教育刷新委員会でも、教育行政のあり方について検討すべき点として、つぎのような考え方を提示した。

「文部省なり、地方の行政官庁なりが終戦まで執って居った態度は我々の考から云ってはなはだ遠いものがあるのでありまして、文部省にしろあるいは行政官庁にしろ、教育界に対して外部から加えられるべき障害を排除するという点に意味があるのであります。……要するに、学校行政はどういう風にやっていかなければならないものであるかということ、あるいは学問の自由、教育の自主性を強調しなければならないこと、あるいは他にあるかもしれませんが、そういう建前をもって教育の目的遂行に必要な色々な条件の整理確立を目的とするようにやっていかなければならぬというようなことを考えて居る」(第三回総会)。

ここにはすでに、教育の自主性を確保するために旧来の官僚統制を廃し、教育行政の任務を条件整備に限定しようとする教育基本法第一〇条の精神が提示されていたといえよう。

文部省(田中二郎・辻田力)の『教育基本法の解説』(一九四七年)も、戦前の中央集権的教育行政をつぎのようにとらえていた。「この制度の精神及びこの制度は、教育行政が教育内容の面にまで立ち入った干渉をなすことを可能にし、遂には時代の政治力に服して、極端な国家主義的又は軍国主義イデオロギーによる教育・思想・学問の統制さえ容易に行われるに至らしめた制度であった。更に、地方教育行政は、一般内務行政の一部として、教育に関して十分な経験と理解のない内務系統の官吏によって指導せられてきた」と指摘し、「このような教育行政が行われるところに、はつらつたる生命をもつ、自由自主的な教育が生れることは極めて困難であった」とのべ、教育基本法第一〇条を根幹とする教育行政の新たな転換の意味が、教育の自主性・自律性の尊重にあることを強調した。

これらのことから明らかなように、戦後教育行政の理念も、戦前の中央集権的官僚統制主義の反省に立って、教育行政の任務を条件整備に限定し、教育内容への介入をさけて、政治に対する教育の自律性を確保し、さらに地方の実情に応じた個性的教育を創り出すことを援助することにおかれたのである。

(6)勅令主義から法律主義へ　教育基本法の成立は、「国民の権利としての教育」の観点を軸とし、教育と国家の関係を一変させ、従来、教育勅語と勅令に基づいて行なわれていた教育のあり方(教育行政の形式)に対してもその転回をせまるものであった。高橋誠一郎文相は、さきの教育基本法提案理由説明で、こうのべた。

「これを定めまするにあたりましては、これまでのように、詔勅・勅令などの形式をとりまして、いわば上から与えられたものとしてではなく、国民の盛り上ります る熱意によりまして、定めるべきものでありまして、国民の代表者をもって構成せ られておりまする議会におきまして、討議確定するために、法律をもっていたすこ とが新憲法の精神に適うものといたしまして、必要かつ適当であると存じた次第で あります。」

今後教育は、内容のみならず形式においても勅語や勅令から解放され、憲法の精神に則り国民の意思に基づく法律に則って行なわれるべきだとされた。当時の新聞も教育基本法の意義をつぎのようにのべている。

「教育基本法が議会に提出されるのは、わが国の教育の根本義を国民代表者の総意によって討議確定するためであり、教育の指導理念を上からあたえられたものとしてではなく、人民みずから民主主義的に定めようとするところに重大な意義があるのである。形式は法律であっても、その実質は、新日本の「教育宣言」を人民みずから発することであり、民主革命の最も重要な一環をなすものである」(『朝日新聞』一九四七年三月五日社説)。

憲法・教育基本法体制の成立は教育勅語の失効を必然化した。憲法の前文には、「これ(憲法原則)に反する一切の憲法、法令及び詔勅を排除する」(同旨、憲法第九八条)とあり、この憲法の成立によって明治憲法および教育勅語の排除は決定的なものとなった(しかし、直ちにそのような法的処置がとられなかったことについては後述する）。

教育基本法を中心とする教育改革について、当時の文部省報告書（一九四九年八月）にも、つぎのように記されていた。

「われわれは、教育基本法のもつ自由主義的思想の表現が、観念の純粋さ、美しさにおいて肯定されるばかりでなく、日本教育の悪い伝統を完全に改革するための現実的迫力を持つことを認めざるを得ない。」

教育基本法は、その価値志向と、その価値を実現する手段ないしそれを保障するための法的行政的機構において、戦前の伝統から訣別するものであったのである。

三　憲法・教育基本法体制成立の意義

新憲法と教育基本法は、教育のあり方についての戦前的思惟への反省に立って、教育を国民の義務ではなく権利として規定するとともに、平和と民主主義を根本に据え、真理と正義を希求する人間の育成を新しい教育の目標とし、人間の尊厳に基づく個性の発現をめざすものとなった。

また、国家と教育の関係も大きく変わり、教育においても学問の自由が尊重され、真理と真実こそが教えられねばならないこと、そして、このような教育の目的を実現させるためには、教育は「不当な支配」に服することなく、「国民に対して直接に責任を負う」べきものとしてとらえられ、教育の自主性と自律性が尊重されて、教師は不断の研修を通して子どもの学習権の充足につとめ、国民の信頼に応えるために努力すること、そして、教育行政は、教育の目的が達せられるための条件を整備することにその任務を限定すべきことが定められた。

こうして、戦後教育改革は、教育勅語を中軸とする教育のあり方(帝国憲法・教育勅語体制)から、憲法・教育基本法を中心とする教育のあり方(憲法・教育基本法体制)へと大きく転換した。

ところで、教育の依拠すべき根本のものが教育勅語から教育基本法に代わったということは、教育目的が家族主義道徳の注入による国民形成から、真理と正義を希求する人間の育成へと変わったということにとどまらず、それまで勅語が占めていた次元そのものを否定して、いわば教育の全構造を変えるということを意味した。

教育が勅語に示された天皇の意思に基づいて行なわれるということは、君主が国民の内面的価値に統制的に介入し、国家公認の画一的価値を国民におしつけることに他ならず、そこには、学問と教育の自由、思想・信条の自由、ひろく精神の自由はなきに等しいことを意味していた。戦後、その教育勅語は無効(ないし排除)となり、勅令という形式そのものが否定され、教育の具体的あり方は教育基本法と学校教育法、教育委員会法等の法律の形式によって定められることになったことが示すように、教育のあり方は、天皇の意思から国民の意思に基づくものへと変わった。これを勅令主義から法律主義への転換と呼ぶ。この転換は、天皇主権から国民主権への転換の教育面での現われということができる。

問題はこの転換の意味をどこまで深くとらえるかということである。天皇の命令によってではなく、国民の総意によって教育の基本方針をきめるということは、法律によるものであれば、憲法や教育基本法に反する教育目的や教育内容をこまかく規定し、それを国民におしつけてよいのかという問題も含んでいる。これを別のことばでいえば、合法性と正当性の問題だといい直してもよい。

そして、重要なことは、憲法と教育基本法の精神からすれば、たとえ合法的であるからといって、教育の自由、精神の自由を奪うことはできないということ、そしてそのことを憲法みずから、教育基本法みずからが示しているという点である。とりわけ教育基本法第一〇条が、教育の自律性を保障し、そのための教育行政の責任と権限の限界を明確にしているということは、教育にかかわる問題の立法化には一定の限界があるということを、教育基本法体制自体が指示しているということである。教育における法律主義は、勅令主義からの訣別とともに、教育の自律性の原理をおかしてはならないという立法の自己抑制の原理を内に含んだ原理だという点が重要なのである。

憲法・教育基本法体制は、教育の自律性の保障と、教育の国民に対する直接責任を求めている。このことと、教育基本法という法律による教育目的の定立は矛盾しないだろうか。わたしたちはここで、憲法と教育基本法の二重の関係をとらえておく必要がある。教育基本法は、憲法の理念を受けて、「この理想の実現は、根本において教育の力にまつべきもの」とあるように、教育に憲法の理念の実現を託している。同時に他方で、憲法は国民の教育への権利と教育の自由を、思想・良心の自由と併せて保障している。そして教育基本法第一〇条は、教育行政の限界を定め、教育の国家からの自律性の保障を確認したものにほかならない。このことはまた、法律で教育の目的を定めるということには一定の限界があることを、憲法・教育基本法の法体系みずからが示していることを意味している。立法政策による教育目的の定立は、時の政治権力による教育介入をまねく恐れがあるからである。

さて、このことと、教育基本法が教育の理念や目的を明示していることとは矛盾しないだろうか。憲法制定時に、すでにこの困難と、法的規定の限界が意識されていた。当時の文相田中耕太郎は、憲法に教育に関する一章をもうけるべきだという意見に対し、「憲法というものは元来政治的の法律であり、教育が問題にされる場合でもやはり政治の面から問題となるのであって、この憲法の性質上道徳及び教育の原理というようなものは憲法の中に入るべきものではない」と答え、その主張をしりぞけた。(16) 田中耕太郎は、後年の著書でも、「私は個人的には、国家が法律を以て間然するところのない教育の目的を明示することは不可能にちかい」ものであり、「教育的活動がその本質において個人の創意にもとづく文化的性質のものであり、本質において法の干与の外にあることを考えるときに、憲法および他の法令による教育の規制には一定の限度があることを認めざるをえない(17)」とのべている。これを田中耕太郎の教育の独立論と併せて考えるとき、この主張は理由のあることだといわねばならない。教育は「不当な行政的権力的支配に服せしめらるべきではない。それは教育者自身が不羈《ふき》独立の精神を以て自主的に遂行さるべきものである(18)」。それゆえに、教育の自律性が保障されるためには、法律による教育の規定には、おのずから「一定の限度」があるとする見解は正論だといえる。

それでは、憲法と教育基本法は、この限度を越えて教育に介入しているかを改めて考えると、そこで提示されているのは、人類がたたかいを通して、普遍的な原理として確認してきた基本的人権、主権在民の理念であり、わが国民が、多くの犠牲のうえに国民的な願いとして提示した平和への希求と戦争放棄の理念である。それはいずれも、内容的には「未来へと開かれた普遍」であり、その内容は、今後の歴史のなかでますます高められ、ゆたかになることを予想し、それへの期待を含んだ原理である。その原理を否定する政治に対しては、この憲法は不寛容なのである。

しかもこの理想の実現のためには、思想・良心の自由とともに学問・教育の自由が保障されることを不可欠のものとする。平和を守り民主主義を実現するためには創造的探求的精神の活動を保障する学問・教育の自由が不可欠だからである。

こうして、憲法に必要以上の教育条項を規定せず、教育基本法第一〇条で教育行政の責任と限界を規定することによって、教育の国家権力からの自律性を保障する規定を定めたのである。

これは、戦前の勅令主義に代わる法律主義の原理にたって、天皇の名のもとでの政治的恣意による教育統制を禁じ、教育が国民の意思に基づいて行なわれるべきだという原理の転換を示すと同時に、さらにその法律による手続上の合法性をたてに、教育の自律性を奪う危険性についても、すでに正当な配慮を示し、教育の自律性と教育の国民に対する「直接の責任」を明らかにする視点を内包しているといってよい。これは憲法・教育基本法体制が、権力統制をチェックするフィードバックの視点をその体系のなかにもっていることを示すものだといえよう。法律主義原則は、教育の自律性の原則に従属する原理として位置づけられていることに注目したい。教育の自律性とは、教育は独自の価値と論理をもつものであり、その領域に国家は権力的に介入し、統制を加えてはならないという原則である。したがって、その根拠としての教育固有の価値ないし論理を承認するかどうかが基本的な問題となる。

教育という事柄の本質的属性(Natur der Sache＝条理)を抑えつけるのではなく、それをさらに発展させるためには、どのような条件が必要であり、何が法的に保障さるべきであるか、ここに今日の教育行政と教育法の根本問題があるのであり、教育の本質についての洞察と、教育固有の価値と法則への着眼点を含んではじめて、行政法の一応用分野としてではない、固有の意味での教育法体系が成立する客観的根拠があるといえよう。この意味では、戦前の教育勅語体制のもとでは、固有の意味での教育的価値の観点は成立しえず、したがって、固有の意味での教育法の存在する余地はなかったのだといえる。

憲法・教育基本法を中心とする戦後の教育改革は、教育勅語体制を、その原理において根底から批判するものであった。そして、国家主義的・軍国主義的人間像に対して、民主主義・平和主義的人間像が対置され、教育は真理を愛し自主性を尊重する人間の育成を目指すものとされた。さらに、教育行政の基本原理として、教育の官僚統制の撤廃、国家権力の教育内容への不介入の原則、教師の創造的教育を保障するための教育の自律性の原則等が確認された。そして、これらの改革を支えた「主権在民」と「国民の権利としての教育」の思想は、天皇主権のもとでの、臣民の義務としての教育の思想とは本質的に異なるものであった。

さらに、教育の理念やその仕組の基本を示す教育基本法が、国会において国民の代表によって討議され、立法化されたということは、教育における勅令主義との訣別を意味するものであり、そのことは、教育の目的が、教育勅語的なものから教育基本法に示されたものへと変化したということにとどまらず、教育の構造、そのあり方全体の変化を意味していた。それは、天皇主権から国民主権への転換に照応するものであり、教育基本法体制は、かつて、教育において勅語が占めていた次元それ自体を否定するものであった。その意味で、勅語体制から基本法体制への転換は、まさに、教育のコンスティテューション、即ち、その仕組や体質の転換を意味したのである。このような意味での教育の根本を定める教育基本法は、その本来的意味において教育の憲法《コンスティテューション》に他ならない。

かくして、教育基本法体制は、教育勅語体制と、まさにその仕組《コンスティテューション》において、構造的に異なるものであり、後者から前者への変化は、単に、教育の理想、そのめざす人間像において相容れないだけではなく、教育基本法体制は、まさに、勅語の存在そのものを否定するのであり、したがって、内容において民主的な勅語ならばいいという論議の余地を、原理的に拒否するものであった。勅令主義から法律主義への変化のもつ思想的意味はまさしくここにあった。そして、このことは思想を国体の枠から解放し、教育を天皇制教学から解放し、それらを国民の自主性と創造性にゆだねることを必然的に導くものであった。

教育基本法は、その価値志向と、その価値を実現する手段ないしそれを保障するための法的・行政的機構において、戦前の伝統から訣別するものであったのである。

(1) 大久保利謙編『森有礼全集』第一巻、宣文堂書店、一九七二年、所収。
(2) 同前、第三巻、所収。
(3) 平原春好『日本教育行政研究序説』東京大学出版会、一九七〇年、参照。
(4) 兼子仁『教育法』有斐閣、一九六三年。
(5) 伊藤博文編『憲法資料』中巻、憲法資料刊行会、一九三五年。
(6) 詳しくは、関皐作編『井上博士と基督教徒』同続編、収結編、一八九三年、武田清子『人間観の相剋』弘文堂、一九五九年。なお、天皇制国家と教育に関しては、丸山眞男『現代政治の思想と行動』未来社、一九六四年、石田雄『明治政治思想史研究』未来社、一九五四年、藤田省三『天皇制国家の支配原理』未来社、一九七四年、参照。
(7) 井上哲次郎「国民道徳は成り立たぬ」史学協会編『南北朝正閏論』一九一一年。
(8) 教学刷新評議会「教学刷新ニ関スル答申」一九三六年一〇月一九日。
(9) 牧柾名「教育を受ける権利の内容とその関連構造」日本教育法学会年報第二号、有斐閣、一九七三年、参照。
(10) 平原春好、前掲書、参照。
(11) 穂積重遠『親族法』岩波書店、一九三三年。なお義務教育については、堀尾輝久『現代教育の思想と構造』岩波書店、一九七一年、第三部第一章、参照。
(12) 戦前の教育行政の特質については、平原、前掲書、および神田修『明治憲法下の教育行政の研究』福村出版、一九七〇年、参照。

(13) 教育基本法の成立過程について詳しくは、山住正己・堀尾輝久『教育理念』戦後日本の教育改革2、東京大学出版会、一九七六年、および鈴木英一『教育行政』戦後日本の教育改革3、東京大学出版会、一九七〇年、参照。
(14) 務台理作「新教育の理念」『社会と学校』金子書房、一九四八年一月号。
(15) 田中二郎「教育改革立法の動向」(一)、『法律時報』一九四七年五・六月合併号。
(16) 辻田力・田中二郎監修『教育基本法の解説』国立書院、一九四七年。
(17) 田中耕太郎『教育基本法の理論』有斐閣、一九六一年。
(18) 田中耕太郎『新憲法と文化』国立書院、一九四八年。

第二章　戦後史における教育と法の動態

一　改革過程——連続と断絶の問題

(1) 教育勅語の処理問題　戦後教育改革の理念は、そのまま教育の現実ではない。それが古いものの否定の上に定立されたものであれば、古いものは新しい装いのもとに何とか生きのびようとすることも必至である。現実は古いものと新しいものの葛藤をふくみ、現実と理念は矛盾をはらんで歴史を進行させる。われわれが戦後の教育と法の動態を知るためには、戦後改革を境とする戦前と戦後の連続と断絶の問題についてまずふれておく必要がある。

憲法的次元をみれば天皇主権から国民主権への転換に明白なように、そこには明らかに断絶がみられる。八・一五革命（宮沢俊義）といわれる所以である。さらにまた、その転換（断絶）をもたらした主体は、戦前と戦後を民主主義への志向において結節させる主体でもある。にもかかわらず、政治の機能と社会の体質の面で戦前・戦後は連続している面も少なくない。

天皇制に関しても、あくまでその温存に固執し、その執念に象徴天皇制として形を与え、憲法に国民主権の表現を明示することをなんとかして拒もうと努力した支配的勢力が、そのまま権力の座にあり続けているという事実のなかに、その連続性の系譜をみてとることは容易である(1)。

教育勅語体制は、教育改革の過程で一挙に否定されたのではなかった。それは、教育勅語の処理をめぐる論議に示されているように、戸惑いと思惑のなかで、少しでも傷つくことの少ない仕方の模索の過程でもあった。教育勅語は、天皇制と不可分のものであった。そして、戦後問題を処理した支配者の第一の眼目は、敗戦という事態のなかでなんとかして「国体を護持」し「天皇制を守る」ことにおかれた。他方、連合軍は、天皇の戦争責任をめぐる論議の末に、アメリカのイニシャティブのもとで、占領政策の遂行を有利に導くために天皇制を利用する方針を選び、天皇の戦争責任を問わず、それを「国民統合の象徴」として非政治化することを通して、その客観的な政治効果を最大限に利用した。

このような占領軍(アメリカ)および支配者層の意向のもとで、敗戦から米国教育使節団報告書が出されるまでのいわゆる「禁止的措置」の時期に、超国家主義教育と軍国主義教育を否定するための措置が、教育行政のあり方や、教員の資格、教育内容等について、矢継ぎ早に出され、その中で国家と神道の結びつきも否定されるのであるが、しかし、教育勅語については、何ら公的処置はとられなかった。そして、「米国教育使節団報告書」においても、「勅語勅諭を儀式に用ひることと御真影に敬礼するならはしは、過去において生徒の思想感情を統制する力強い方法であつて、好戦的国家主義の目的に適つてゐた。かやうな慣例は停止されなくてはならぬ」とだけふれられており、勅語それ自体については、きわめて慎重な態度をとった。

天皇制を温存しようとする支配者層の勅語への対応も、一般的にいえばきわめて慎重であったが、それを四つのタイプに分けることができる。

その一つは、教育勅語の有効性の主張であった。自由主義者として戦後教育改革の責任を担って登場した前田多門文相(一九四五年八月―四六年一月)は、敗戦間もなく「青年学徒に告ぐ」と題する放送(一九四五年九月九日)のなかで、「諸君は今回の大詔渙発につき、不幸な出来事のうちにも、国体の有難さを見出したであらう。聖断一決、国民は立場と意見の相違を捨てて、みな一気に承詔必謹の実を示した」とのべ、新教育方針中央講習会(一〇月一五日)では、教育界からの「軍国主義と極端狭隘なる国家主義」の一掃と「道義昂揚」を説き、「茲に於て吾人は茲に改めて教育勅語を謹読し、その御垂示あらせられし所に心の整理を行はねばならぬ」とのべた。

前田多門に続いて文相となった安倍能成《よししげ》(一九四六年一月―五月)は、地方長官会議で、

「世上多少の疑義があるが、教育勅語を日常の道徳規範に仰ぐには変りない」とのべ、またラジオ放送を通して、「皇室は国民生活の中心であり、われわれは終戦、新年の勅語を拝し、国民とともに新国家を建設しようとする天皇の思召に心をうたれる」とのべた[2]。

安倍能成に続く田中耕太郎文相(一九四六年五月—四七年一月)もまた、教育勅語の有効性を強調して、新しい勅語奏請の動きを抑えた。そして、「教育勅語には、古今に通じて謬らず中外に施して悖《もと》らざる人倫の大本」が盛られているとのべ、勅語の自然法的性格を強調した(第九〇帝国議会での発言)。

天野貞祐も、教育の根本理念と教育勅語の取り扱いを討議した教育刷新委員会で、「勅語は日本人の道徳の規範として実に立派なもので、廃める必要は全然ない」(教育刷新委員会第二回総会)とのべ、この観点から、新しい勅語が不要であると強調した。

教育勅語に対する第二の対応は、新しい時代にふさわしい新たな勅語奏請論である。その代表的なものは、米国教育使節団に協力するためにつくられた日本側教育家委員会にみられる。委員会の報告書には教育勅語に関する意見として、つぎのように記されていた。

「従来の教育勅語は天地の公道を示されしものとして決して謬りにはあらざるも、時勢の推移につれ国民今後の精神生活の指針たるに適せざるものあるにつき更めて平和主義による新日本の建設の根幹となるべき国民教育の新方針並びに国民の精神生活の新方向を明示したもう如き詔書をたまわり度きこと」、さらに、新しい詔書では、「徳目の列挙を避け」「陛下より御命令になる如き御言葉は切に避け」「陛下御自ら民に先んじて国の将来を御憂惧せられ教育に対して絶大の御信頼を寄せたまう御旨の十分滲み出たものをいただきたし」とあり、記述方法について、「極めて平明で人々に親しみ深い形を以って、若し出来るならば口語文体をもって御示し下さるを望む[3]」。

この日本側委員会は、南原繁東大総長をはじめ、当時の代表的知識人によって構成されており、占領軍の意向に従ってではなく、日本人の主体性において教育改革にとりくむことを目指していた。

芦田均も新しい勅語の必要を説いた。「(天皇の)日本国民統合の象徴という地位は、精神的の指導力を天皇がもって居られるということを認めている」「日本国民の精神的な一つの中心、そういう意味において勅語を賜るということは憲法の精神に反しない」「憲法発布の勅語をよませる。日本国民は憲法を理解しないから、簡潔な言葉でいいきかせた方が頭に入る。日本で一番人気のあるのは天子様ですから、その形をかりるのは一向差支えない」(教育刷新委員会第一特別委員会第二回会議)と。新憲法と矛盾なく結びつく勅語奏請の論議に、本質的に反民主主義的な、反憲法的な感覚と愚民観をみることができよう。

第三の対応は、教育勅語の失効宣言を新しい勅語によって行なうことを主張する。たとえば森戸辰男は、勅語の内容が、「封建的な原理」によっており、「民主国家の建設に於ては根本精神が全くそぐわない」とのべ、「教育という重大なことも国民が至高の意思を以て決定すると云うことが、憲法に副うて居る」とのべて教育勅語を批判した。しかし、森戸辰男は、「保守層の教育界に及ぼす力を弱めるという効果」を考えて、新しい時代にふさわしい教育のあり方を示すために、教育勅語を否定する勅語の奏請を考えた。「従来のような勅語を戴くということは時代として困る。……其の教育の精神は新しい国柄に基かなければならないということも勅語の中に云っていただければ、従来の教育勅語が善いとか悪いとかいうことはなくなって新しいものになると一番なだらかではあるまいか」(教育刷新委員会第一特別委員会第一回会議)。森戸辰男は、教育刷新委員会では、務台理作とともに、教育民主化のために重要な役割を演じたのであるが、なお、「勅語」から自由ではありえなかったのである。

これらの見解を背景として、教育基本法の議会審議の過程で、基本法と勅語との関連についての質問に答えて、高橋誠一郎文相はつぎのように答弁した。「私も教育勅語とこの教育基本法との間には、矛盾と称すべきものはないのではないかと考えている」、しかし、「徳教は時勢と共に変化するもの」であり、また、「従来教育勅語の解釈について悪用せられた」点もあったので、「諸学校においては奉読いたさないことにいたす。

こういう考えでおるのであるが、決してこれに盛られておる思想が全然誤っており、これに代えるに新しいものをもってするという考えはもっていない」。

文相の勅語についてのあいまいな見解は、さきに、同じ文相が国民の意思に基づく教育のあり方を説いた教育基本法立法趣旨の明解さとは著しく対蹠的であった。そして、勅語問題に対するこのような政府の矛盾を含んだ対応には、当時の多様な見解が反映していたといえよう。それは、改革の直接の責任者たちが、国権の最高機関としての議会の意思に基づく教育のあり方を、不可避の前提として受け入れ、これと明らかに矛盾する新しい勅語奏請要求を、旧勅語の有効性を説くことによって抑え、教育勅語がたとえ形式的に無効になっても、その内容の有効性を説きつつこれをなしくずし的に処理し、勅語の権威の失墜を最小限にとどめようとした努力のあらわれだといえよう。

第四の対応。以上のような勅語をめぐる支配層ないしは主導的知識人の意識に対して、羽仁五郎の参議院文教委員会(一九四八年五月二七日)での「教育勅語の廃止について」の演説は、勅語的思惟から全く自由に、まさにその本質をついた批判であった。彼は、勅語処理に当っては、「何かの事情で、今まであったけれども最近なくなったというような受身的な気持」で考えてはならず、「命令によって、廃止になった」というように考えてもならない。国民に、勅語が「いかに有害であったか」ということを示す必要があるのだとのべ、その有害さをつぎのように説明した。それは、「第一に、教育勅語がいかに間違って有害であったかということは、道徳の問題を君主が命令したということにあるのであります。……内容的には反対する必要がないものもあるというようなお考えもありましたが、そういう点に問題があるのではなくて、たとえ完全なる真理を述べていようとも、それが君主の命令によって強制されたというところに大きな間違いがあったのである。内容に一点の瑕疵がなくても、完全な真理であっても、専制君主の命令で国民に強制したというところに間違いがある」と。

そして、このような勅語批判の論議に支えられて、一九四八年六月一九日に衆議院で「教育勅語等排除に関する決議」がなされた。その決議には、「民主平和国家」の建設のために「教育基本法に則り、教育の革新と振興」を図る必要が強調され、「しかるに既に過去の文書となっている教育勅語並びに陸海軍軍人に賜りたる勅諭その他の教育に関する諸詔勅が今日もなお国民道徳の指導原理としての性格を持続しているかの如く誤解されるのは、従来の行政上の措置が不十分であったがためである」とされ、さらに、「思うに、これらの詔勅の根本理念が主権在君並びに神話的国体観に基いている事実は、明らかに基本的人権を損い、且つ国際信義に対して疑点を残すもととなる。よって憲法第九八条の本旨に従い、ここに衆議院は、院議をもってこれらの詔勅を排除し、その指導原理的性格を認めないことを宣言する。政府は直ちにこれらの詔勅の謄本を回収し、排除の措置を完了すべきである。右決議する」とあった。

同日参議院も、「勅語の失効確認」とともに、「教育の真の権威の確立と国民道徳の振興のために、全国民が一致して教育基本法の明示する新教育理念の普及徹底に努力を致すべき」旨を加えた「教育勅語等の失効確認に関する決議」を採択した。

この国会での決議に基づいて、文部省は、「教育勅語の取扱いについて」という次官通牒(六月二五日)を発し、決議の精神に基づいて、学校からの勅語謄本の返還処置をとった。こうして、ようやく教育勅語は、教育現場から姿を消し、その無効が現実的にも確定したのであった。

ところで、この時、すでに憲法はこの一年前から施行されていたのであり、その第九八条は、この憲法を「国の最高法規」とし、「その条規に反する法律、命令、詔勅」の失効を確認しているのである。民主主義と国民主権を機軸とする憲法において、天皇大権は否定され、それにともない勅語の失効と勅令主義の否定は明白であるにもかかわらず、その憲法が施行されて一年以上を経過し、ようやく、議会での失効宣言をもってその決着をみたところに、勅語に対する支配層の執念と、それに影響された国民の意識の根強さをあらためて思い知らされるのである。また、勅語や奉安殿の処置も、多くの場合、「占領軍の意向」に依拠するかたちをとり、国民の批判に基づいてその処理をなしきれなかったところに、強制と教化によってつくり出された天皇制的タブーの根強さと、その民主主義の根っ子の弱さを感じないわけにはいかない。

こうして、教育基本法を、それを成立させた歴史のなかでとらえるとき、その原理が教育勅語体制のそれと決定的に対立するものであり、勅語から教育基本法への変化は単に教育目的の変化にとどまらず、国家と教育の仕組そのものの変化を意味すると同時に、他方において、勅語処理のあいまいさの中に、やがて教育基本法体制を空洞化させる志向の存在が暗示されていた。(4)

(2) 地方自治原則の位置づけ方　戦前の教育行政は、行政一般のあり方と軌を一にして国家の官僚的統制下におかれていた。そして戦後教育改革は、中央政府による画一的統制的あり方を変えて、地方自治の原則を採用するとともに、教育行政は指揮・監督ではなく、指導・助言であることを旨とした。

地方自治の原則は、憲法第九二条の規定にあるように行政一般の原則でもあった。戦前、行政の中心として威力を誇った内務省は解体され、地方自治体の権限は強化され、警察行政と並んで重要な役割をもった教育行政も、公選制の地方教育委員会の設置を中心として、地域住民の意思に基づいて行なわれるべきことが原則となり、そのための新しい仕組がつくられた。

これは、近代民主主義国家の原理にそうものであった。近代国家においては、「憲法は政府に先立ち、人民は憲法に先立つ」というトマス・ペインのことばが端的に示しているように、人権の原理を国家の起源に先行するものとして自覚し、国家は、人権尊重とそれが侵される場合にその人権の保障の責任をもつことを基本とする。そこでの憲法は、その人権のアナロジーとして、地方の自治権に対しても、それを国家に侵されない固有のものとして定立する思想を含んでいた。地方自治は、国家から「伝来」し、それに依存するもの(伝来説)ではなく、地方権(pouvoir municipal)は、地方に固有のもの(固有説)という考え方は、市民革命の政府によって強調されたものであった。歴史的にみても、地方都市の自治は、近代国家に先行するものである。

こうして、近代国家は、地方自治を前提とし、ないしは、少なくともそれに尊敬の意を払うことを当然のこととしていた。人権保障を中核とする近代憲法のカテゴリーに属する日本国憲法も、「地方自治の本旨」に基づく行政のあり方を規定しているのは、当然のことといえよう。

ところで、この当然のことが実は、その立法過程において一つの問題をはらんでいた。地方自治の規定は、政府案はもとより民間私案にもみられず、司令部原案によって示されたものであった。しかも、そこでは、「首都地域・市・町の住民は……法律の範囲内に於て、彼等自身の憲章を作成する権利を保有する」となっていた。しかし、現行憲法は地方「住民」が「地方公共団体」となり、「憲章(charter)」は「条例及規則」と改められた。このことが示すように、「地方自治の主体は「地方住民」であるというかん

じんの「本旨」が、この条文のなかから、いつのまにか姿を消してしまうという結果にな」ったのである。(5)

そして、このような成立過程が暗示しているように、地方自治の根拠について、固有説ではなく、伝来説に立つ発想が強かった。そこには戦前の行政認識の影響を色濃く残していた。因に、戦前の学界で通説的地位を確立していた美濃部達吉の行政学説によれば、自治体の権限の根拠はつぎのように説明されていた。

「凡て自治体は、国家の之を認むるに依りて始めて成立するものにして、国家以前に自治体あることなし。自治体の事務は、凡そ国家より分配を受けたるものにして、自治体に初より固有なる事務あるべき理由なし。此意味に於て言えば、所詮固有事務と雖ども、亦国家より委任せられたるものに外ならず。故に固有事務と委任事務との区別は、一は自治体に固有なる事務にして、一は国家より委任せられたる事務なるの限りに非らず、其区別を生ずるは専ら国家が其事務を委任する方法の異なるに因る」(『改正府県制郡制要義』明治三二年)。

辻清明は、これを引きながら、美濃部説は戦前のわが国の多くの公法学者の間の「通説」であり「それが法律関係という側面からのみ考察されているかぎり、戦後の現在でも、ほとんど大半の公法学者は、この伝来説の支持者」であるとのべている。(6)

行政法学界の重鎮田中二郎もこのことを認め、戦後の行政法について、つぎのようにのべている。

「……戦後の改革変遷がきわめて著しく、しかも、今日までその変革過程が続いているためではあろうが、われわれ学究の非力と怠慢のためもあって、美濃部理論に代わるべき確固たる通説というべきものは、未だ形成されるに至っていない」「今日では、単に行政法の部分的な解釈理論の修正又は転換にとどまらず、これらを総合して、行政法全体を理論的に再編成すべき時期に到達している。(7)」

「憲法は変われども行政法は変わらず」というO・マイヤーの名言は、ここでも典型的に生きているといえよう。そしてその公法学説の背骨となっているものに国家法人説がある。

国家法人説は、松下圭一によれば、「一九世紀ドイツ国家学における君主主権と国民主権との「政治」対立を、それぞれ機関化して、抽象的な国家主権へと止揚した「理論」虚構」であるが、「『註解日本国憲法』をはじめ戦後の憲法学が、天皇機関説にかわって国民機関説を提起するにすぎないかぎり、戦前の体制イメージの法技術構成としての国家法人論は無傷で戦後に継承された」という。さらに、「戦前は、天皇は国家の主体であるか国家の機関であるか、というかたちで憲法争点が提起されたが、戦後は、国民は国家の主体であるか国家の機関であるか、が憲法争点となるべきなのである」とのべる。(8)新憲法は天皇機関説を国民機関説にかえたが、真に国民主権に基づく国家論は構築されず、それはたえず空洞化の危険にさらされているといってよい。

教育の理念とその構造の「転換」についても同じパターンがみられる。憲法第二三条に学問の自由が規定され、第二六条に教育を受ける権利の規定がみられることは、戦前、国民の思想・信条の自由が奪われ、教育は国民の三大義務の一つとして位置づけられていたこととあざやかな対比をなすものであった。にもかかわらず、法解釈のレベルでは、ここでも、『註解日本国憲法』に代表されるように、それを国家による義務教育の百パーセント実現の意味に解して、教育を国の側から規定するも、国民の側から規定するも、義務教育の実質に変わりはないと説かれたが、そのことは、教育を受ける権利が憲法上に規定された歴史的意義について理解を欠き、教育についての戦前的思惟が根強く残っていることを示している。

また、教育の自律性と教育の分権化に関しても、教育基本法第一〇条の、教育行政の責任と限界についての明確な規定にもかかわらず、中央教育行政の地方教育行政への官僚主義的統制と教育内容に関する権力的介入があとを絶たない。のちにみるように、教育における地方自治と住民の教育権を規定した教育委員会法そのものが廃され、それに代わって任命制教育委員会(一九五六年)が出現したことは、そのことの最も露わな表われであった。

二　戦後教育の再編過程における教育基本法の空洞化

(1)戦後改革の抽象性

戦後教育改革の理念が現実のものとして定着することは容易ではなかった。戦後日本の民主的諸改革は、数年を経ずして、大きな障害の前にたたされることになった。国際情勢と占領政策の変化も見逃しえない。なかでも朝鮮戦争は、平和国家理念への対抗者を力づけ、旧勢力の復活のきっかけを与えるものであった。これを機にわが国は再軍備への第一歩をふみ出す。それ故にまた、朝鮮戦争は、平和教育の課題を改めて痛感させ、サンフランシスコ条約と日米安保体制は、民族の独立や祖国への愛の意味について、厳しい問いをつきつけるものであった。それはまた、新教育と教育目的についての反省をうながすものであった。一九五一年の春から夏にかけての上原専禄・宗像誠也の「日本人の創造」(東洋書館、一九五二年)と題する対談は、この時期の教育課題のとらえ直しをせまるものとして、重要な問題を提起していた。

上原専禄は、世界の問題が同時に民族の問題としてその解決をせまっている状況のなかで、「日本民族の運命を開拓し、その未来を構築すること、これは一体どうして可能であるだろうか。この設問に関連して要請せられるものが「新しい日本人の形成」という教育理念に外ならない」とのべて、「独立の人格の担い手」が同時に、課題としての

「民族の一員」となること、さらにその新しい日本人が「人類の一員」として「日本人全体が演ずる役割りを自覚」すること、この「三方面の自覚が同時におこなわれてこそ」新しい日本人の形成の課題は、「リアルな実現の可能性のある問題となってくる」という。

宗像誠也は、教育基本法の教育目的にふれて、「これはもとより正しい」「しかしながら何としてもこれでは抽象的過ぎる」とのべ、戦前の教育に代わる「新しい具体的な目標、もっと生き生きとした目標にはっきり描き出されなければならないのではないか。それがなければ従来のものが本当には否定され得ないのではないか……そこで教育の目標を、もっと具体的な人間の姿として考えて、いわゆる人間像を描いてみたいという気持になります」「つきつめれば、やはり日本人がどうあるべきかというはっきりした姿がまだ現われていない。少くとも一般の人に同感され、支持されるような新しい人間像があらわれてないということでしょう」とのべ、教育目的が抽象的な、よそよそしい観念にとどまるのではなく、「子どもがどんな表情をし、どんな身のこなしをし、どんなもののいい方をするか、すべきか、そういうことになってはじめて」その理念は生きたものになるのであり、「そういうヴィジュアルな、目に見える形で教育の理想を描き出したい気持です」とのべていた。

そしてこのような課題意識は、当時の独立と平和への努力をおしまず、民主主義教育を実践的におしすすめようとする教師たちの共通のものでもあった。その年の暮には、日光で第一回の教育研究大会がもたれ、平和と独立の課題が、教育問題として実践的視点から深められる第一歩がきり開かれ、また、時を前後して、民間教育研究団体が、自分たちの実践を上からの新教育に対置しながら戦後新教育の抽象性とそのオプティミズムの批判をいっせいに開始した。

たとえば一九四九年七月に発足した歴史教育者協議会（略称・歴教協）は、戦前の歴史教育の批判とともに、戦後「新教育」の無国籍性と非系統性とを批判し、科学的な歴史教育をつくりだすために結成されたが、その設立趣意書には、「私たちはかぎりなく祖国を愛する」とのべ、「歴史教育は、国家主義と相容れないと同時に、祖国のない世界主義とも相容れないのであって、国家の自主独立が真の国際主義の前提であるという歴史的事実と理論にかんがみ、正しい歴史教育は正当な国民的自信と国際的精神を鼓舞するものでなくてはならない」とし、さらに、「歴史教育は、げんみつな歴史学に立脚し、正しい教育理論にのみ依拠すべきものであって、学問的・教育的真理以外の何ものからも独立していなければならない」とのべている。以後歴教協は「民族の課題」を科学的に明らかにし、「民族の独立」を果たすことが、平和と民主主義の実現に不可欠であることを、科学的研究と教育実践を通して主張し続けてきた。

一九五二年に再建された教育科学研究会もその「指標」で、「私たちは、日本国憲法と教育基本法とにあらわされている平和と民主主義をめざす日本の教育をおしすすめ、国の独立の基礎をきずく仕事を誠実にやっていきたい」とのべ、教育の目標を、「日本の子どもたちが、国民としてたいせつな学力を身につけ、集団生活のなかで自主性をそなえた社会人となるように教育する。そのために、子どもたちが、人権を尊重する精神につらぬかれ、ゆたかな感情をもち、合理的にものを見、考え、行動するように指導するとともに、こんにちの社会の悪影響にうちかっていく力と、幸福な未来へのみとおしとをもつように育てあげる」とのべ、教師・父母・青年との話し合いと連帯のなかで、「正しい国民教育」を創造していく仕事へのとりくみを開始した。

その他、日本民間教育研究団体連絡会(略称・民教連)に参加している諸研究団体や日教組教研で、各教科や教育問題領域の研究の深まりを通して国民的課題は自覚化され、「国民教育」は創造の課題として、共通に確認されてきた。

(2)「民主化」の行き過ぎ是正　他方、支配者側は、一九五一年には政令改正諮問委員会を設け、戦後民主主義の「行き過ぎ是正」が始まったが、教育についても、発足したばかりの新学制に対して、批判が加えられ、「逆コース」への軌道修正が始まった。そしてその一つとして、「愛国心」教育の復活に熱意を示し始めた。

天野貞祐は、一九五一年一一月、文相として「国民実践要領」を作成し、直轄学校への配布を企図した。天野貞祐は、これを作成した「由来」として、「現在は個人と世界とを重視するあまり、ややもすれば国家存在理由が薄くなる傾向を免れないのはいずれも中正な思想とは考えられない」とのべ、天皇の敬愛を中心とする国民道徳の規準を示そうと企てた。「国民実践要領」には、「国家はわれわれの存在の母胎であり、倫理的、文化的な生活共同体」であり、「国家生活は個人が国家のためにつくすところに成りたつ」とあった。しかし、この案は、国会の各委員会で参考人の批判をあび、世評もこれを「天野勅語」と呼んで不評であった。天野は在任中、この発表は差しひかえざるをえなくなり、五三年一月、退官後にこれを私人の意見として発表した。

この頃吉田茂首相は国会(一九五二年)で「終戦後の教育改革については……わが国情に照らして再検討を加へるとともに、国民自立の基礎である愛国心の涵養と道義の昂揚をはかる」とのべ、教育改革の軌道修正の意向とその方向を示した。

その翌年(一九五三年)に行なわれた池田・ロバートソン会談は、平和教育の否定――再軍備の推進のための愛国心教育の必要を強く求めるものであったが、同時に、それは対米従属の愛国心としての矛盾をもはらんでいた。

会談覚書には、「占領八年にわたって、日本人はいかなることが起っても武器をとるべきではないとの教育を最も強く受けたのは、防衛の任に先ずつかねばならない青少年であった」と再軍備のための「政治的・社会的」困難を分析し、さらに、「物理的制約」

として、「国の安全を託する部隊に、有象無象誰でも入れるというわけにはゆかない。しかも前に述べたいわゆる平和教育の結果として、自覚して進んで保安隊に入る青年の数は非常に限られている。更に、保安隊の増強を性急にやる結果は、思想的に不良な分子が潜入する危険を防ぎ難い。共産主義にとって、自由に武器を持ってそして秘密を探るのに、これほど適した職業はないからである」とのべて、性急な再軍備はかえって危険だとの見解を示し、アメリカ側の日本再軍備化の要請に応えるためには、その障害を除去し前提をととのえる必要があることを確認し、そこで、「会談当事者は、日本国民の防衛に対する責任を増大させるような日本の空気を助長することが、最も重要であることに同意」し、「日本政府は、教育および広報によって、日本に愛国心と自衛のための自発的精神が成長するような空気を助長することに第一の責任をもつものである」という「覚書」を交わした。こうして、愛国心の教育はアメリカの要請をバックに、日本の再軍備化と不可分に結びついていたため、必然的に平和教育の否定を主たる内容とすることになった。

同じ頃来日したニクソン（当時副大統領）は、平和憲法は、アメリカの対日政策の「ミステイク」であったとのべた。日米の首脳には、平和教育は、憲法改正と再軍備を阻む大きな障害として意識され、それに代わる「愛国心」の教育が求められた。こうして、戦後の「愛国心」は伝統的国体への志向とともに、反平和主義・親米・反社会主義的性格づけを与えられて「復活」してくる。

さらに、その翌年に強行された教育の中立性に関する法律の立法化は、教育と国家の関係の転換を求め、「教育の中立性」の意味転換を図るものであった。憲法・教育基本法体制のもとでの教育の政治的中立性とは、教育の自律性の原則と一体のものであり、それは、国家が学説をもたず、価値観から中立であるべきことを求める原理であったのに対し、そこでは、国家こそが公正の保持者として、何がその公正から偏向しているかを裁く立場に立ったことを意味するものであった。その後は、この基本線にそって、教育行政のあり方に、国家主義と管理統制主義が復活し、憲法・教育基本法体制の空洞化がおしすすめられていく。

そして一九五五年には、教育三法案（地方教育行政の組織及び運営に関する法〔地教行法〕案、教科書法案、臨時教育制度審議会設置法案）が提出された。このいずれもが教育基本法体制に対する実質的な改変を目指すものであったが、それにとどまらず、臨時教育制度審議会法案の提案に際して、清瀬一郎文相は、「教育基本法の再検討」の必要をあげ、その改正の方向をつぎのようにのべた。「第一の方向は教育目的に関する反省でございます。……今日反省してみますと、たとえば国家に対する忠誠ということがどこにもないのです、いかに民主国といえども、国を作っておる以上国に対する忠誠心を鼓吹すべきものであろうと思います。」文相は、さらに、「教育の基本において足らぬところがある、この基本法の一条をですね、教科書編さんの基準の絶対要件にしているんです。それからまた教育〔学習〕指導要領の絶対要件にしているんです」とのべ、教育内容に対する「国家の責任」を明らかにし、その内容を、教育基本法の目的にしばられることなく、「国への忠誠心」を中心に方向づけることの必要を強調していた。

こうして、教育基本法、とりわけその第一条(教育の目的)および第一〇条(教育の自律性と教育行政の限界規定)の実質的変更を中心とする教育三法が提案されたが、しかしこれらはいずれも世論の激しい批判を浴び、南原繁、矢内原忠雄、大内兵衛《ひょうえ》、上原専禄ら、一〇名の学長の反対声明も出された。また参議院内閣文教委員会連合審査会に参考人として出席した矢内原忠雄東大総長は、「教育基本法によって民主主義的な人間の人格、観念を養成するということが最も急務であり、それに基いて、あとは特に言わなくても、親に孝行、国に忠誠ということが自然にでてくることである。そういうことで教育基本法は維持されて参りました」とのべ、清瀬一郎文相の「民主主義プラス何かが必要だ」という発言には、「戦争前の国家主義」が顔を出しており「非常に危険を感じる」とのべて、基本法の理念の変更に反対した。(9) さらに国民各層の反撃の前に、三法案(教育審議会法案、教科書法案、地方教育行政の組織及び運営に関する法(地教行法)案)のうち地教行法のみがかろうじて国会を通過、あとは廃案となった。

機動隊に守られて成立した地教行法は、旧教育委員会法を改め、公選制教育委員会を任命制にしたものであり、これによって教育の地方分権主義は放棄され、地方教育行政は中央教育行政に従属的にくみこまれ、教育における官僚統制が進行することとなった。この時の改正で、旧教育委員会法第一条の、「この法律は、教育が不当な支配に服することなく、国民全体に対し直接に責任を負つて行われるべきであるという自覚のもとに、公正な民意により、地方の実情に即した教育行政を行うために、教育委員会を設け」るという教育基本法第一〇条をそのままくり返した条文が姿を消したことは、象徴的な意味をもっていたといえよう。この地教行法は、中立性二法とともに、教育基本法の実質的改正の動きだったのである。そして、この法律に依拠して翌年から教師の勤務評定が実施され、教育行政の「正常化」即ち中央直結の教育行政への再編がすすめられる。また、一九五八年には学習指導要領が改訂され、それに法的拘束力が付与されることとなった。これは、従来、教育課程は教師自らが責任をもって決定すべきであり、指導要領はその「手びき」であり「試案」に過ぎないという性格から、今後は一種の法律として、それに従って教科書をつくり、それに従って授業が行なわれるべき強制力が付与されたことを意味していた。

その時、同時に教科書検定規準もさきの清瀬一郎文相の発言の方向で変更された。それまでの絶対規準には、「教育基本法及び学校教育法の目的と一致し、これに反するものはないか」「たとえば、平和の精神、真理と正義の尊重、個人の価値の尊重、勤労と責任の重視、自主的精神の養成などの教育目的に一致し、これに反するものはないか」とあったが、このときの改訂によって、「たとえば」以下が削除され、「教育基本法に反しない」というお題目だけが残された。教育基本法は、文字どおり「棚上げ」されたといってよい。こうして、廃案となった教科書法案のねらいは、その後の行政措置を通して実現されていった。

(3) 期待される人間像と教育基本法体制

一九六〇年代に入ってからは、教育政策は高度成長政策と一体のものとしてすすめられ、教育に能力主義と多様化＝格差政策が導入されて、教育は競争・選別体制へと変質し、政府と企業に好ましい「期待される人間像」がつくられることによって、教育の目的も教育基本法のそれを実質的に修正することが企てられた。

憲法・教育基本法体制は、安保体制下の高度成長政策にとって障害であった。池田内閣の荒木万寿夫文相は、全国都道府県教育委員長・教育長合同臨時総会(一九六〇年八月一九日)での挨拶で、「教育の基本的な目標が、日本人としてりっぱな人を育てる」ことにあるとすれば、「教育基本法はいささか足りないところがありはしないか」と発言したが、参議院文教委員会(一九六〇年一〇月一五日)ではさらに端的に憲法・教育基本法の改正の必要を、つぎのようにのべた。

「終戦直後の米軍の占領政策は、日本をどのようにして立ち上れないようにするかに根本目標があった。現行憲法は、このような考えのもとに草案を押しつけられたもので、この憲法に従って、さらに教育基本法がつくられた。したがって憲法も教育基本法も、日本人の総意が盛られ、自由な意思が表明されているとはいえない。憲法については憲法調査会が足かけ四年にわたって再検討しており、教育基本法についても、総選挙後、広く学識経験者を集めて再検討にとりかかりたい」(『朝日新聞』一九六〇年一〇月一六日)。

荒木文相は、その「公約」に従って、教育目的の改変を中央教育審議会に諮問し、それを受けて、「期待される人間像」の検討がはじめられた。この間、全国一斉学力テスト(一九六一年)が強行され、「教育の正常化」の名のもとに教員組合の破壊工作が各地で行なわれ、教師の自主的研修への統制も強化されていった。また教科書検定も強化され、その採択にも隠微な行政指導が強まった。

さて「期待される人間像」は一九六五年に中間草案が出され六六年に成案が発表されたが、それは、教育基本法体制にとって、いかなる意味をもつのであろうか。その発表理由について高坂正顕主査は、それが、「日本国憲法と教育基本法の根本理念」を「前提」し、その精神を「日本的風土」に「定着」させ、基本法に不足しているものを「補完」しつつ、これを生かす「方策」としてこれを出したと説明した。「前提」するということは「棚上げ」を意味し、「補完」とは「なしくずしの改悪」を意味していた。さきに引用した荒木文相の発言は、「人間像」の諮問が改憲の動向と密接不可分であることを示している。

「人間像」より一足先に発表された「憲法調査会報告書」(一九六四年)によれば、そこでの多数意見は、あるべき日本の憲法が、「人類普遍の原理とともに日本の歴史・伝統・個性・国民性に適合する憲法でなければならない」ことを強調していた。さらに、調査会での改憲の急先鋒である一七名の共同意見書(「憲法改正の方向」一九六三年)は、「日本の長い伝統を継承し、日本の特殊性に合ったものにする工夫」がなされねばならぬとし、「日本民族の祖国愛・自主性・伝統に根ざすことによって、はじめて「日本人の、日本人による、日本人のための憲法」とすることができる」とのべていた。また、大石義雄委員(京大教授)のように、天皇制の特色をきわだって強調する意見もあった。「憲法の最も基本的な問題は、その国家の精神的基礎をどこに求めるかということである。……そして、日本では、日本民族の歴史のなかに確立してきた歴史的な天皇制が、国民的統合の中心たる権威をなしてきた。……占領政策は、日本のこの精神的基礎を破壊した。現行憲法の再検討の必要の第一の理由は、この精神的基礎をふたたび確立することにある」と。

その強調点に多少の違いはあれ、改憲論に共通する中心問題の一つが、天皇を国民的統合の中心に据えることにあることは、報告書自体が告げるところである。[10] そして、教育基本法の理念や教育目的が批判され、その改正の必要とともに、「日本人としての自覚を強調する期待される人間像」が出されるのも、まさに、同一の思想的根拠からであった。

共同意見書を出した一七名の中に、そのとりまとめ役の一人として愛知揆一《きいち》の名が見えることは注目に値する。その彼は、「期待される人間像」の中間草案発表当時、文相として、戦前の「教育勅語」に代わるものとして「期待される人間像」が出されたとのべ（『文部広報』三九三号）、基本法改正をほのめかすと同時に、「最終答申に基づいて《教育憲章》を制定したい」と公言していた（『東京新聞』一九六五年一月一一日）。

「期待される人間像」を検討した中央教育審議会第一九特別委員会の主査高坂正顕は、「人間像」をどのようなものにするかについて、「五ケ条の御誓文」や「軍人勅諭」をその参考にしたといわれる。[11] 人間像討議に際して、まず検討したのが教育勅語についてであったことは特別委員会の議事次第が示している。主査は、草案を書くに当って、己を教育勅語の起草者井上毅《こわし》に擬しているふしもみられる（『私見期待される人間像』参照）。

「期待される人間像」には、関係者の、このような戦前・戦後の日本認識が反映している。「人間像」はいう。「第二次世界大戦の結果、日本の国家と社会のあり方および日本人の思考法に重大な変革がもたらされた。……特に敗戦の悲惨な事実は、過去の日本および日本人のあり方がことごとく誤ったものであったかのような錯覚を起こさせ、日本の歴史および日本人の国民性は無視されがちであった。」ここで語られる過去とは、すべて戦前の日本であることに注目しよう。彼らには、戦後、まがりなりにも積み重ねられてきた民主主義の歴史はいまわしい汚点でしかなかった。

「期待される人間像」関係者の歴史意識は、人間像の性格を知る上で重要である。戦後改革期に教育民主化に積極的役割を果たした森戸辰男は、この時中央教育審議会会長として、その答申が、「戦後教育改革の再改革」の必要に発するとのべ、「ところで、再改革はどのような基本線に向って行なわるべきであるか。この点で、私は、よく似た事情の下で、明治の「新学制」を基本的に改めた明治中期の教育再改革(つまり教育勅語体制の成立——堀尾)を思い起すことが望ましい、と思っている」とのべ、その改革における、「近代化」「和魂洋才」「富国強兵」の国策が、「根本的にはきわめて適切な国策であった」とし、「戦後の教育再改革が日本国民の主体性の回復を強く求めるのは、明治中期の再改革が文明開化の誘いから日本人の魂を守ろうとしたのと同じく当然のことである」とのべている(『文部時報』一〇七二号)。

森戸会長の答申発表に際しての発言はその意図をいっそう端的に伝えている。彼は、「期待される人間像」の構成について説明し、「そのうちで、「正しい愛国心をもつこと」、「象徴に敬愛の念をもつこと」、「すぐれた国民性を伸ばすこと」を求めている第二部第四章の「国民として」は、とくによく読んでもらいたい」(『文部広報』四三二号)と念を押していた。また、そのねらいをより端的に、「われらは有事の際に備えて自衛力を充実させておく必要があるのではないか。かようなとき、国民は全力をつくして祖国を守るという決意をもつべきではないか」「かように考えると、戦後における平和国家と平和教育の考え方は根本的に反省され、改変される必要があると私は信じている」(『文部時報』前掲)とのべている。

ところで、「とくによく読んでほしい」とされる第二部の第四章は、「国民として」の資質の中心に「象徴に敬愛の念をもつこと」が据えられている。そして、憲法の天皇の規定を引用(憲法を引用した唯一の個所)し、象徴について、人をまどわす説明を加えたあとで、「天皇への敬愛の念をつきつめていけば、それは日本国への敬愛の念に通ずる。けだし日本国の象徴たる天皇を敬愛することは、その実体たる日本国を敬愛することに通ずるからである」とのべ、草案よりさらに天皇への敬愛が強調されている。

こうして「期待される人間像」を支えているものは、改憲論と同一の基盤につながり、さらに、天皇制や教育勅語体制への郷愁につながっていた。教科書検定を通しての、日本古代史に関する科学的叙述の不当な圧迫と、紀元節復活への道もまた、「期待される人間像」の思想と符合していた。

しかし、われわれはこれらの動向を、復古主義者や天皇主義者たちの反動的・時代錯誤的要求のあらわれとしてのみとらえてはなるまい。それは、全体的にみれば、単純な復古主義ではない。それは再軍備を求めるアメリカの要求を背景にし、経済界の労働力政策と固く結びついていた。

森戸辰男会長も、最終答申に際して、「二重三重の経済構造をもち、それに対応した多様な社会需要」に応ずるものとして、後期中等教育の多様化の必要を説き、その教育の内容上の改革の指導理念として「期待される人間像」が提示されたとのべている(『文部広報』四三二号)。経済の要請に応える労働力政策の観点からも、国民の価値観を統制し、「仕事に打ち込み」その分に甘んずる社会人としての自覚(「期待される人間像」第二部第三章)とともに、天皇への敬愛を含む国民としての自覚(愛国心)を涵養することが、強く望まれているのだといえよう。

このようにみてくると、「期待される人間像」における天皇への敬愛の強調や紀元節の復活を、反動派のアナクロニズムによるものとし、それのもつ文化的・政治的意味を軽視することはできない。天皇は、象徴として、その政治的権能から解放されたが、その「政治的無権能性」の故に、進歩派の批判をたくみにかわしつつ、大衆心理の中にその安定性を強化させつつある。そして、象徴天皇が、国民的統一の中心点というよりはむしろ多様な国民意識をつなぎ合わせる触媒的役割を果たすことができるとすれば、それは、独占段階のイデオロギーとしての福祉国家論を、日本的な仕方で理論化するために有効な手だてとなる。それは国民主権と国民の教育権に対立し、憲法・教育基本法体制に矛盾することは明らかであるが、同時にそこでの天皇制は、戦前のそれと類似性をもってはいるが、しかし異質な構造と機能をもつものだといわねばならない。だからそれは、単なる反動派の期待ではなく、経済合理主義者にとっても、それが成功するかどうかは、切実な課題であった。「期待される人間像」を、経済界の直接的要求に応える「後期中等教育改善のための答申」の一環として読みなおせば、いっそうこのことは明白になる。「期待される人間像」が日経連をはじめとする経済界に好意をもって迎えられ、前田一専務理事に「よくぞここまでおつくりになった」と感謝されたこともうなずけよう。

さて、六〇年代の教育政策は、以上のように「期待される人間像」に象徴される「人づくり」を中心に、学校制度の多様化(能力主義教育)と国の統制の強化を二本柱としてすすめられてきた。そしてそれは、七〇年代に入ってからは、六〇年代を通して審議してきた改革構想を一本にまとめて「第三の教育改革」構想として打ち出された(一九七一年)。それは、戦後改革の「再改革」であり、明治の学制、戦後改革につぐ第三の大規模な改革として提起され、同時にその方向は、森戸辰男が明言したように、学制を改めた「明治中期の改革」すなわち、教育勅語体制の確立を歴史的引証とするものであった。このことは「第三の教育改革」の歴史的方向性を示している。(12)

こうして、憲法と教育基本法の理念は、まさしくそれを尊重することを義務づけられている政府によって、ある時は露骨に攻撃され、その改訂が企てられるとともに、その実質的、なしくずし的改悪が進行している。同時にしかし、その企ては、そのたびに国民と教師の反撃に合い、逆に憲法と教育基本法の精神は、国民と教師のなかに深く根づきはじめ、裁判のなかにも徐々に反映してきている。このことをつぎにのべよう。

三　教育裁判と教育権理論の深化

(1)国民教育運動の展開　戦後教育の歴史は、一方的な反動化ないし逆コースの歴史ではない。むしろ憲法・教育基本法の精神の定着化とその発展をめざす教育運動は進展し、そのなかで、憲法・教育基本法体制の歴史的意義についての認識も深められ、その法律的解釈も深化してきたのであり、それ故、反動(リアクション)もまた、激しさをまし、教育基本法体制の再編成を求める圧力も強まっているというべきであろう。

ところで、一口に国民教育運動といっても、今日では、それは、教職員運動、父母の教育への参加、市民・住民の学習運動、労働者の自己教育運動等、多面的な活動領域を含んで発展している。そしてそれらの中心をなすものが、教師たちの自主的研究に裏づけられた日常の教育実践そのものだといえる。そして、それを可能にし、それを支えるものは、職場の内外の無数のサークルや、研究会での実践交流、相互批判と援助である。

さらにこれらの教師運動は、職員との連携はもとより、父母との交流・連帯のなかで大きく前進し、父母（国民）の教育関心も、ＰＴＡの民主的改革、地域での教育懇談会等々の拡がりのなかから、教科書批判、教科書採択への発言権の獲得、あるいは高校増設や学校の施設へのさまざまな要求を組織する運動として発展し、国民教育運動を推進する大きな力となっている。

また、公害や地域開発反対にとり組む地域住民の運動は、それ自体が市民の自己学習の機会であり、職場での労働者の自己教育と合わせて、その生涯にわたっての自己教育の権利が自覚されてきている。

こうして、国民教育運動は、教師の研究運動とこれに支えられた教育実践を中核とし、教職員、父母、労働者、地域住民との連帯を拡げるなかで、これらすべてを含んで発展している。それは国民の不断の自己形成への努力であるとともに、若い世代の教育に対して国民自らが責任をもとうとする自覚のあらわれであり、それはとりもなおさず、国民教育の主体形成の過程でもあった。そして、このような意味での国民教育運動は、国民主権の内実を支え、民主主義を真にその名に値するものとして根づかせる運動でもあった。

(2) 教育裁判と判例の蓄積

とりわけ一九五五年前後を一つの境とする教育体制の再編過程は、教育現場にさまざまな困難をもたらし、上からの統制に対する抵抗は必然的であり、その緊張は物理的な衝突を生み、これらの事件は、法廷においても争われ、裁判闘争を通して、弁護団、法学者、歴史学者、教育学者、教師、父母の協力のなかで、教育権理論も深化・発展していった。父母、教師を含む教育法学会の結成(一九七〇年)は、さらにその飛躍をうながすものであった。

さて勤務評定、学力テスト、教科書検定をめぐる争いは、いわゆる教育裁判の中心をなすものであるが、これらをめぐる法廷での争いは、教師の労働基本権の確立への闘いとともに、教育権の所在とその構造を明らかにする上で大きな意味をもっている。

なかでも、教科書裁判および学力テスト裁判は本格的な教育権論争に発展し、その憲法解釈が問われることとなった。そして、家永三郎教授の教科書裁判に対する東京地裁杉本判決(一九七〇年七月一七日)は「子どもの学習権」論を中軸として、国家教育権説を明確にしりぞけるとともに、子どもの学習権に対応して「子どもを教育する責務を担うものは、親を中心とする国民全体である」とのべ、さらに、この国民の責務は、具体的には教師への「信託」を通して果たされるのであり、教育の内的事項については、「政党政治を背景とした多数決によって決定されることに本来的にしたしま」ないものだとし、教師が「国民全体に直接に責任を負」ってその任務を果たすために、教師に対して研修に裏づけられた教授の自由(教育の自由)が要請されるとし、教育行政は指導・助言を旨とし、その責任は教育の条件整備を中心とする外的事項にとどめるべきことを示した。この判決は、憲法・教育基本法の立法者意思に即し、かつまた戦後民主教育の運動と理論を反映させ、教育法学の通説にかない、世界の教育動向にも合致するものであった。

しかし、文部省(国)は、この判決を不服として直ちに上告し、東京高裁で争われることとなった。この間、同じ事件にかかわる損害賠償請求訴訟(第一次訴訟)に対する判決も下された。この判決(高津判決一九七四年七月一六日)は、原告の主張を一部認め、国に損害賠償一〇万円を支払うことを求めたものだが、その判決理由は、国の教育内容への介入を認める不当なものであった。

そこでは、「現代国家は福祉国家」であり、「教育の実施普及は公共の福祉中最重要なものの一つ」だとし、「現代公教育においては教育の私事性はつとに捨象され、これを乗りこえ、国が国民の付託に基づき自らの立場と責任において公教育を実施する権限を有する」とのべ、また教育基本法第一〇条解釈として、「議会制民主主義のもとでは国民の総意は国会を通じて法律に反映されるから、国は法律に準拠して公教育を運営する責務と権能を有するというべきであり、その反面、国のみが国民全体に対し直接責任を負いうる立場にあるのである」とのべ、第一〇条の「国民全体に対して直接責任を負う」という立法の趣旨が、教師の教育権の自律性と、教育の地方自治原則にあった点を無視する解釈を行なった。

しかし、この高津判決においても、「子どもの学習権」を「自然的権利」として認め、また、「不当な支配」には「不当な行政権力的行為も含まれる」とのべ、検定についても、「検定当局は、事に当るに厳正中立を旨とし、恣意にながれ、あるいは教育的配慮を強調する余り、必要以上に著作者の表現の自由を制限する結果とならないよう厳に戒心すべきはもとより、本来教科書検定は教科書として不適合な図書を排除するという、いわば消極的使命を本質とするから、表現の自由に対する関係では謙抑的態度を持すべきである」とのべている点は注目しておいてよい。

つづいて、杉本判決の上訴審として争われた第二次訴訟は、一九七五年一二月二〇日、東京高裁、畔上裁判長のもとでその判断が示された。それは、検定処分が「検定基準の定めによらず、裁量の範囲を逸脱し、かつ、前後の一貫性を欠く気ままに出た行政行為であるといわねばならない」とのべ、検定不合格処分は「取消を免れない」として、「控訴を棄却」、家永側の勝訴を認めるものであった。この控訴審によって杉本判決は訴訟費用負担の部分を除いて基本的に維持されているといってよい。但し、この畔上判決は、検定行為を特許行為の一つとみなした点は問題であり、また、憲法・教育基本法についての判断を回避した点は国側および家永側双方に不満を残したが、しかし、判決は、憲法・教育基本法をもち出すまでもなく、検定が自らの定めた規準に照らしても、その運用が不当に行なわれたことを認めたのだから、文部省の教科書検定のあり方に対しては厳しい判断を示したことになる。この点に注目したい。

こうして、教科書検定についての二つの訴訟は、一審の杉本判決・高津判決、二審の畔上判決と、その理由に差異はあれ、いずれも、現行の検定行政に不当、行き過ぎた点のあることを認めたのであり、このことは、検定行政のあり方に反省を求め、その行き過ぎに一定の歯止めをかけるものであった点は重要である。

(3)学力テスト判例の蓄積と最高裁判決

学力テストをめぐる裁判も、憲法解釈を含み、教育権の所在をめぐる本格的教育裁判であった。

一九六一年、文部省は全国の中学二、三年を対象に悉皆調査による学力テストを行なった。これは、すでにのべたように、一九五八年に改訂された学習指導要領の滲透をはかるとともに、全国の学力＝労働力分布を調べて、高度成長政策のための人材開発とその配分の合理化をはかろうとするものであった。

これに対する反対は、日教組を中心として全国的に行なわれ、文部省―教育委員会は強圧的に対処し、多くの処分者を出した。この事件をめぐって各地で裁判が行なわれることとなった。

その結果、下級審では、主として、教師の教育権の自律性と、国家介入の限界の問題が、教育基本法第一〇条を中心として論じられ、判例の蓄積は、学テを適法とするものと違法とするもの入り乱れ、時を経るにつれて違法とするものが増える傾向を示した。(13)このような判例動向のなかで注目された最高裁判所大法廷での学テ判決(一九七六年五月二一日)は、直接には北海道旭川事件および岩手県教組事件の二つに対するものであった。前者については旭川地裁(一九六六年五月二五日)、札幌高裁(一九六八年六月二六日)でいずれも学テを違法とする判決が下されており、後者については、第一審(盛岡地裁判決一九六六年七月三一日)は学テ適法、第二審(仙台高裁判決一九六九年二月一九日)は違法と判示したものであった。

盛岡地裁判決は、「法制的根拠をもつ行政的支配は正当なもの」だとし、その理由として、「けだし、国民の一般的教育意思は、国会に代表され、政府の定める国家規準により、実現されるのであって、国家規準に従い、教育行政上の管理に服することが国民に責任を負うゆえんだからである」とのべ、行政的支配は「不当な支配」にあたらないとする見解を示し、さらに、教育課程編成権は、「第一次的には文部大臣に包括授権されている」とし、学習指導要領は「法規命令としての効力」をもち、教師は「上司の職務上の命令に忠実に従わなければならない」とのべ、その論拠として、「営造物管理」の理論を援用していた。

ここには、教育と教育行政の区別、および教育行政と一般行政についての差異についての認識を欠いた、統制主義的教育法規解釈の典型が示されていた。

　仙台高裁は、この一審判決を廃棄し、無罪を言い渡したが、しかしその論理には、教育権論からみて、いくつかの問題を含んでいた。判決は、「不当な支配」についての解釈で、一審と同じく代議制国家論を論拠に「行政的支配」を「不当な支配」からはずしたが、同時に行政的支配にも「条理的限界」のあることを指摘していた。その論理の運びには苦渋がみられた。

　判決は、国民が「固有の教育権」をもつとしながら、「国民の一般的教育意思」は議会制民主主義のもとにおいては「国会にのみ」代表され、「そこで制定された法律にこそ国民の一般的教育意思が表現」されており、「他にこれに代るべきものはない」とのべていた。同時に判決はこれに続けて、「とはいえ、法的根拠を持つ行政的支配ならば、常に適法であるというものではないのであって、教育の人格的内面性、教職の専門性等、教育の本質からして、教育行政の教育に対する介入にも一定の条理的限界があり、いやしくも教育の本質を侵害する如き法的統制の許されないことはもちろんであり、立法上および行政運営上深甚の配慮を要するところである」。そして、教育基本法第一〇条は立法者意思に即していえば、「戦前におけるわが国の教育に対する権力的支配への批判として、特に公権力による教育の「不当な支配」を否定し、教育行政の任務とその限界を明らかにして、教育の自律性、自主性が高度に保障されるべきことを明定したものであることは疑いを容れないところである」ととらえていた。そこから判決は一審の、教育課程編成権が文部大臣にあるとする説を退けて、それは「基本的には地方公共団体にあり……教育課程を具体的に編成するに当っては、教育活動を中心的機能とする学校にこれを行わせるのが適当」だとのべ、学習指導要領は「教育課程の基準の制定であって、文部大臣には教育課程編成権は存しない」という解釈を示していた。

他方、旭川学テ裁判は、一審二審ともに学力テストを教育行政の限界を逸脱した違法な行為として退け、教師の教育権の独立を擁護するものであった。

第一審判決は、教育基本法が戦前、戦中の「強力なる中央集権的、画一的、形式的教育統制に対する反省」を基礎として成立したものだとし、第一〇条は、「教育内容について国家の行政作用(とくに強権的な作用)の介入を抑え、教育活動の独立を確保し、教員の自由な、創意に富む、自主的な活動を尊重するという理念を基礎としつつ、教育行政の任務を教育条件の整備確立においていることが明白」だととらえていた。そして、このような基本的認識から、教育課程編成権についても、学校教育法第三八条を解して、同条が「文部大臣に対し教育課程の第一次的、包括的な編成権を与えたものとはとうてい解され」ないとし、「同条により文部省が学校教育の内容と方法について詳細な規定を設け、教員の教育活動を拘束するというようなことは、法の予想しないところだといわねばならない」とのべ、教育課程の編成に関する文部大臣の権限は、大綱的な基準の設定にとどまるべきであり、学習指導要領は、「大綱的な基準の限度を越える事項については、法的拘束力がなく、単に指導助言的な効力をもつにとどまる」ものだとした。

札幌高裁での二審判決は、一審判決を維持し、被告に無罪を宣したが、そこでも、まず教育基本法第一〇条の立法意思について、一審同様、それが「教育の国家統制に対する反省」に立ち、教育が「政治等による不当な支配」を受けず、「自主的」に行なわれるべきであり、さらに、「教育と教育行政」を区別し、教育は「教員の自由な創意と工夫とに委ねて教育行政機関の支配介入を排」し、教育行政機関は、「教育条件の整備確立を目標とするところにその任務とその限界があることを宣明したもの」だとのべ、教育課程の編成についての文部大臣の権限は、「義務教育であることから最小限度要請される全国的画一性を維持するに足る大綱的な基準」の設定に限られるべきであり、そのほかは、「法的拘束力を伴わない指導、助言、援助」にとどまるべきだとした。

そして、この観点からみれば、現行指導要領は、「教育内容についての国家的大綱的基準の設定」の枠を越えるものであり、それに基づく学力調査は、「明らかに文部省の権限を踰越するもの」であり、「教育基本法をはじめとする現行教育法秩序に反する」と断じていた。

旭川、岩手の二つの学力テスト事件の上告審は、最高裁判所大法廷で審議されることになった。この裁判は、本格的な憲法論議が行なわれるものとして、したがってまた教科書裁判にとっても影響を与えるものとして、注目された。最高裁判決の内容は、学力テストを適法として原判決を棄却するものであった。それは大方の予測通りであり、そのこと自体、今日の日本の裁判構造と裁判官の法意識を象徴的に示すものであった。

同時にしかし、判決理由を仔細に検討すれば明らかなように、最高裁といえども、一審二審と積み上げられてきた国民の教育権論と教育の自律性の原則を完全に退けることはできず、名目的には、国民と子どもの学習権を中心とする国民の教育権論を承認するものとなったことは、そして、教育行政もまた不当な支配に当りうるとして、その介入を「必要かつ合理的範囲」にとどめるべく抑制すべきことを求め、かつまた、学テや学習指導要領について、少なくとも教育政策的には問題があり、検討の余地のあることを示したことは重要であり、結論として行政を適法として追認したものの、将来に亘っては、行政のあり方に枠をはめ、その抑制を求めたことは注目に価する。とくに、憲法第二六条解釈のなかでつぎのようにのべていることは重要である。

「この規定の背後には、国民各自が、一個の人間として、また一市民として、成長、発達し、自己の人格を完成、実現するために必要な学習をする固有の権利を有すること、特に、みずから学習することのできない子どもは、その学習要求を充足するための教育を自己に施すことを大人一般に対して要求する権利を有するとの観念が存在していると考えられる。換言すれば、子どもの教育は、教育を施す者の支配的権能ではなく、何よりもまず、子どもの学習をする権利に対応し、その充足をはかりうる立場にある者の責務に属するものとしてとらえられているのである。」

さらにまた、議会での決定が、国民の教育意思を代表しえないとして、つぎのようにのべていることに注目したい。

「もとより政党政治の下で多数決原理によってされる国政上の意思決定は、さまざまな政治的要因によって左右されるものであるから、本来人間の内面的価値に関する文化的な営みとして、党派的な政治的観念や利害によって支配されるべきでない教育にそのような政治的影響が深く入り込む危険があることを考えるときは、教育内容に対する右のごとき国家的介入についてはできるだけ抑制的であることが要請されるし、殊に個人の基本的自由を認め、その人格の独立を国政上尊重すべきものとしている憲法の下においては、子どもが自由かつ独立の人格として成長することを妨げるような国家的介入、例えば、誤った知識や一方的な観念を子どもに植えつけるような内容の教育を施すことを強制するようなことは、憲法二六条、一三条の規定上からも許されないと解することができる。」

もっとも、判決は、これにすぐ続けて、「けれども」そのことは「教育内容に対する国の正当な理由にもとづく合理的な決定権能を否定する理由となるものではない」とのべており、その本心が後段にあることも明らかなのであるが、しかし、教育の本質が、議会での多数意思を教育行政を通して押しつけることになじまないものであることを認めたことは、明らかに、杉本判決を意識し、被告弁護団側の主張に一定の理解を示したものであり、今後の教育(裁判)運動においても、その手がかりとなるものだといえよう。さらに、判決が「教育における地方自治」の原則を「教育行政の基本原則の一つ」として認め、文部省には学力テストを行なう権限はないとした点も、国民教育運動の将来に大きな意味をもっている。

さて、教科書裁判や学力テスト裁判とその判例の動向を一瞥しただけでも、教育についての法的基盤が安定せず、その法解釈が全体として対立、矛盾を含み、したがってまた教育行政も不安定な基盤の上に立っていることがわかる。最高裁判決にこの不安定な状態の結着をつけることを期待する向きもあった。

判決は結論として学テを適法として行政を追認するものであったが、その判決の論理と事実判断に矛盾があり、論理そのものにも飛躍や矛盾をもち、これによって法的安定が得られたとはいえない。真に教育の紛争状態を解決するためには、教育行政が、憲法と教育基本法の精神を忠実に履行するというその基本に立ち返る以外にないことを、このことは示している。そして、そこに立ち返らせる力は、教育の本質とその条理に即しての国民の教育権論の構築と、国民教育運動の展開をおいてないのである。(14)

四　戦後日本における法と教育の特殊性

ここで戦後日本における法と教育の特殊な関係をまとめておこう。戦後三〇年の教育現実の展開過程は、憲法理念の一定の定着と空洞化という、相反する現実の進行と並行した関係にあり、教育基本法の理念も、逆コースの過程で空洞化ないし実質的改正を余儀なくされている反面、その理念は、国民のなかに定着し、国民教育運動と国民教育権もまた、広い基盤をもって着実に国民のものとなってきている。

このような憲法と国民と政府の関係は、戦後改革と憲法の成立過程にすでに暗示されるものであった。憲法が「体制の側の反撥と国民の側の共感」の中で成立したということは、本来、支配体制とその秩序を保障するはずの憲法の性格からすれば「きわめて特異」なことであった。(15) そして、憲法が、現レジームの基本法であるにもかかわらず、その改正を意図する勢力が、現レジームを指導する勢力であり、逆に政府に批判的な国民は憲法を守り育てようとしているというところに現代日本の法的現実の最も大きな特徴の一つがあるといえよう。

教育の領域においても、教育基本法体制の推移と教育と国家の関係の変化が示しているように、国民の教育権と教育の自律性の原則を保障する教育基本法のもとで、その法解釈と運用に、戦前的思惟が残っており、それが現代福祉国家論のもとで再動員され、かつての「滅私奉公」が現代公共福祉論と癒着して、国民の権利としての教育を国家主義的公教育にとりこもうとしているところに、今日のわが国における国家と教育にかかわるイデオロギー上の特徴があるといってよい。

そして、政府・文部省、教育委員会を中心にすすめられてきた、なしくずし改憲と教育基本法違反の現実のなかで、教育と法をめぐる関係に特筆すべき特徴が示されることになる。すでにみたように、憲法・教育基本法の精神に反する下位法の立法により、教育法体系に矛盾・対立がもちこまれることになった。教育の中立性二法や地教行法、さらに指導要領の法的拘束力の付与、教頭法制化等は、いずれも、上位法としての教育基本法に実質的に反するものだからである。しかもその際、教育基本法は法の性格としては普通法と同じだという解釈に立ち、後法(実は下位法)の定着化を法治主義の名のもとに進めているのである。

第二に、ある法案が、国民世論と議会での反対で否定された場合にも、その意図は、文部省令の改正を通して、あるいは行政指導によって、実質的には法制定と同一の効果をあげているという、もう一つの特徴がある。ここでは法治主義原則そのものも御都合次第だということがよく示されている。

たとえば、一九五六年、政府・文部省は教育内容統制をはかるべく教科書法案を国会に上程したが、国会内外の激しい批判を浴びて流産した。しかし、その後、行政措置によって、その法案で意図した教科書検定機構の改変、検定規準の改訂、指導要領の法的拘束力の付与等の処置を通して、その当初の意図を実現させていった。また一九七四年に成立した教頭法などは、すでに一九五七年に省令化によって、まず既成事実をつくり、やがて法律化するという手続をとっている。今回の主任制の省令化(一九七五年)にも、それと同じパターンがみられる。

第三の特徴は、行政権の乱用による統制の強化である。たとえば、一九六一年から強行された全国中学校の学力テスト一斉・悉皆調査の実施は、文部省の正当な調査権を越える越権行為であり、教育の内容への不当な介入(教育基本法第一〇条違反)だという見方は、最高裁判決のあとでも、十分に根拠をもっている。

最高裁自身、教育における地方自治の原則を教育行政の根本原則の一つだとのべ、文部省は学力調査を自ら行なう権限はなく、それを地方教育委員会に強制する権能ももたないとした上で、かの学テは文部省の解釈にかかわらず、それは地方教育委員会の自主的判断に基づいて行なわれたものとみなすことによって学テを手続的に合法だとしたまことに苦しい解釈にも、文部省の中央統制的行政のあり方に問題があったことが示唆されている。

また、文部省・教育委員会で推められている教員研修(いわゆる行政研修ないし文部教研)は、教師としての真の力量を高めることに役立たず、教師の教育観と教育実践に枠をはめるものでしかない。他方で、教師の自主的研修のうち、たとえば、民間教育研究団体やサークル、あるいは日教組教研等に対しては、それを教師に必要な研修の一部と認めないのみか、自主教研に校長の反対を押し切って参加したという理由で懲戒免職にしたり、賃金カットをしたりというあらわな強圧さえまれではなく、勤務評定でマイナスに評価され、配置転換や昇給にも響くのは当然のこととなっている。

さらに、いわゆる「教育の正常化」の名のもとに、教育行政当局の陰湿な指導による組合脱退・分裂工作がすすめられ、教師の自由な研究と創造的な実践の運動に厳しい圧力が加えられている。

第四に、このような法的・行政的現実のなかで、教育をめぐる紛争は、裁判で争われる事件が多く、すでに多くの判例が蓄積されてきた。しかし、すでにみたように同質の事件に対する裁判所の判断が異なり、同一の事件に対しても、下級審と上級審で判断が分れ、著しい法的不安定さを示している。そのなかにあって、一般的傾向としては下級審ほど憲法と教育基本法により忠実な判断を示し、上級審に行くにつれて反動性が増すという、司法一般の状況が、ここでも示されている。

しかし、もう一つの傾向としては、弁護団側の教育の本質とその条理をふまえての弁論の展開と、それを教育法解釈に反映させる努力に比例して、裁判所の教育と法についての認識も深まり、教育法を行政法の応用部門とする安易な考えから脱して、教育の本質と条理を少なくともことばとして問題にする傾向がみえてきたことは注目してよい。

教師の教育実践と国民の教育運動が、教育認識の一般的水準をかえ、教育研究者と法学者の協同によって、教育の本質に即した条理を法解釈に反映させる、総じて国民の教育権論を具体的に構築する努力が、旧来の法学界の通説の再検討をせまり、憲法の教育条項(第二六条・二三条等)の新たな解釈を新たな通説の地位におしあげているのであり、最高裁の学テ判決も、憲法判断としては、国民の教育権論を無視しえず、国民と子どもの学習権を軸に、教育にかかわる関係者の責任と権能を総合的に連関づけるという方法をとったことは、少なくとも国民の教育権論と同じ土俵に立ったことを意味し、ここにも、国民教育の運動と国民の教育権論の一定の反映を見出すことができるのである。旧来の国民の法意識からすれば理解困難なことだが、法の解釈は、象牙の塔の学界でつくられ、最高裁の判例のなかに確定するものだとする通念と違って、生きた法の新しい展開は、現実を切り開く新しい実践と運動のなかに胚胎した新たな理念を法解釈にとりこむなかで、そして、法廷でのたたかいを通して、徐々に展開していくのである。

公害反対運動や教育運動等を含む住民運動のなかで、伝統的自治の原理を軸とする官治的行政論を、人権と自治の原理に基づいて転換させる新たな視座構造が構築されてきたが、教育運動もまた、教育条理論の展開の上に、行政法から自律した教育法の体系化をめざしつつあり、これは人権思想を真に国民に根づかせる拠点をつくり出すことによって教育行政法の視座の転換を求めるにとどまらず、憲法意識と憲法理論にもその深いところからの転換を求めるものだといえよう。

(1) 山住正己・堀尾輝久『教育理念』戦後日本の教育改革2、東京大学出版会、一九七六年、第三章・第五章参照。
(2) 『文部時報』八二六号、一九四六年二月。
(3) 「米国教育使節団に協力すべき日本側教育委員会の報告書」一九四六年二月。
(4) 詳しくは、山住・堀尾、前掲書参照。
(5) 辻清明『日本の地方自治』岩波新書、一九七六年。
(6) 辻、同前。
(7) 田中二郎「行政法理論における〝通説〟の反省」日本公法学会編『公法研究』三〇号、有斐閣、一九六八年。
(8) 松下圭一『市民自治の憲法理論』岩波新書、一九七五年。
(9) 「参議院内閣文教委員会連合審査会議事録」第二号、一九五六年四月四日。
(10) 憲法調査会編『憲法調査会報告書』第四編、大蔵省印刷局、一九六四年。
(11) 『週刊朝日』一九六五年一月二六日号。
(12) なおこれらの点について、堀尾輝久「勅語・基本法・期待される人間像」『教育』一九六七年一月号、同「権力のイデオロギーと学習指導要領」『教育』一九六八年七月増刊号、同「日本の教育はどこへゆく」『教育』一九七一年八月増刊号、等参照。

(13)　一九六二年の熊本地裁、六三年の高知地裁の学テ適法判決に続いて翌年の福岡地裁小倉支部で学テ違法判決が出され、以後適法違法あいなかばし、最高裁判決が出る直前の一九七五年一二月には、大阪高裁で学テ違法判決が出され、適法七、違法一〇となっていた(東京都立大学教育判例研究会「『教師の教育権』判例の蓄積」『労働法律旬報』八九四号参照)。

(14)　学テ裁判最高裁判決についてつぎのものが特集し論評している。『ジュリスト』六一八号、『法律時報』一九七六年八月号、『季刊教育法』第二一号、日教組編『最高裁学テ判決と教育運動』(労働旬報社、一九七六年七月)、『教育』一九七六年七月号別冊、等。わたし自身のより詳細な論評としては、「学力テスト最高裁判決の問題点」『ジュリスト』前掲、および「教育権の構造と教育内容編成」『季刊教育法』前掲、を参照されたい。

(15)　渡辺洋三『現代法の構造』岩波書店、一九七五年。

［補論V］　教育評価と教育統制——内申書裁判を手がかりに

一　はじめに

日本の教育は、教科書統制や教師の研修に対する統制によってだけでなく、教師の生徒に対する教育評価を通して、統制され、枠づけされ、価値体系の画一化がすすむとともに、その価値尺度のもとでの序列づけと選別が進行している。このコンテキストにおいては、教師は、教育行政による管理・統制の対象であると同時に、生徒を管理し枠づけるエイジェントとしての役割りを果している。

教師による統制は、学校・学級の規則を守らせ、守らないものには体罰を加えても従わせるという仕方で行われる顕示的な型態とともに、教育評価(通知表・内申書)という、いわば隠《ヒドン》された枠《フレイミング》づけによって行われている。

前者に関しては、教師の教育的権威の低下と裏腹に増加する管理主義や体罰主義のもとで、統制が強化される傾向がめだち、子どもの人権侵害のケースも増えている。

体罰は、学校教育法でも禁止されており、事態は深刻だが、問題の性質は比較的捉え易い。

しかし、教育評価による統制の問題は、日常の教育実践と不可分であり、統制的機能は、当の教師にも意識されていない場合が多く、いわば隠された統制であるだけに、問題の理解にも困難を伴う。

そこで本論文は、教育評価の問題を中心に、「教育と統制」の問題を考えてみたい。

二　内申書裁判と教育評価

教育評価は、教師による統制の有力な手段である。

この機能は教育実践——教育評価のサイクルのなかで、日常的になされるものであるが、同時に、それが、上級学校への入学試験に際して、調査書(以下内申書と記す)に記録され、内申点として重要な意味をもつだけに、それが、教師の側にも生徒の側にも、日常の教育評価の集約として意識され、そのことによって、日常的な教育評価のもつ統制的機能が強化されるという仕組みになっている。「そんなことをすれば内申書にひびくぞ」というおどしに、生徒の日常の行動は、枠づけられ、しばられ、無意識のうちに行動を自己規制し、萎縮することにもなるのである。

いわゆる内申書裁判は、内申書の記述内容の当否をめぐっての裁判であるが、この審議の過程を通して、教育評価・評定の統制的な力をもって教育をゆがめている事実が明るみに出され、教育評価のあり方をめぐって社会的にも関心を高めることに役立った。

そこで事件の概要と、一審・二審判決の問題点を整理しておこう。

千代田区立麹町《こうじまち》中学三年の保坂展人《のぶと》君は、東京都立高校及び三つの私立高校を受験した際、学業では、そのいずれかに、(あるいはいずれにも)合格できる力を発揮しながら、その不当な内申書記述のためにいずれの高校でも不合格となったとして、また、卒業式当日、分離卒業式と称して式場に入れず、式に参加させなかったことは生徒の学習権を奪うものであるとして中学・高校の監督責任を負う千代田区と東京都を相手どって損害賠償請求を求めた。この事件を通して調査書＝内申書のあり方が改めて社会的関心を呼び、教師の裁量権の限界をめぐって論議が交わされ、今日の日本の教育の体質にかかわる問題点が明らかにされることとなった。

問題の内申書には、学業の記録、健康の記録、出欠の記録と並んで「行動及び性格の記録」の欄があり、その一三項目のうち、「基本的生活習慣」「自省心」「公共心」の三項目が、最低ランクCと評定され、他はすべてBで、Aは一つもなかった。これは、一般通念にてらしても、入試のための調査書としては、著しく低い評価として目をひくほどのものである。

加えて、その特記事項欄に記載された記事の概要は、「この生徒は、二年生のとき、校内において麴町中学全共闘を名乗り、機関誌砦を発行した。学校文化祭の際、文化祭粉砕を叫んで他校の生徒とともに校内に乱入し、屋上からビラをまいた。大学生ML派の集会に参加している。学校当局の指導説得をきかないでビラを配ったり、落書をした」というものであった。

また、その「出欠の記録」欄中の「欠席の主な理由」欄には、「風邪、発熱、集会又はデモに参加して疲労のため」という趣旨の記載がなされていたという。

なお、これらの記録そのものは、原告の要求にも拘らず法廷に提示されることがなかったため、表現の詳細は明らかではない。本人に知らされず、法廷でも提出を拒まれたことは「内申書」の「隠された統制機能」の大きさを逆に証明しているともいえよう。なお、この内申書を受けとった高校側が、この生徒の入学許可をためらった事情を理解できないわけではない。しかし、深い教育的配慮から、入学許可したものが一校もなかったことは淋しい限りであった。

さて、裁判所で審議された問題は、まず第一に、この記載事項が正確な事実にもとづいているかどうかであり、第二に、果して事実だとしても、高校入試の必要書類である内申書に、本人に不利なことが明白な内容を、どこまで書くことができるのか、その判断は教師の裁量の範囲に属することなのかどうかという問題であった。

この事件を受理した東京地方裁判所は、原告の主張を認め、被告に損害賠償を求める判決を下した(一九七九年三月二八日)。

そこで示された考え方は、明らかに教科書裁判第一審判決(杉本判決)の影響を受けて、子どもの学習権を「生れながらに有する固有の権利」と認め、「子どもの教育は、子どもの学習する権利に対応し、子どもの人格完成の実現を目指し、専ら子どもの利益のため教育を施す者の責務として行われるべきもの」だとし、この観点から、調査書の記入に際しても、「生徒の学習権を不当に侵害しないように、客観的に公正かつ平等にされるべきである」とのべ、この観点から、記載事項に対応する具体的事実を検討している。そして、この生徒の考え方や、表現行動とかかわって、それが第二反抗期の発達途上にある者の「不安定な自己主張」や「既成の秩序に対する反発的行動」など、「いささか穏当を欠くと認められる行動も、このような自我形成期にあることを考えると、慎重な配慮をもって対応しなければならない」と教育的視点の重要性をのべ、また、思想・表現の自由に関しても「公立中学校においても、生徒の思想、信条の自由は最大限に保障さるべきであって、生徒の思想信条のいかんによって生徒を分類評定することは違法なものというべきである」という判断を示し、結論的に、本件の評定は「不公正であるか、非合理的なもの」であり、「教育評価権の裁量の範囲を逸脱した違法なもの」だと判示した。

第一審に対して、被告側は直ちに控訴し一九八二年五月一九日に、第二審判決(東京高裁)が下された。

判決は、このケースでの内申書の評定は、教師の裁量権の範囲内のものとして一審判決を否定した。そこでは、つぎのように論じられている。

生徒の行動が「生徒会規則に反し、校内の秩序に害のあるような行動にまで及んで来た場合において、中学校長が高等学校に対し、学校の指導を要するものとして、その事実を知らしめ、もって入学選抜判定の資料とさせることは、思想信条の自由の侵害でもなければ、思想信条による教育上の差別でもない」。従って被控訴人の主張には理由がない。

判決はまた「被控訴人のいう学習権あるいは進学権が万人に保障されたものであるにしても、各人の能力に応じた分量的制約を伴うものであることは、右各規定に照らして明らかで、進学に際し、上級学校によってなされる能力による選抜が当然視されるのもその故である」。「調査書が本人にとって有利に働くこともあれば、不利に働くこともある(広い視野で見れば、本人にとって有利な場合はライバルに不利に、本人にとって不利な場合はライバルに有利に働く。)のは事柄の性質上当然のことであり、本人にとって有利にしか働かない調査書制度なるものを想定することは不可能である。それ故、学校長は進学のための調査書に本人に不利なことを記載してはならないとの被控訴人の見解は、合理的な基礎を欠く独自の見解といわざるをえず」、その主張は「到底採用しえない」とのべている。

以上の引用からわかるように第二審判決のこの問題に対する見解は、今日の教育状況に対して、何の疑念もない、現状肯定の立場からの判断であることがわかる。

さらに、「分離卒業式」が学習権を侵害するものだという原告の主張に対して、二審判決はつぎのような独自の学習権論を示してこの主張を退けている。

「およそ学校教育は教育を施す側とこれを受ける側の協調なくしては成立しえないものであるから、中学校生徒の学校に対する学習権とは本質的に受動的なもので、学校側あるいは教師側に協調しつつ教育を受け取る権利(憲法二六条も「教育を受ける権利」という表現を用いている。)であって、学校側、教師側と対立し、これと闘う権利ではないと考えるべきところ、前認定の事実関係からすると、被控訴人は本件卒業式の段階においてかかる意味での学習権を行使する意思は既になかったとするほかはないのであって、野沢校長の前記の措置が被控訴人の学習権を侵害するものとは到底いうことができない。」

ここでは「学習権」という用語を使いながら、すでに教育法学界の通説ともいうべき学習権論から少しも学ばず、それを「与えられた教育を受動的に受け取る権利」と、矮小化することによって、学習権論を実質的に否定していることに読者の注意を喚起しておきたい。

のみならず、二審判決の思想信条の自由に関する認識は危険なものも含んでいる。判決は中学校が高等学校に対し、調査書で学校の指導を要する事実を知らせ、入学選抜判定の資料とさせることは、思想信条の自由の侵害でもなければ思想信条による教育上の差別でもないとのべているのだが、それは一見合理的にみえる。調査書を発達カルテとして問題点を記入し、次の責任ある指導者に送付するということが、教育のために行われておれば、それは差別ではなくむしろ必要でもあるからである。

しかし、現状批判の思想に対して、陰に陽に、差別的扱いがなされることが十分に見通される状況のもとで、生徒の思想信条にかかわることを敢えて記載することは「思想・信条による教育上の差別」につながりかねないのであり、そのような場合にはこれを記載しないことによって自由が守られるという関係のあることを認識しておくべきであろう。

思想・信条の自由は、積極的には、自分の確信を表明しても何ら差別されない自由であるが、消極的には、現実に思想信条による社会的差別がある場合に、それを表明しない自由なのである。

したがって、本件における行動の記録についてのＣ評定と付記事項の内容は、一見教育的にみえて、実は、著しく配慮を欠いたものであり、教育上重視さるべき思想・信条の自由を犯すものといわねばならないのである。したがって、この点は教師の裁量の範囲を逸脱するものといわねばならない。

一審判決がこの点に関して発達途上にある未成年の、思想・信条の自由、表現の自由の擁護に積極的な判断を下したことは評価されてよい。

三　教育的係争処理の方法・手続き

それでは私たちは、第一審判決を全面的に支持することができるであろうか。

このケースは、教育的係争問題を解決する手続き、方法の問題を提起しており、教育と裁判の関係、教育裁判のあり方をどう考えるべきかという問題を含んでいる。

私は、原告勝訴の判断を下した第一審判決に心情的には共感する者であるが、しかし、論理的には納得し難い問題点を感じているのも、そのことと関連している。

そもそも、教育評価のあり方が、教師の教育的裁量の範囲を逸脱するかどうかの判断を裁判所、つまり司法権が裁くことが適切かどうかという問題があるからである。

この点に関する限り、それを教師の裁量の範囲内のものと判断した二審の判断は一見、適切に見えるが、しかし、その判断も、実は一審判決の問題点を裏返しただけといわねばならない。

私は、この問題に対する裁判所の判断としては、〈教師の教育的裁量の範囲内であるかどうかの判断は、まず、教育関係者が専門的視点から検討すべきであり、その上で、裁量の範囲を越えると判断された場合、その法的な救済手段に訴えるべきであり、この手続きを欠いて、裁判所が、教育的裁量に属するかどうかを判断することは適当ではない〉と考えている。

そして、このような手続き的視野を欠いているという点では、一審二審ともに裁判所の裁量範囲を越えた判断をしているものといわねばならない。しかし、そのような手続きが、今日、制度的に保障されていないという現状のもとでは、一方で、その手続きをつくる努力をすすめると同時に、他方で、二つの判決の教育認識の当否を検討する以外にない。

このような視点から、今回のケースを見れば、内申書記載内容が、直ちに、教師の裁量の範囲を逸脱する違法なものという結論を出すことには慎重でなければならないと思える。

しかし、そのことは、その裁量の内容を是認することとは全く別のことであり、当然中学校の示した教育的判断は、まことに貧しく、お粗末なものだと云わざるをえない。それは教育学的批判に耐ええないものであることも確かなことである。

一審もおそらく私と同様の判断をなしたが故に、それを裁量の範囲を越える違法なものとしたのであろう。これに対して第二審は、裁量の内容について妥当なものと考えたが故に裁量の範囲内のもので、適法なものとしたのであろう。

しかし、〈その裁量は、教師の裁量の範囲内のもので、違法ではないが、その裁量内容は教育条理に反するものだ〉という判断こそが問題の核心を射ているのではなかろうか。しかも、この判断は、裁判所が行うのではなく、適切な教育関係機関が、その専門性において判断すべきことなのである。そしてその次のステップとして、その判断の当否をめぐっての司法救済の道が開かれていなければならないと考える。

以上のことをより厳密にいえば、当該学校の内申書記載のうち、教師の裁量に属する部分と裁量を越えた違法なものの二つに分れるように思われる。

「行動と性格の記録」のＡＢＣの評定に関しては、教師の裁量のうちといえようが、しかし、付記欄への記載は、明らかに生徒の思想信条、表現の自由にかかわる問題として、法的救済の問題である。出欠の記録に「デモ参加による疲れのため欠席」と書くことも、教師の裁量を越えて違法性が問われてよい問題である。これらの問題は、とくに、発達途上にある未成年者の人権の問題として、その法的救済を含んで論議は深められなければならず、第一審判決は、この点、重要かつ正当な問題提起をなしていると考える。

しかし、「行動と性格の記録」に、Ｃの評定をすることが、教育評価のあり方として誤りだとはいえても、そしてこれは強調すべきことだが、しかしそれが即ち違法なものだとはいえない。まず、この点は一応、教師の裁量範囲内の問題だといえよう。

また、一審判決が、原告がＭＬ派の集会に参加したか否かの事実関係を調査し「集会に参加した事実は認められない」と結論づけており、二審は、その事実を認めているのだが、この問題は、事実のいかんにかかわらず、このような事柄を裁判所が審査すること自体が問題だといわねばならない。裁判所では、〈そのようなことを内申書に記載すること自体が、教師の裁量の範囲を逸脱して違法なものであり、そのような事項の記載は教育評価の原則に反するものだ〉という判断こそがなされるべきだったと考えるのである。

四　問題処理の手続き

それでは、教育的裁量に疑義がある場合、それを訴える手続きと方法はどのようなものでありうるのだろうか。

もちろん、教育行政全体の民主的改革を抜きにして、この問題だけを考えることはできない。教育委員会に所属するがしかし、高い教育的専門性とその権威をもつ教育専門委員会に、教育行政から独立した責任と権限が与えられているべきであり、その機能は、教師の教育実践に対するアドバイスを主たる任務とするものである。それは現在の指導主事職に近いが、真に教育的識見をもつ者によって構成された合議体であることが望ましい(1)。そして、この合議体は教育評価のあり方についても、求めに応じて、助言を与え適切な指示を行うことができ、教師の教育的裁量の範囲についても、適切な判断とアドバイスや勧告を行うことができる。

そして、そこでの判断として、教師の裁量を越えると判断される事項に関しては、行政指導さらには裁判所に判断を求めるということになろう。

現在は、いわば、この中間項が抜けているために、そこから教育と裁判にまつわる違和感が生じる場合が多いのである。たとえば、教科書記述の内容が学問的に正しいかどうかを裁判官が判断したり、教育評価のような教師が教師として行う裁量事項の是非をいきなり裁判官が裁くといったことは、本来、裁判所がなすべきことではないのである。また私が、子どもの学習権保障を裁判問題にすることに慎重なのも同様の理由からである。例えば、ある副教材を使わないのは、(あるいは使うのは)子どもの学習権の侵害だとして、親が裁判所に訴えるといったケースも生じているが、このようなことは、本来、裁判になじまないものなのである。

五　教育評価とそのあり方

もちろん、私のいう教育的権威による中間的機構を媒して、適切な手続きがとられたからといって、教育と教育的評価の考え方の基本が確かなものとなっていなければ、このような手続きの意味はなくなる。

そこで、最後に、教育評価のあり方について考えてみたい。

(1)　今回、兵庫県や神奈川県のように、内申点が高校入試に大きな比重をもっているところでは、それによって、生徒たちは、日常的に、一種の強迫された精神状態におかれ、隠微な仕方での規則違反がふえ、暴発的なツッパリ状況を加速することにもなっている。公立高校の入試が学力試験一本から、内申書を重視するように変ったのは、一九六六年に文部省が「調査表を重視すること」を都道府県委員会に「通知」してからであった。最近では、知育偏重教育批判の名のもとに、学業成績だけでなく、本人の人柄や、クラブや社会奉仕活動等も、「行動の記録」での評価点に加える傾向が、全国的にもますます増えていく傾向にある。悪名高い愛知県の管理教育は、内申書の「人物総評」に相対評価がもちこまれ、一〇％はCをつける方式によって補強されていることはよく知られている事実であろう。

学業成績評価に関しても、五段階相対評価は多くの問題をもっている。それは、その本質において反教育的なものだといってよい。一クラス四五人の成績を正規分布に当てはめ、5と1が七％、4と2が二四％、3が三八％と配分し、生徒に序列をつける仕事が課せられているのである。

これは評定《レイティング》ではあっても、教育評価ではありえない。

このような批判に対して、それをそのまま通知表に記入することには若干の手直しが行われ、教師の工夫が生かされるようになったが、しかし、学年末の学籍簿には、この五段階方式を厳密に守ることが求められ、とりわけ高校への進学資料に必要な調査書には、このことが強く求められているのである。

しかし、五段階相対評価が前提として依拠している正規分布の法則(ガウス曲線)は、大量の自然現象に蓋然的に妥当する法則であり、学習＝教育によって発達する人間の能力分布に、これを適用することは遺伝決定論に立たない限りできない性質のものなのである。しかも、すべての人間の可能性の開花をめざす教育は、そのことがらの本質において、まさにこの正規分布曲線への挑戦を意味するものである。日常の教育実践において、このような質の教育を追求している教師に、その最後の評価の段階で、それまでの努力の目標と全く相反する五段階相対評価をおしつけることは、教師に精神的拷問と同じ苦痛を与えるものに他ならない。

(2)　教育評価に関わる係争的事件が増えていくなかで、教育評価そのものを批判・拒絶する考え方も一部にある。音楽に評価はできないと一律に3をつけたケースもある。

しかし、一律評価や評価否定は、現在の非教育的評価やテスト主義、序列主義教育への抵抗としての象徴的な意味はあっても、それ以上ではない。

教育評価は、教育実践を構成する不可欠の一部分であるからである。教育評価とは、子どもにとっては、どこでつまずき、どこまできたかを確かめ、教師にとっては、どこまで子どもに判らせることができたかの自己点検を行うことであり、これなくしては、教育は前へ進みえない。教師には、教材研究と授業実践をつらぬいて、子どもを見る目のたしかさが求められるのであり、この子どもを見る目のたしかさこそが教育評価の視点なのである。

その意味で、教育評価とは教育実践そのものだといってよいのであり、これを否定すれば、授業は、子どもの上を素通りする無責任な授業か、一方的な注入の授業に堕してしまうのである。
(3)　それだけに、教育評価には、子どもに励ましと自信を与える配慮が必要であり、萎縮させ、劣等感をもたせるようなやり方は厳しく斥けられなければならない。
いわゆる通知表は、このような日常の教育評価を集約したものであり、それは、家庭への通信を通して父母と教師が協力して子どもの発達を援助していくための参考資料として位置づければよいのである。したがって、その記述の方式にはさまざまな工夫があって当然なのである。その際、どの子にも、必ず一つや二つの長所があるものだという確信をもち、それを発見し、励ますような通知表であることが望ましい。また、性格特性や行動の記録として、ＡＢＣのランクづけを行うことは望ましくない。学級としてまとまった課題にとりくむとき、ムラ気だが創意に富んだ生徒もいれば、縁の下の力もちを自らかってでる子もいる。自分の意見をもち、安易に妥協しない子どもは、一見、社会性に欠けるように見えて、大事な自主性が育ちつつあるあかしでもある。たとえば、このような行動特性や性格を、ＡＢＣと序列化することは、本来、できもしない上に、しても無意味なことであり、それを利用すれば有害な結果をまねく。

(4) 教育評価は、教育のためにのみ利用され、それ以外の目的に利用されてはならない。学籍簿が、結婚のための調査資料として利用されてはならないし、行動記録や性格特性が、ＡＢＣとランクづけられて高校入試に利用されることは、教育の条理からみれば、その評価の仕方及びその利用のされ方において、二重に誤っているというべきであろう。

しかし、それが文章化され、発達と教育のカルテとして、次学年や次の教育階梯の教師に送られれば、それは、教育的に利用され、有意義なものとなろう。発達や教育のカルテは、本人及び父母に知らされることが原則である。それは医療におけるカルテが病人に知らされることを原則とするのと同様である。(2)

教育評価は、子どもを枠づけ、統制するためにあってはならず、子どもの発達と学習を保障するためのものであるという原則が、たえず確認されていなければならないので

ある。(3)

(1)　現在、指導主事職は教育委員会の事務局の一セクションである学校教育部のなかにおかれている。一九五六年以降の教育委員会の変質とともに、この指導主事職の役割と機能も大きく変り、教員の教育活動の監視役として、しばしば、文部省の意図をも越えた統制機能を果している。この現実が根本的に改められ、指導主事職本来の高度な専門性と、実践に即しての指導性が求められている。

(2)　医療カルテは日本では本人に知らされず、医師のためのメモに過ぎないが、アメリカでは、カルテは原則としてその所有権は病人本人にあるとされ、請求があれば読み易くタイプされたカルテを渡さなければならない。このことは発達と教育のカルテにも妥当するものといえよう。

(3)　なお、内申書裁判判決の論評としては、『季刊教育法』三二号、四五号、及び、『ジュリスト』六九四号、七九二号、及び『法律時報』五三巻八号の諸論文を参照されたい。

（初出・『季刊教育法』五二号、エイデル研究所、一九八四年）

第三章　教育原理からみた憲法・教育基本法体制

(1)教育固有の価値と教育法　これまでみてきたように、戦後の教育の歴史は、憲法と教育基本法をめぐる対立抗争の歴史でもあった。この間、政府自民党の文教政策のなかで、憲法・教育基本法は無視され、これら上位法に違反する立法や法解釈によって「教育の自由」が奪われてきた。また教員研修においては、とりわけ最近の動きとして、教育法規の公権的解釈の訓練が、重要な研修テーマとなってきた。こうして教育界では、憲法・教育基本法のタブー視が進行している反面、権力による恣意的な立法政策のもとで、法規万能主義的傾向が風靡するという、まことに奇妙な現象がみられる。

ところで、近代国家においては法に基づく行政が原則であり、教育行政にも、法に基づいて権力の行使の自己統制が求められる。立法とそれに基づく行政は、本来、国民の権利を守り、生活の安全と福祉を保障するためにあるべきである。教育行政も、まさしくその観点から、法律に基づき、同時に一定の範囲の行政的裁量が認められている。その際、教育そのもの(教育実践の総体)は教育行政とどう関係しているのであろうか。

政府・文部省の教育統制の論理においては、教育の実施(実践)は、「教育行政の管理」のもとでの教育行政の具体的施行だと考えられている。ここには教師の自由と教育の自律性の存在する余地はない。しかし、法律―行政―実践の関係は、教育実践が教育行政そのものではありえない以上、一方的方向に系列化されるものではありえない。教育と法の間には、教育の固有性とかかわっての独自の関係が成立し、法体系そのものもそれが単に行政法の一部門や労働法の一部門としてではない、教育法としての独特の体系が予想される。兼子仁も、「「教育法」は教育にかかわる独特な法論理からなる新しい法であるから、そこではとりわけ「条理」や「条理解釈」というものが重要である」とのべ、現行教育法を正しく解釈していくため、「教育条理を見きわめること」が重要だと指摘している。(1)

それでは、教育法を独特の体系たらしめている法理論とそれを支えている教育条理とは何なのか。端的にいって、教育は法に基づく行政そのものではなく、それは、人間の発達に自覚的・法則的にかかわる価値的・創造的実践だという点に求められる。教育という実践の総体は法律主義を越えている。法律によって教育の自律性を奪うことは、教育を「教化」に転化させるものに他ならない。

われわれはここで、もう一度教育における法律主義、とりわけその勅令主義から法律主義への転換の意味を考えてみたい。

そもそも、この転換は、戦前の国民不在の天皇制教育体制のもとで、教育が勅語を軸に、天皇の「命令」に基づいて一方的に行なわれたのに対して、憲法・教育基本法のもとでは、教育はなによりも国民の権利であるという自覚のもとに、国民の意思に基づいて行なわれるべきことを意味していた。そして、この転換を媒介するものこそ国民主権と人権の原理に他ならなかった。したがって、勅令主義から法律主義への転換には、教育への公権力の統制を排除し、その自律性を法律によって保障するという契機が含まれていた。これは、この転換の重要な含意だったのである。

教育法が教育行政からの教育の自律性を保障しているということは、教育法という新しい法原理が、それがまさに対象としている「教育」(教育実践の総体としての教育)に固有の法則と固有の価値を認め、したがって、それに対する立法や行政による統制を排除するということを、その法原理そのものとして認めるということに他ならない。そしてこの観点を放棄するとすれば、それは教育法の独自性を放棄することに通じている。その意味では、戦前においては教育を対象とするあれこれの法規はあっても、それは行政法の部分としてあったのであり、固有の意味での教育法は存在する余地はなかったというべきである。

(2)人権の歴史性と普遍性

人権保障を中心とする近代憲法は、すでに第一部でのべたように、その原理として国民の思想・信条・表現の自由、真実を知る権利、学ぶ権利を保障することによって、人権そのものを歴史的に発展させる契機をその原理のうちに内在させていた。そして憲法そのものも、人類の進歩とともに変化・発展する。

人権の原理を、人類普遍の原理として宣言したフランス革命期の憲法と人権宣言に対しても、コンドルセは、立法議会での公教育についての報告(一七九二年)のなかでこう書いている。学校では、「憲法も、人権宣言さえも……崇拝し、信仰しなければならない神からの賜わり書として提示せられることはないであろう。……そして、国民には次のように述べることができるであろう。……諸君が生命を賭してまで保持しなければならないこの憲法も、永遠の真理を認識するために、諸君が幼年時代に学んだ、自然と理性とによって記された簡単な原理の発展にすぎないものである」と。この視点はまた公教育に対する政府の統制に対する批判の視点でもあった。彼は、「政府によって与えられる偏見は、真の暴政であり、自然的自由のうちのもっとも貴重な部分の一つに対する侵犯である」とのべている(2)。

わたしたちは、近代憲法や人権宣言の類を、それぞれの歴史的規定性においてとらえ、それを乗り越える可能性を見出すことが必要である。しかし、このことは、近代憲法を単純にブルジョワ憲法ときめつけて退けることによってではない。そこでの人権条項に人類が苦闘のなかで歴史的に闘い取った価値や理念を読み取り、人権の思想を、時代の限定にもかかわらず、それを越えて生き続けうる、いわば「未来へと開かれた普遍」としてとらえ直すことによってである。

ひるがえって、わが国憲法をみれば、そこでは、基本的人権の本質をつぎのように規定している。

「この憲法が日本国民に保障する基本的人権は、人類の多年にわたる自由獲得の努力の成果であつて、これらの権利は、過去幾多の試錬に堪へ、現在及び将来の国民に対し、侵すことのできない永久の権利として信託されたものである」(第九七条、なお第一一条参照)。

ここには人権の原理の普遍性への強い信頼が読み取れる。このことは何を意味するのだろうか。

一八世紀の「人権の世紀」から二世紀を経て、世界の一角に社会主義革命が実現し、さらにファシズムに抗する世界の人民の歴史的闘争の重みが、人権に対する幅広い世論と強固な信念を形成した。第二次大戦後の民主主義と社会主義の高揚期という国際的環境が、平和憲法を生み出す客観的条件であったことは間違いない。そこには、まさに人類の人権と平和への闘いが反映している。そして、この間の人類の人権闘争の歴史的経験とその総括が、ますますその原理の普遍的意味を確信させるに至ったといえよう。

人権宣言を含む近代憲法が、基本的にはブルジョワ憲法として歴史的に規定されるにせよ、その人権――権利と自由――の本質的な部分は社会主義憲法のなかに引き継がれていることが、このことを如実に物語っている。

国民の自由の観点で、社会主義国の現実になお多くの問題が残っているとしても、社会主義においてこそ民主主義は真に徹底して息づくものだというレーニンの見解が、社会主義国において、今日、アクチュアルな課題となっていることも確かなことである。

こうした事情を考えるとき、わたしたちは人権の原理の歴史的普遍性を信ずることが可能である。それはいまや、譲り渡すことのできない原理として承認されている。その人類多年の努力の成果は、国民の不断の権利への闘いのなかで受け継がれ生かされる。わが国憲法は、このことをつぎのように表現している。「この憲法が国民に保障する自由及び権利は、国民の不断の努力によつて、これを保持しなければならない」(第一二条)。そして、この不断の努力を前提として、この自由と権利は「現在及び将来の国民に与へられ」たもの(第一一条)と記されている。「将来の国民」と書くことに現代人の不遜はないかと問い直してみる。しかし、ここに書かれていることの真の意味は、つぎのことに尽きよう。

もし、現在に生きる国民が、その人権への努力を放棄し、それを制限し奪いとろうとする勢力に身をまかすことがあれば、それは必然的につぎの世代の人権を侵すことに通じている。そのことは、たとえばもし現在の世代が、大多数の者の平和への願いを裏切って戦争に加担すれば、それはつぎの世代の生命と人権に大きな犠牲を強いることになるという一事をとっても明白である。人権と自由が人類の苦闘に基づき、現在および将来の国民に与えられているという規定は、現在の国民の不遜からくるのではなく、わたしたちの現在の努力の意味を過去の人類の努力につなぎ、その発展を将来の国民の努力に託す歴史意識の表現だと読むべきである。そして、そのことによって、原理の普遍性は、まさに未来へと開かれ、よりゆたかに発展しうるものとして、しかし決して後退は許されないものとして、絶えることなく求め続けられるべきものとしてとらえられる。そのような意味において、それは「開かれた普遍性」だといえよう。

　このことの確認において、わたしたちもまた、コンドルセと同様に、憲法とその人権規定を絶対視し、教条化することを避け、それをよりゆたかに発展させる主体としての自覚のもとで、その人権規定に歴史的リアリティーを与えることができるであろう。国民が主権者であり、主権者こそが、その「憲法をつくる力《プーヴァル・コンスティテュアン》」をもつという近代の主権と人権の法原理は、ここでも生きているのである。

(3) 教育の自由と権利の展開

　憲法の原理を以上のように歴史的・発展的視点からとらえ、教育基本法をそれに準じて把握するとすれば、今日われわれが憲法・教育基本法体制としてとらえるとらえ方も、歴史的な視点において成立するものであり、それが憲法・教育基本法の絶対視・神聖不可侵視とは無縁のものだということがまず了解されていなければならない。

そして、現行法規の条文の意味も、教育実践の理論的総括に媒介されて、たえず問い直され、ゆたかに発展させられねばならないものである。それを発展させるものが教育実践の総体であり、それを貫いて教育の原理とその条理もまた展開する。しかも、この教育実践の総体が、国民の民主主義的力量と人権思想の深まりに励まされ、不可分に支え合ってきたことも忘れてはならない。

「教育の自由」の原理にしても、これが法制的に保障されたとき、それは、まず、私立学校設立の自由としての意味をもつものであった。しかし「教育の自由」の原理はそこにとどまるものではない。この原理は、教育の権力からの独立という意味における私事性・中立性の概念とセットになって、「子どもの権利」と「教育の自由」を中心とする「新教育」の思想と運動のなかで歴史的に展開してきたものである。

アメリカの新教育運動の指導者のひとりH・K・ビールは、「子どもの自由と自己発達は、進歩主義教育のエッセンスである」とのべ、子どもの自由と創造性の開花のためには、「教師の自由が不可欠だ」とのべている。(3)

B・ラッセルは、この自由について、それが「ルソーの時代以来……自由の一般的信条の一部である」とのべ、続いて「奇妙なことに、政治的自由主義は義務教育の信念と関連しており、教育における自由の信念は、大概は社会主義者の中に、そして、共産主義者の中にさえ存在する」とのべ、「教育の自由」が、古くて新しい課題であり、それ自体が生成しつつある原理であることを示唆している。(4)

以上の簡単な指摘(詳しくは堀尾輝久『現代教育の思想と構造』岩波書店、一九七一年、参照)からもわかるように、教育における「権利と自由」の思想は、一八世紀啓蒙思想に起源をもつが、しかし、二〇世紀に入ってから、とりわけ第一次大戦後の民主主義と平和への願いと結びついて高揚期を迎えた国際新教育運動のなかで、大きく発展した。この運動のなかで、ワロンやピアジェ、あるいはデューイやラッセル、さらにはクループスカヤやマカレンコらの果した役割は大きい。

これらの国際的な民主的教育運動をふまえて、さらに第二次大戦と反ファッショ統一戦線の経験を背景にして、世界人権宣言(一九四八年)、とりわけその教育条項(第二六条)は生み出されたといえよう。そしてその文言の解釈にも、教育運動の成果と「発達と教育の科学」についての知見が反映している。第一部でものべたように、ユネスコの依頼を受けて、この条項の解説を書いたピアジェは、そのなかでつぎのようにのべている。

「教育をうける権利は、……個人が自分の自由に行使できる可能性に応じて正常に発達する権利」であり、それは、「本当の意味ですべての子どもに彼らの精神的機能の全面的発達」を保障し、それに対応する「知識ならびに道徳的価値」の獲得を保障してやることである。それは、「個人のなかにかくされていて、社会が掘りおこさなくてはならない可能性の重要な部分を失わせたり他の可能性を窒息させたりしないで、それらの可能性を何一つ破壊もせず、だいなしにもしないという義務をひきうけることである」。「教育をうける権利とは、学校に通学する権利だけではない。それは、教育が個性の完全な開花をめざすかぎり、能動的な理性と生きた道徳的意識をつくりあげるのに必要なもの全部を学校のなかに見出す権利でもある」(5)。

(4)人権中の人権としての学習権　わたしたちは、国民主権をその存立の前提とする国家においては、教育権も当然国民にあると考える。国民主権と国民の教育権は車の両輪の関係にある。したがって、教育は国民の権利であり、子どもの人間的発達と学習の権利を保障するために、真理・真実のみに基づく創造的な教育実践の自由が保障されねばならない。そして、その含意において、今日の教育原理の中軸をなすものとして、「国民の学習＝教育権」とそれに基づく「教育の自由」の原則をあげることができよう。

この権利と自由は、主権者としての国民一般の権利であり自由である。それは国民の思想・表現の自由、真実を知る権利等と不可分のものである。しかし、それは、より具体的には、子どもの発達と学習の権利を軸とし、父母による教育への発言権、父母の信託に応えるための教師の教育権限の国家権力からの自律性の原理と結びつく。

人権思想のなかで、国民の学習＝教育権は人権の基底として位置づく。このことは、この権利が奪われた場合、人権一般も民主主義も空洞化されることを考えれば十分であろう。国民が真実を知る権利をもたず、探求の自由、学習の自由が奪われているところで、いかなる民主主義、いかなる人権の保障がありえようか。そこで、これらの権利を積極的に保障するものとして「国民の教育への権利」が憲法次元においても徐々に承認され確立されてくる。この理念は、思想史的には、市民的自由に源流をもつが、やがて、民主的労働運動のなかでは、働く権利、政治への権利と結びついて運動綱領のなかに位置づけられて要求されてきた。

さて、国民の真実を知る権利、探求の自由、思想・学問・表現の自由と結びつく学習権の思想は、現行憲法の条文からみれば、第一三条（幸福追求権）、一九条（思想・良心の自由）、二〇条（信教の自由）、二一条（表現の自由）、そして、なによりも「学問の自由」を規定した二三条と、教育を生存権的基本権の文化的側面にかかわる権利として位置づけた二六条の「教育を受ける権利」の規定を条文上の根拠としている。

しかし、ここでも、わたしたちは、国民の学習権を、ある条文とかかわらせて、そこから直接にその権利を導き出すのではなく、逆に国民の探求の自由、真実を知る権利を含むより包括的なカテゴリーとして「国民の学習権」の原理を構築しうる。この権利が国民の権利としてたとえ明文として表現されていなくとも、人権と自由を原理とする近代憲法の原理は、論理必然的にその権利と自由を含むものであり、その意味でこれは「憲法的自由」ないし「憲法的権利」ともいうべきものであり、そしてこの国民の学習権こそ、憲法第二三条(学問の自由)と二六条(教育への権利)とを共通に支えている原則だと考える。

国民の学習権的視座をもって憲法を読めば、第二三条は、従来の特権擁護としての大学自治論とは違って、それは、なによりもまず国民の探求と表現の自由を保障したものであり、そして、この大前提のもとで、公的研究機関における専門研究者の自由を、まさに国民の信託に基づくものとして保障したものであると読める。このことは、実は学問研究者に、その研究課題の選択において、国民への責任を自覚させ、「学問の社会的責任」と「学問の国民化」の課題を課すものである。国民の学習権は、主権者としての国民の不断の自己学習の権利の自覚を基礎として、学問研究者への社会的責任意識と学問の質の問い直しをうながす原理でもある。

この国民の学習権は、国民の生涯にわたっての権利にほかならないが、しかし、具体的には、子ども・青年の権利として、最も現実的な意味をもっている。なぜなら、もしその成長の初期に、発達と教育が十全に保障されていなければ、それはとり返しのつかない障害ないし欠損につながるからである。このことは狼少年にとっての生誕からの数年と横井庄一氏の孤独な二八年の、その「発達」にとっての意味の決定的な違いをみれば明白であろう。

ところで、子ども・青年の権利とは何か。それは、子どももまた人権の主体であることの確認(カント)を前提としつつ、しかしそれは、親に対する子(近代民法)、おとなに対する子ども(ルソー)、古い世代に対する新しい世代としての子ども・青年(コンドルセ)、という三つの異なった局面においてその意味が確定されなければならない。そして、それぞれの局面において、子どもの教育への権利は、それぞれに異なった含意をもつ。

そして、これらの異なった局面を貫いて、子どもの権利の主要な内容は、子どもがその将来にわたっての人間的な成長が保障され、そのために不可欠な学習が権利として確保されるということである。そして、その発達と学習の権利が保障されなければ、その子の人権の基底が奪われ、その他の人権がその将来にわたって空虚なものになるという意味で、子どもの発達と学習の権利は、子どもの権利の中核であると同時に、人権一般の基底をなすもの、その意味でまさに人権中の人権としてとらえられる。この子どもの権利が充足されるためには、親の人権(とりわけ労働と文化への権利)、教師の権利と自由(とりわけ研究と教育の自由)、社会における一般的民主主義が保障されていなければ、子どもの権利は保障されないという関係にある。

このように考えてくれば、子どもの権利の思想を深めることは、人権思想の展開の上で、きわめて重要な視点と問題を提起するものだといわねばならない。それは、人権思想を国民のものとして根づかせる通路を用意し、人権を抽象的に、天賦のものと考えるのではなく、それがまさに歴史的に発展してきたという観点を明確にし、同時に、人権そのものに、それを担う主体の成長という視点を含んで、発展(展開)の視点を持ち込むことになるのである(第一部第一章参照)。

ところで、以上のような視点は、未だ十分に国民すべてのものになっているとは言いがたい。しかし、人権発達の歴史をみれば、まさに未だその権利が実現していないからこそ、その欠けたること(besoin)の自覚は、それへの要求(besoin)を権利として主張させ、「権利へのたたかい」が始まるのである。

(5)憲法第二六条解釈の発展　憲法・教育基本法の解釈の推移そのものが、そのことの可能性を明らかに示している。たとえば、かつて通説的地位を占めていた法学協会編の『註解日本国憲法』は、その二六条解説で、「教育を受ける権利」の規定の歴史的意義とその教育学的含意について何らふれることなく、教育を国民の側から規定しようと国家の側から規定しようと、実質はいずれも義務教育を指すのだから、そこには本質的差異はないとのべていた。

また宮沢俊義も『憲法II』(基本的人権)において、「教育を受ける権利」を教育機会の量的な問題としてのみとらえ、「普通教育は義務教育であり、しかも無償と定められているから、その点については、特に教育を受ける権利をいう実益は少い」とのべ、「権利としての教育」の視点が戦後の義務教育観の根本的転換をせまるものである点について何ら言及していなかった。(6)

これを、世界人権宣言第二六条についてのさきのピアジェの解説と比較するとき、「教育を受ける権利」という同じ法律上の文言を理解するにしても、その文言の背景にある歴史、それを貫く原理の展開を含むかどうかによって、いかにその内容が異なり、客観的な意味を異にするかが明らかとなる。

戦後の平和と民主主義の教育運動は、この憲法や教育基本法の文言にリアリティーを与える質の実践と理論を蓄積してきた。また、教育史の研究は、わが国の民主的教育運動の伝統のなかにも、権利としての教育の思想と教育の自由を求める運動が、弾圧に抗して地下水のように流れ続けていたことを実証し、その伝統をひきつぐ運動に歴史的な支えと自信を与えてくれた。

勤評や教科書検定による教師と教育内容の統制への権力の志向は、まさにこのような権利としての教育と教育の自由を根づかせ発展させる運動への攻撃にほかならなかったがゆえに、逆に、勤評闘争や教科書裁判闘争は、教育における権利と自由の意識を一層自覚させ、国民運動として発展させる基礎をつくっていった。

家永教科書裁判に結集された力は大きいが、杉本判決の意義は、従来の通説的解釈を離れ、教育の歴史と原理、創造的実践に深く学び、それを判決のことばとして表現した点にあった。その判決文は、杉本裁判長個人の独創性のゆえに意味があるのではなく、逆に、そこに近代以降の教育思想の歴史的展開、今日における教育理解の国際的水準、そして、戦後日本における創造的教育実践の蓄積された成果に依拠し、そのことによって、憲法・教育基本法の立法の精神にかない、その論理に即して、それを発展させる解釈を打ち出すこととなったがゆえに、まさにその論旨の「普遍性」のゆえに裁判上画期的意義をもつのである。

判決後、ある座談会の冒頭で、宮沢俊義は、この裁判闘争の先頭に立って闘った宗像誠也の憲法解釈にふれて、つぎのようにのべていた。「この判決について話し合う前に、初めに少しプライベートな問題なんだけれども、私にぜひ一言、この間なくなった宗像誠也さんのことについていわせていただきたいと思います。」宮沢俊義は、宗像誠也の『教育行政学序説』増補版を贈られ、生前この本を十分に評価できなかったことを反省しつつ、杉本判決に宗像説が生かされていることを認めて、つぎのようにのべている。

「……たしかに宗像君のいうように、憲法に教育を受ける権利があるといわれていることについての憲法学界のいわゆる通説として引用されている説は、そのできた時期からいってもはなはだ古い。……そのせいもあって、今度問題にされているような点に全然注意していない。宗像君はそう批評していますが、たしかにそうだと思います。少なくとも私自身についていえば、そこまではまだ考えていなかったというのが実情です。……宗像君のいう教育を受ける権利といったような考え方はじゅうぶん意識していなかった。その意味で……この判決にあらわれている議論については、私自身非常に教えられるところがあって、深く考えさせられたと思います。その意味で、宗像君がもし生きていればそういってお礼をいいたいと思います。」

宮沢俊義は、判決の論理のすべてに賛成しているわけではない。しかし、この判決を機に、学問の自由と教育を受ける権利についての通説への問い直しを課題として自らに課したといってよい(7)。

残念ながら、宮沢俊義は、この課題を、その後に出した『憲法II』の改訂版(一九七一年)で、十分に果たしているとはいいがたい。宗像説への言及も、きわめて不正確なものにとどまり、その基本的な部分は、前説を踏襲している。その宮沢氏もいまは亡き人となった。

しかし、教育法学会(一九七〇年結成)を中心とする法学者の仕事は、教育実践者、教育研究者との共同研究体制をつくり出すなかで、法学界におけるかつての通説を、いまやはるかに高い水準で乗り越え、通説を変えてきたといってよい。そして、学テ最高裁判決も、法律学・教育学の動向や下級審の判例動向を無視しえず、結論としては行政追認ではあったが、その憲法解釈(第二六条・二三条)、さらに教育基本法第一〇条解釈において、今後の国民教育運動の一定の手がかりを残すことにもなったのである。

これらの新しい法学・法曹界の動きを含めての、教育条理にかかわる憲法解釈の推移のなかには、法と教育をめぐるきわめて豊富な問題が含まれている。教育運動と教育理論が提起するものを、教育条理として法解釈に媒介させるという実践的見地からの、法社会学的視点をもった教育法研究が進められねばならない。

(6)教育認識の発展と教育条理　中教審構想を中軸として保守党政権が「改革」構想を打ち出しているとき、革新の側は「守り」の姿勢で過去に固執してはいないかという批判が聞かれる。しかし、このような批判は、法の形成、その解釈の歴史性、したがって発展の可能性を見ないものだといわねばなるまい。戦後三〇年の歴史のなかで、憲法や教育基本法に内在する価値が、ようやくわたしたちにとって具体的な意味を現わしてきたのであり、その意味で、守るべきものは、その後の闘いのなかでつくりだされてきたという関係が成り立つことに注目しなければならない。

わたしたちが守り発展させようとするのは、その一つ一つの条文の文言ではない。教育法の根底には、教育の条理が前提されている。しかも、その条理そのものも固定的なものではない。それは、歴史を通して発展し展開されてきたものであり、それ自体が人類の闘いの成果であり、人間が子どもを育て、文化を伝え、歴史をつくるなかで発揮した英知の結晶である。

戦後の民主教育も、教育の条理と教育的価値の歴史的展開の一過程である。それはわたしたちの「子どもの発見」と「国民の学習＝教育権」の自覚の過程でもあったのである。条理は人間の発達を保障する科学と技術の組織によって支えられ、新しい習俗となって民衆のなかに根づき、教師の実践を貫いて生かされる。人間は真実を知り幸せに生きたいという要求をもっている。とりわけ、そのことをつぎの世代に託して願う。その要求や願いこそが教育条理の根底にあるものである。国民の学習＝教育権も、この条理と人間としての要求に根拠をもっている。要求のないところに権利はない。要求と権利がつねに交流し合わねば、権利は抽象化し、要求はその方向性を失う。わたしたちは憲法や教育基本法を守ろうという。しかし、守ることは、要求の質を高め、権利の思想を発展させることを通してしか、不可能なのである。

わたしたちは、戦後の教育政策の歴史とそれに抗して民主教育を創り出してきた運動の歴史のなかに、まさに法と教育（実践）のきわめてダイナミックな関係の実例を見ることができる。教育実践と教育運動の質の高まりのなかで、教育の原理もまた明確になり、発展し、それが法律の解釈を発展させ、憲法・教育基本法体制の本来的な含意をゆたかにしてきたのであり、この課題はさらに新しい世代の課題であり続けよう。

（1）兼子仁『国民の教育権』岩波新書、一九七一年。
（2）コンドルセ、松島鈞訳『公教育の原理』明治図書出版、一九六二年。
（3）H. K. Beale, Are American Teachers Free? 1936.
（4）B. Russell, Education and the Social Order, 1932. 鈴木祥蔵訳『教育と社会体制』明治図書出版。
（5）ピアジェ「現在の世界における、教育をうける権利」竹内良知訳『ワロン・ピアジェ教育論』明治図書出版、一九六三年。
（6）宮沢俊義『憲法Ⅱ、基本的人権』有斐閣、初版一九五九年。
（7）『ジュリスト』四六一号。この座談会で、小林直樹も、宮沢発言を受けながらつぎのようにのべている。

二六条の通説に対して、「先年来……宗像さんや堀尾さんのような教育学界の一角から、もっと積極的に子供の基本的権利として二六条を読むべきではないか、という批判が出され、「学習権」の観念を立てて、教育権をこの側面から考え直すべきだと説かれてきました。在来の通説になじんでいた私なども、この発想には、正直のところ少なからぬ衝撃を受けた感じで、憲法二六条の新解釈として、国民の「学ぶ権利」という観点で教育権を考え直す機縁を与えられたと思っておりました」。なお、小林直樹は、『現代基本権の展開』(現代法叢書、岩波書店、一九七六年)で、学習権を「新しい基本権」の一つとして位置づけている。

＊　第二部は「勅語・基本法・期待される人間像」『教育』一九六七年一月号、「教育の目的」

『教育法コンメンタール』法学セミナー別冊、一九七二年、「教育原理からみた憲法・教育基本法」『憲法と教育』法律時報別冊、一九七二年、等を利用し、大幅に書き直したものであり、第三章を除けば書き下しに近い。

追補　憲法と新・旧教育基本法——新法の合憲的解釈は可能か

一

昨年(二〇〇六)九月、小泉内閣は安倍内閣に代わったが、臨時国会会期ぎりぎりの一二月一五日、教育基本法「改正」、防衛庁の省への「昇格」と、憲法改正へむけての歩みを大きくふみ出した。新年の国会では、憲法改正へ向けての国民投票法案が用意された。加えて、安倍首相は「年頭の所感」で、次の参院選挙では、憲法改正を争点にし、在任中にそのめどをつけると言明した。教基法の改正が、憲法改正への大きなステップであったことは、いまや明瞭であろう。教基法前文冒頭の「われらは、さきに、日本国憲法を確定し」から始まる第一パラグラフは全面削除され、「真理と平和を希求する人間の育成」は「真理と正義を希求し豊かな人間性と創造性を備えた人間の育成」となった。なぜ「平和」が「正義」に代わったのか。この変化にも、憲法改正問題が連動していることは確かであろう。しかし国会論議では、法改正が憲法九条改正につながるという批判にたいしては、それは詭弁だと退け、改憲問題とは別であることを強調してきた。

しかし、当初強調していたいじめや不登校問題も、法改正によって改善されるものではないことも認めざるをえず、また科学技術の進歩や情報化社会あるいは少子化問題等も教基法の改正理由とはなりえず、伝統の尊重や愛国心を加えることで、「新しく」なったわけではない。

それだけに改正理由は不明確で説得力を欠いていた。しかも、旧法の普遍的な理念はよいのだが、新しい時代に即応して足りないものを補う改正が必要だという教育改革国民会議(二〇〇〇年)、そして中教審(二〇〇三年)の報告を受けての改正であるにもかかわらず、「改正」という名の新法制定・旧法廃止であるのだから、その廃止理由もていねいに説明がなされねばならないのに、この点についても審議されることはなかった。

こうして国会審議はおざなりであり、特別委員会の参考人、公聴会の批判的意見には耳を貸さず、その上、やらせのタウンミーティングによる世論の誘導とねつ造で、安倍首相自身、責任をとって減給処分を自らに科すといった事態にもかかわらず、つまりは手続き上も、道義上も瑕疵《かし》があったことを認めたにもかかわらず、その翌日には、政府改正案を与党だけの支持によって強行採決したのである。これは民主主義の手続きの基本ルールを犯すものであった。しかも事柄が、国民的合意を必要とされる教育の根本法の改正であれば、このような採決の強行は異様としかいえない。

さらに、国会の終盤近くに、「憲法の精神にのっとり」という前文の文言とかかわる質疑のなかで、政府改正案が自民党憲法草案と矛盾するところがないかどうかも検討したと、伊吹文科大臣はひらき直って言明した。国会議論の前半では、憲法改正と連動させて教基法改正を一歩先行させる戦略(中曽根元首相に代表される戦略)は押し隠し、終盤では改憲との整合性をあからさまにのべたのであった。このようなことは、いやしくも憲法尊重の義務を負う内閣がなすべきことではなく、そのこと自体権力の不当な行使であり、なし崩し的クーデターであり、立憲主義国家の自己否定的暴挙だといわねばならない。

伊吹文科相も、最終的には、前文の「憲法の精神」の憲法とは、現憲法であることを確認せざるを得なかったのである。

二

ならば、改正法は憲法の精神にのっとっているかどうかが検討されてよい。

日本国憲法は、立憲主義と法治主義の原則の確認の上に成り立つものである。

教育に関して憲法の精神とは何か。憲法は、教育が人権の一つであることを認め、幸福追求の権利を軸に、子どもの人格形成、精神発達の自由と学びの権利を保障しているのであり、そのためには教育には自由な空間(フリーダム)と、そこでの子育てと教育実践の自由(リバティ)が保障されていなければならないとしている。これが憲法の精神なのである。該当条文としては、第一三条(幸福追求権)、一九条(思想・信条の自由)、二三条(学びの権利と学問の自由)、二六条(教育の権利)、そして九七条(基本的人権の本質)等があり、それらを貫くものが、教育にかかわっての「憲法の精神」に他ならないのである。

この「精神」は、当然に、国家にたいしては人権保障の責任とともに、なしてはならない「不当な支配」を禁じ、行政行為にたいしても、立憲主義にもとづく抑制の原則を求めるものである。

にもかかわらず、この度の「改正」の内容は、精神の内面や道徳性に関して、法による規制になじまない領域があることを無視し、立憲主義に反する「素朴法律主義」を教育の世界に押しつける愚を犯すものであった。「法の作法」(小林直樹)を破って法が立ち入るべきでないことにまで踏みこめば、かえって法の有効性、法秩序の安定性を崩し、教育現場に計り知れない困難をもたらすことは、法治主義の前提として認識していなければならないことなのである。

具体的にみてみよう。四七年法では「教育の方針」(英文ではプリンシプル＝原則)として教育は、「あらゆる機会、あらゆる場所」で行われ、そこでは、学問の自由が尊重さるべきこと、実際生活に即し、自他の敬愛と協力のもと、自発的精神を育てることがうたわれていた。この条文が削除され、代わって「教育の目標」が第二条として新設され、二〇をこえる徳目が並べられ、それへ向けての態度の涵養が求められているのである。そしてその徳目の中心として、公共の精神や伝統の尊重、そして愛国心(国と郷土への愛)が入れられたことの意義が、「美しい日本」と重ねて強調されてもいるのである。

四七年教育基本法は、立法過程の論議(教育刷新委員会、第九二帝国議会)から明らかなように、戦前の教育勅語を軸とする徳目教育の弊害の反省に立ち、人間の内面性や道徳性にかかわることがらについて法律に書きこむことが、近代法の精神に反するとして抑制され、教育の理念、目的の規定(前文及び第一条)は普遍的なものに限定して書かれている。良いことならなんでも書けるという発想とは決定的に違うのである。ちなみに家庭教育の重要性を認めることと、それを根本法に書き込むことはまったく次元が違うのである。

しかもこの第二条の大きな変化は、第一六条と連動している。四七年法第一〇条の、「不当な支配に服することなく」は、教育は子どもたちの精神発達を保障する場であるから、教師に精神の自由の領域が確保されていなければならない、「国民全体に対し直接に責任を負う」は、個々の教師は真理・真実に準拠し、一人ひとりの子どもに向き合うと同時に、すべての子どもを差別してはならないことが求められている、と解釈されてきた。

ところが新法一六条では、その部分は削除され、「不当な支配に服することなく、この法律及び他の法律の定めるところにより行われるべきもの」となっている。「不当な支配に服することなく」ということばは残っているものの、政府が行うことは不当な支配ではない、国がやることは法律に従っているから不当な支配ではない、それを批判するのが不当だということになる。「国」の意向と法律にしばられた教育、教師と生徒がともに真理と真実を求めて、自由に考え、表現することのできない教育は「教化」でしかない。

さらに第一七条の教育振興基本計画では、政府は教育の基本計画を策定し実行することができ、それを議会に報告すればよいとされており、学力テスト等も含む政府の教育内容への介入を大幅に認めるものになっている。同時に、政府の方針によって教育は変わることが当然とされ、教育の政治への従属が強まり、教育の政治からの中立性原則も犯され、教育の人間的内面性も削がれていく。

こうして、旧二条(教育の方針)に代えての新二条(教育の目標)の新設と、旧一〇条の教育行政規定を変えて第一六条とし、第一七条に教育振興基本計画を新設したことは、教育を人間(子ども)の権利としてとらえ、一人ひとりの人格発達と学びの権利を保障する教育観を大きく変え、教育は国家(政府)の仕事であり、国が規範を示し、それに従わせるのは当然だとする教育観に立っていることを示しているのである。このことは、憲法の措定する、人権としての教育を軸とする国家と教育の関係を転換させ、教育の自由と自主性を奪うものであることに他ならない。教育の教育行政への従属は強まり、学校から自由の雰囲気も失われ、子どもの創造的・想像的学びも枯渇していくことが危惧される。

ここで、新しく書き込まれた公共の精神と愛国心の問題に付言しておく。たしかにいまの日本社会で公共心が希薄になっていることは事実だが、そもそも公共とは何かが問題なのである。政府のいう公共とは「国家的(国権論的)公共性」であり、憲法や四七年教基法の目指す「公共性」とは、人権を軸に一人ひとりを互いに大切にし合うことからつくりだされる「市民的(人権論的)公共性」である。

公共の精神がなぜ薄れてしまったのか。その大きな原因に新自由主義的政策がある。この市場原理最優先の発想は、国権論的公共性と緊張関係にあり、結果として、国としてのまとまりは薄れてくる。このことは新自由主義にとっても不都合なことだから、競争と評価による管理を強め、イデオロギー的には公共心と愛国心で、競争で傷つき孤立化する個人をつながざるを得ない。新自由主義に立つ政府が、いま公共心や愛国心を強調する理由の一つはそこにある。それが「市民的(人権論的)公共性」に対立するものであることも明らかである。

もう一つの理由は、今日の世界情勢のなかで、日本の安全保障のためには、日米軍事同盟強化が必要であり、そのためには憲法改正が不可欠だとする戦略的発想があるからである。そして、「自虐史観」を批判し、戦後体制（レジーム）から脱却することと重ねて愛国心が強調されてくるのである。すでに一九五三年の池田・ロバートソン会談の「覚書」には「憲法改正の前提」として、「日本政府は教育および広報によって日本に愛国心と自衛のための自発的精神」を育てることに「第一の責任をもつ」と記されていた。この流れはそのままアーミテージレポート（第一次二〇〇〇年、第二次二〇〇七年）に通じているのであり、そこでの「愛国心」の正体も見えてこよう。その「愛国心」にこめられている国際感覚と歴史認識が問われているのである。

このコンテキストからすれば、いまや「憲法とその精神」を愛することは「愛国」とはいえず、日本的伝統をたたえ、日米軍事同盟に賛成することが「愛国心」だということになりかねない。閣議でさえ、首相への忠誠心を求め、起立して礼を求める政治家の心性からすれば、その求める愛国心を、教師と子どもに押しつけ、従わないものは非国民として排除する事態がおこることが危惧される。

三

教育基本法が改正された後、私たちはどう対応すればよいのだろうか。それが改悪であることを声高に叫ぶだけでは、力にはなるまい。

そこで想起してよいことは、改正を提起した政府は、国会討議のなかで、四七年教基法の根本理念は普遍的なもので、これは変える必要はない、しかし新しい時代に応じて足りない部分を加えるものだと答弁し、愛国心や伝統を重んずる態度や公共心が足りないことを強調していた。

逆に言えば、本改正で、その普遍的理念は変わっていないことを「改正」者たちも認めたということである。ここで改めて南原繁のつぎのことばが想起されてよい。

「新しく定められた教育理念に、いささかの誤りもない。今後、いかなる反動の嵐の時代が訪れようとも、何人も教育基本法の精神を根本的に書き換えることはできないであろう。なぜならば、それは真理であり、これを否定するのは歴史の流れをせき止めようとするに等しい」(「日本における教育改革」一九五五年)。

加えて、新法にも「憲法の精神にのっとり」ということばが残されている。それがどこまで本気なのかはすでにのべた。その上でしかし、私たちは、この文言を積極的にとらえ、違憲の解釈を許さない姿勢で事態に対応することは可能なのである。たとえば、東京都教育委員会の一〇・二三通達と職務命令は、憲法第一九条に違反し教基法第一〇条に違反するという東京地裁の九・二一判決は、教基法の改正によって根拠を失うわけではない。それは、一つには、命令や処分が旧法時代のもので新法は適用されないという司法原則があるからだが、より積極的には、新法一六条の「不当な支配に服することなく、この法律及び他の法律の定めるところにより行われるべきものである」とする条文を、憲法原則に適合させるように解釈を行うということである。「法律及び他の法律」のなかには立法者意思としては、学習指導要領や通達も含まれようが、当然、憲法が前提として含まれており、法の解釈と適用は合憲的になされねばならず、「他の法律」のなかには、慣習法も条理法も含まれているとするのが法学的常識である。さらに子どもの権利条約も、国内法に優先するものとしてこのなかに含まれているはずである。不当な支配には国の行政的介入は含まれないという解釈を押しつけようとしても、国会で、最高裁学テ判決をめぐっての解釈上の誤りを指摘され、政府の介入も不当な支配になることがありうることを伊吹文科相も認めざるを得なかったという審議の経緯もある。

さらに、教育の自由と自主性の原則は憲法とりわけ一三条、一九条、二三条、二六条から導かれるものであり、旧法一〇条はこのことの確認だったという認識にたてば、新一六条も憲法の精神にもとづいて、その方向で解釈さるべきだということになる。教育が法律にもとづいて行われるべきは近代法治国家において当然のことだが、しかしその法(憲法)それ自体が、教育の自由を認めているのだと主張することができる。立憲主義を否定する法律主義は無効である。ちなみに新法には、教職は「崇高な使命」だという規定(第九条)があるが、「素朴法律主義」にしばられて創造性を失った教職を、誰が崇高だと感じることができようか。加えて、崇高な使命ということば自体に面はゆさを感じないのだろうか。憲法の認める精神の自由・教育の自由を、子どもの成長・発達と学ぶ権利を保障し、人格発達を援ける任務にとって不可欠の原則と受けとめ、研さんに励み、子どもたちの信頼をえて、同僚教師とともに淡々と実践を行っている教師、これこそが、憲法の精神、そして教育の条理にもとづく教師像だといってよい。

四

さらに私たちは、国会での改正法審議と併行して発足した教育再生会議が、いまや、中教審と任務を分担しながら(不協和音も聞こえるが)、改正法を実行する政策会議としての役割を果たそうとしていることに注目したい。規範意識を強調し、体罰の新しい解釈を示す動きには、子どもたちの荒れの原因の洞察も、子どもの権利、意見表明権への配慮も見られない。さらにこの四月から強行されようとしている全国一斉学力調査が、六六億円の予算をかけ、しかも、その出題、実施等の業務は、小学校はベネッセへ、中学校はNTTデータへの丸投げだという。学校はますますテスト競争体制になっていくのは必至だが、テストの企業丸投げ、その個人情報を教育産業が丸がかえするような事態は公教育の解体そのものであり、文科省の責任放棄も甚だしいといわねばならない。〈教育国家〉は、新自由主義のもとでは、〈企業国家〉の系としての〈教育企業国家〉として子どもたちの前に立ち現れ、その豊かな精神発達の自由、真理・真実を学び知る権利を、強権的にではなくソフトタッチで枠づけ、その自由と権利を似て非なるものに変質させていくのである。

しかし、私たちは絶望しない。絶望は向こうの思うつぼである。改悪されたのであれば、それを回復し、さらに、よりよいものにつくりかえることも私たちの手にゆだねられている。改悪反対に結集した全国各地の、各種の職業の、市民や父母の、教師の、研究者の力を信じたい。

私たちはいまこそ、憲法を深く読み、それを貫く〈人間と教育〉の条理を読み解かなければならない。戦後六〇年積み重ねてきた教育実践に基づく教育条理とともに、子どもの権利条約と、教育に関する国際条理の深まりも、そのことを助けてくれよう。子どもの視点を中心にし、まだ生まれていない未来世代への責任の視点をもつことが、憲法の人権と平和と共生の思想を読み解く作業にとって不可欠なものとなっている。憲法の人権規定を子どもの視点でとらえ直し、憲法と子どもの権利条約を統一的に解釈し、平和と共生の思想を重ねて、「未完のプロジェクト」としての憲法をより豊かに発展させ、根づかせていくことが、根源的な、しかも急を要する課題である。

（初出・『教育』二〇〇七年五月号、国土社）

同時代ライブラリー版のあとがき

本書は当初、岩波現代法叢書の一巻として、兼子仁氏と共同で『教育と人権』(一九七七年)としてまとめられたものがもとになっている。この度、同書の私の担当部分を一書とし、同時代ライブラリーに収めてくださるという岩波編集部からの有難い申し出を受けて、表題も「人権としての教育」と改め、おもに近年執筆の関連する論文を補論として補って出版することにした。因みに、本書は理論的には(主として第一部)『現代教育の思想と構造』(岩波書店、一九七一年)の発展であり、戦後日本の法と教育の動態分析としては(主として第二部)、『教育の自由と権利』(青木書店、一九七五年)、『日本の教育はどこへ』(同上、一九九〇年)と補い合うものである。

近年、国民の教育権・学習権論をめぐっては、それが一九六〇年代の運動論と結びついた理論であり、国民の教育権論は国民教育運動の行きづまりとともに破たんしたかの如き論調があり、あるいは学習権論に対しても、それが人権論に対立するものであるかの如き批判が目立つ。あるいはまた、父母の教育権と国民の教育権を対立させる見解もある。子どもの権利と子どもの人権を対立的にとらえるとらえ方もある。子どもの権利や人権を口にすることに拒否反応を示す超近代主義的《ポスト・モダン》潮流もある。批判の対象とその論拠が明示されない抽象的批判や印象批評もめだつ。

これらはいずれも国民の学習権・教育権、あるいは子どもの権利と人権についての無理解に由るものといわざるをえない。

新編集による本書の刊行が、これらの誤解を解くことに役立つことを願うとともに、若い世代による発達権・学習権・教育権論のいっそう精緻な発展を期待し、「人権としての教育」が家庭にも学校にも社会にも深く根づくことを願っている。

一九九〇年一二月　パリにて

堀尾輝久

岩波現代文庫版のあとがき

長く絶版状態であった『人権としての教育』(一九九一年)が現代文庫版として甦ることになったことは、有り難い限りである。

初版から二八年経っての再々版である。この間いくたびかの版を重ねてはきたが、当然新たな事態の中での、新たな理論展開も期待されよう。

この間戦後政治の総決算を掲げた中曽根首相のもとでの臨時教育審議会、そして戦後レジームからの脱却を掲げる安倍内閣のもとでの教育基本法の廃止と新法の制定、さらに改憲へ向けての執念と、教育の改革〈掌握〉への強い意向の中で、国権論的公教育論と新自由主義的競争と自己責任論が支配的となっている。それは、人権としての教育の理念と、参加と協同の市民的公共性論との強い緊張関係の中にある。研究者の間でも国民の教育権論への誤解が増幅され、それは教師の権力を絶対化する理論だという理解不能な批判から、七〇年代までは有効な理論だったが教育基本法も変わった今では無力だ、という批判もある。政府のすすめる教育改革を現実主義的に追認し、批判精神を失い、この支配的動向に取り込まれるか、傍観者的立場を強いられている研究者もいるのではないか。

私自身この間、教育理念・思想と教育基本法の改悪に象徴される厳しい現実との緊張の中で発言し、論文も書き続けてきた。子どもの権利条約の成立(一九八九年)と批准(九四年)、そして四回にわたる日本政府への国連子どもの権利委員会からの勧告は、私たちを励ましてくれた。子どもの権利を軸とする国民の学習・教育権論も、地球時代の視点を加えて展開してきた。子どもの権利の視点は人権を子どもにも適用するという発想ではなく、人権を人間の生涯に亘る権利として問い直し、人権の捉え方を人間の存在の多様な態様(子どもであり、老人であり、障害者であり、健常者である。)と、多様な要求にそくして内容を豊かにすることを強調してきた。これらを加えて本書を再構成することも考えたが、国民の学習権・教育権論の学説史的意義を考慮して、原形を重視し、補論を整理・縮小し、国民の教育権論批判への反論と、新教育基本法批判の二つを追補とする最小限の修正にとどめた。

この間に本書のテーマと関わって私の著書を挙げれば、『人間形成と教育——発達教育学への道』(岩波書店、一九九一年)、『日本の教育』(東京大学出版会、一九九四年)、『現代社会と教育』(岩波新書、一九九七年)、『いま、教育基本法を読む——歴史・争点・再発見』(岩波書店、二〇〇二年)、『教育を拓く——教育改革の二つの系譜』(青木書店、二〇〇五年)、『教育に強制はなじまない――君が代斉唱予防訴訟裁判における法廷証言』(大月書店、二〇〇六年)、『子育て・教育の基本を考える――子どもの最善の利益を軸に』(童心社、二〇〇七年)、『未来をつくる君たちへ――〃地球時代〃をどう生きるか』(清流出版、二〇一一年)、『平和・人権・環境　教育国際資料集』(共編、青木書店、一九九八年)等があり、対談集も『教育を支える思想』(岩波書店、一九九三年)、『人間と教育』(かもがわ出版、二〇一〇年)、『自由な人間主体を求めて』(本の泉社、二〇一四年)を出して、教育の問題を広く考えるために、他領域の方々と対話し交流するよう努めてきた。東大のあと中央大学で国際教育論と教育法学(法学部)の担当もしてきた。また民主教育研究所の代表を一九九二年から一八年務めた(『民研とともに歩んだ一八年　平和・人権・共生の文化を求めて』民主教育研究所、二〇一〇年)。日本教育法学会の会長時には教育基本法改正問題に取り組んだ。

さらに二〇一二年の自民党の憲法改正案そして安保法制(二〇一五年)に対しては、それを違憲とする訴訟の原告にもなった。教育法学会では「子どもの権利の視点から憲法を読む」、また「戦後七〇年の憲法と教育」を研究総会で報告した。

また子どもの権利条約に関しては政府報告に対する市民・NGOによる「もう一つの報告書(alternative report)」づくりに参加し、ジュネーブでの予備審査にも代表として参加してきた。九条の精神を地球時代にふさわしい視点から発展させる「地球平和憲章」を創る運動にも参加している。これらの「憲法と平和と子ども」に関わる論考を近々まとめる機会をもちたい。「人権としての教育」を深化、発展させたものにしたいと思っている。

なお本書の参考として、以下のものも参考にしていただければ幸いである。


堀尾「人権としての教育と国民の教育権〔再論〕」『日本の科学者』二〇一〇年三月。

同「安倍政権の教育政策――その全体像と私たちの課題」『法と民主主義』四八八号、二〇一四年五月。

同「戦後レジームからの脱却と教育基本法改正」東京大学大学院教育学研究科基礎教育学研究室紀要、二〇一五年七月。

同「人間にとって学ぶとは――教育の原点を問う」『総合人間学』二〇一七年。

同「国家・社会・教育構造の変化と教育理念の危機」『日本の科学者』二〇一九年一月。

同「憲法と教育――「戦後レジームからの脱却」の意味するもの」『人権と部落問題』部落問題研究所、二〇一九年四月。

同「いま、憲法を考える――9条の精神で地球憲章を！」『季論21』三七号、二〇一七年。

同「日本国憲法・教育基本法の理念と子どもの権利・学習権論の発展――戦後七五年の歴史のなかで」台湾教育基本法二〇周年記念講演、国立台北教育大学、二〇一九年六月二一日、東京大学大学院教育学研究科基礎教育学研究室紀要、二〇一九年、予定。

子どもの権利条約市民・NGOの会『日本における子ども期の貧困化――新自由主義と新国家主義のもとで』(日本語版・英語版)二〇一八年。

同『国連子どもの権利委員会　日本政府第四・五回統合報告書審査　最終所見――翻訳と解説』二〇一九年三月。

二〇一九年六月

堀尾輝久

解　説

世取山洋介

『人権としての教育』の成り立ちと骨格

堀尾輝久先生は、一九五五年に東京大学法学部政治学科を卒業後、東京大学大学院教育学研究科に進学し、博士課程を終えてから、東京大学、中央大学に在職、定年退職後も民主教育研究所代表、子どもの権利条約市民・ＮＧＯの会代表、９条地球憲章の会代表として、研究と運動の一線で活躍してこられた。

堀尾先生が法学部時代、通常であれば四年生からの参加しか許されない丸山眞男ゼミに三年生時から参加を許されたことは、堀尾先生を直接的、間接的に知る者のあいだではあまりにも有名な逸話である。また、そのまま法学研究科に進学するのではなく、人間形成それ自体をより自由に探求したいとの動機から教育学研究科を選んだこともよく知られている。

このような二つの逸話をもつ青年時代の堀尾先生は、大学院進学後、一方で、教育学関係者とのつながりをつくりつつ、他方で、法学部時代のつながりを拡大・深化させながら、良き出会いを通じて学んだことのうえに、本人の弁を借りれば「必死」の跳躍を重ねて、修士論文を一九五七年に、博士論文を一九六二年に完成させる。修士論文は、それをもとにして書かれた論文とともに一九八七年に『天皇制国家と教育――近代日本教育思想史研究』(以下、『天皇制国家と教育』)として、博士論文は、教育学研究科での指導教員であった勝田守一先生との共著論文である「国民教育における「中立性」の問題」(初出一九五八年、五九年)とともに、一九七一年に『現代教育の思想と構造』(以下、『思想と構造』)として、それぞれ青木書店と岩波書店から出版されている(なお、『思想と構造』は岩波オンデマンドブックスとして現在入手可能である)。

一九九一年に岩波書店から出版された本書『人権としての教育』(以下、本書九一年版)は、一九七七年に同じく岩波書店から出版された兼子仁先生との共著である『教育と人権』における堀尾先生の執筆部分を本論とし、それに八つの補論を加えて編まれていた。

本論は、堀尾先生が修士論文、博士論文と積み重ね、完成させてきた教育に関わる政治思想および政治哲学研究のうち、法解釈学の原理論に属するものをひとまとめにし、それを、「国民の学習権・教育権論」として提示する部分と、日本の教育法制の戦前から戦後への展開、そして、戦後における展開を一九四七年に制定された旧教育基本法を軸にして検討する部分とから構成されていた。補論として掲載されたのは、『思想と構造』において展開された教育の三重構造論をベースにして現在におけるあるべき公教育を論じる論稿、日本の最高裁大法廷が「観念」としておさえた「学習する固有の権利」を法解釈論に具体化する論稿、一九八〇年代以降に展開した子どもの人権を子どもの権利に対峙させて子どもの権利論を批判する議論への応答を示す論稿などであった。

堀尾先生が一九五〇年代後半から七〇年代前半にかけて確立した国民の学習権・教育権論は、政治思想と政治哲学という二つの次元の上に成り立っている。大まかに言えば、『天皇制国家と教育』の全体と『思想と構造』の前半部は政治思想の次元に、『思想と構造』の後半部と『教育と人権』の堀尾先生の担当部分は政治哲学の次元に属し、政治哲学の最上部に国民の学習権・教育権論が位置づいている。

堀尾先生の教育に関する政治思想と政治哲学の両次元の基底に座ってきたのは、青年マルクスが『ユダヤ人問題によせて』において示した、近代市民革命の成果である近代市民国家が経済的自由という利己的な自由の手段に貶められている――公民と人間の分裂と、アトム化、孤立させられた人間への公民の従属――のに対して、人間の類的存在としての性格を市民社会において回復すべきだとのテーゼであったと思われる。堀尾先生は、このマルクスのテーゼを院生時代の早い段階、つまり、その青年時代において吸収するばかりでなく、それを潜り抜けながら、二つの方向に発展させていく。まずは、人間の類的存在としての性格について国家が上から疑似的に実現する大衆国家を分析し、それを批判すること。次に、市民社会における人間の類的存在を回復するために、人権という概念を発展させるということである。

青年堀尾は、一九五七年に提出した修士論文において、なぜ戦前の日本において「臣民」に対して「公民」という理念が大正デモクラシー時に提起されながらも、「皇国民」というイデオロギーが支配的となったのかという問い、つまり、なぜ戦前の日本は西洋における大衆国家にさえ至らず、天皇制国家に転落したのかという問いと格闘する。西洋においては、労働者階級が対自的存在として姿を現し、資本家と労働者という「二つの国民」の対立が歴然とする段階に至り、国家が自ら「公民」というコンセプトに一定の価値を充塡し、それを労働者階級に内面化させながら、資本家による労働者の支配を崩壊せしめない範囲内で福祉を提供するという「大衆国家」、ないしは「福祉国家」が成立する。「二つの国民」の対立の歴然化という同じ事態を経験しながら、自由な個人と国家という二項対立を実現していない大日本帝国憲法下の日本においては、家長たる天皇への皇国民の忠孝を内容とする「皇国民」イデオロギーを全国民規模で浸透させる「天皇制国家」が出現する。

博士論文に至るプロセスは、一九五五年以降、教育において国家を復権させる政策を国が取るようになり、「公民」の内容を国家が積極的に充塡することなく、「公教育だから国家が管理するのは当然だとする国権論的公共性論」(補論Ⅳ)ないしは国民代表機関である国会が法律で決めさえすればいかようにも教育内容に介入できるとする「議会制民主主義論」に刺激されて展開している。青年堀尾は、修士論文では戦前日本を分析する座標軸として用いた大衆国家それ自体に切り込み、西洋型大衆国家における公教育が人権としての教育を実現するためのものではなかったことを分析し、西洋型大衆国家型公教育からは区別される公教育論の淵源を近代教育思想に見出し、それを継承するものとして労働者の自己教育の思想をたどる。そして、人間として成長発達するのに不可欠な学習を憲法によって保障される権利、すなわち学習権として提唱し、それを保障する公教育を、大衆国家型公教育と国権主義的公教育の双方に対峙させるに至ったのである。

なぜマルクスが新しい人権としての学習権という概念の誕生の契機となったのか、といぶかしがる読者も多いであろう。青年堀尾は、『ユダヤ人問題によせて』を人権一般の批判ではなく、表現の自由などの社会的関係を形成する権利に経済的自由を優位させる人権秩序の在り方を批判するものとして、そして、人間がその「類的存在」としての本質を取り戻すために表現の自由を含む社会的関係を形成する権利を活かすべきと主張するものとして、的確にも読み取ったのである。青年堀尾は、この提起を現代において教育という場面において現実のものとするために、あるいは、現にそこにある公教育を組み直すために、人一般の権利とは区別される子ども固有の権利、そして人間としての成長発達に不可欠な学習を人権として承認する学習権という概念を軸にする必要があると主張し、この概念に基づいて子ども、親、教師、学校、教育委員会そして国家の関係を包括的に再整理したのである。

国民の学習権・教育権論は、子どもに関わっては、子どもの成長発達に第一次的責任をもち、その責任の遂行にあたって外部からの干渉を排除する権利をもつ親が、その第一次的責任を共同して遂行する公共的な事業という公教育の原理的な把握を導き出す。それゆえ、親は公教育に子どもの教育を白紙委任しているわけではなく、家庭のプライバシーに属する事柄として宗教教育を中心とする徳育を保持し、時と場合によっては、公教育を拒否する権利をもちながら、なお、教育のプロセスに参加する権利をもつ者として位置づけられる。公教育においては、子ども期における人間の成長発達には法則性があるという事実に基づき、子ども・教師間のあるべき関係を、要求を提出する主体としての子どもと、要求に専門的に応答する専門家としての教師として同定し、このような関係への不干渉とこのような関係を実現する条件の整備の双方を、国家の義務・責任として導くことになる。

子どもの人間としての成長発達という観点から子どもと親、および、子どもと教師との関係に関わる原理を同定し、それを基礎にして、国家と〈子ども・親〉との関係、および、国家と〈子ども・教師〉との関係を規律する原理を導出するという構成は、「道徳哲学が政治哲学の背景および境界を設定する」(R・ノージック、W・キムリッカ)と表現される西洋政治哲学のスタイルそのものとなっている。教育の道徳哲学と教育の政治哲学とを区別して論じながら、これらを統合する国民の学習権・教育権論は、教育に関する哲学、あるいは、堀尾先生が目指してきた「教育思想・哲学」の全体的な構造を提示していると言えよう。

そして、国民の学習権が大人を射程に入れる場合には、この権利は、真実を知り、真実を探求する権利として再定位され、プレスの自由や学問の自由を見直す原理として位置づけなおされることになる。のみならず、外界に潜む法則性を把握し、それを適用して使用価値をもつ商品を生産するという、その本来的な意味での労働の担い手である労働者の教育に関わる権利を正当化する原理としても再定位される。

批判の構造

「国民の学習権・教育権論」は、一九七〇年には、当時の文部大臣による教科書検定の憲法適合性が争われた教科書検定訴訟の第二次訴訟東京地裁判決(杉本判決)においてほぼ全面的に取り入れられるという成果を、そして、一九七六年には、北海道学テ事件最高裁判所大法廷判決において最高裁をして憲法第二六条の背後には、学習する固有の権利という観念が存在する、と言わしめるという成果を収めることになった。

北海道学テ最高裁判決は、憲法第二六条において教育が人権として認められたことの意義が論じられた、初めての最高裁判決であった。この判決の国民の学習権・教育権論の反映は多岐にわたるのだが、その中でも最も基底にあるのは、「学習する権利」の確認の上に、子どもの教育の目的が端的に人間としての成長発達に求められ、国家的要請に基づく教育が慎重に排除されていることである。教育目的として人格の全面的発達が確認され、教育が「人権」として認められている以上、国家が議会制民主主義論のもと気ままに措定する価値はもとより、国家が措定する憲法的価値を国民に一方的に注入することは、あるべき法解釈論としては正面から是認できないことが示されている。

本書九一年版の元となった兼子仁先生との共著である『教育と人権』は、杉本判決と北海道学テ事件最高裁判決という成果をもたらした学的営為の全体像を示すものとなっていた。

しかし、一九八〇年代に入ると、法律学から、公教育をめぐる子ども・親・教師・国家の関係は学習権や教育権という子ども固有の権利や教育に関わる固有の権利に基づいて論じられるべきでなく、表現の自由などの一般人権に基づいて論じられるべきとの批判が「国民の学習権・教育権論」に提起されるようになる。そしてこれに乗じて教育学が批判をさらに拡大するという状況が生まれる。本書九一年版ではそれへの応答はわずかに〔補論Ⅱ〕「いま、なぜ子どもの人権か」において示されるにとどまり、「あとがき」において、さまざまな批判がかいつまんで紹介された上で、「これらはいずれも国民の学習権・教育権、あるいは子どもの権利と人権についての無理解に由るものといわざるをえない」という、学説批判の作法が守られていないことへの批判という形で、ごく短い応答が示されていた。それでもなお、このような批判はやむことはなく、継続、拡大していく。

諸批判を個々にみると、国民の学習権・教育権論と等価の全体的構造を示しているわけではない。また、国民の学習権・教育権論にイデオロギー批判を加えようとするものの、それらは経済的社会構成体の中での階級・階層間の利害対立の分析を伴っておらず、レッテル貼りに終わっていた。しかも、利害関係との関係における自らの論の立ち位置が明らかにされることもなかったのである。

もっとも、諸批判を総体として眺めてみると、それなりの全体的構造をもち、経済的社会構成体における利害関係と相当に密接な関係を有していることがわかる。一九八〇年代に出された国民の学習権・教育権論への批判は、国家が「公民」が内面化すべき価値を充塡し、そのような価値を人間に内面化させることを是認する点において共通していた。それまでの国家による公民の内容充塡のない国権主義的公教育論に替えて、国家による公民の内容充塡、特に憲法的価値の強制を是認する公民主義的公教育論を提示していたのである。そして、公教育における価値強制を是認したことに伴い、「自由」の出番が、親と子どもの「公教育からの自由」、例えば、公教育の一部を拒否する権利に焦点化されることになっていた。

だが、人権秩序の頂点に経済的自由が座るべきなのか否かという問題、あるいは、経済的自由と社会権とがどのように調整されるべきなのかという問題への応答が相当に多様であるという事実にも示されるように、憲法的価値も一義的に決まるものではない。ゆえに、強制的に内面化されるべき憲法的価値も国家によって決定されることになる。そして、強制されるべき価値とそうでない価値とを区別するラインを明確にできない以上、「公教育における自由」、すなわち、子どもと親が声を上げる自由、それに教師が耳を傾け、要求の具体的内容を確定し、それに応える教育活動を考え、実行する自由は国家権力によって次第に浸食され、「軒先を貸して母屋を乗っ取られる」という事態に必ず帰結する。

このような諸批判の総体としての構造を一九八〇年代中盤以降の政治状況のもとにおけば、構造改革ないしは新自由主義教育改革のもとで展開してきた、教育における競争を再組織化するための教育の商品化と国家の教育内容統制の一層の強化、および、国家による新しい国民統合の紐帯の構築という政策に関して、前者を黙認し、後者に貢献するものとなっていることがわかる。論者の主観的な意図にかかわらず、それは、一九八〇年代中盤以降開始された教育改革を後押しするイデオロギーとなっていたといえよう。

『人権としての教育』の普遍的意義とその継承・発展

今年、二〇一九年に復刻される本書(以下、単に、本書)では本書九一年版にあった八つの補論のうち三つが削られ、新たに二つの追補がなされている。これらでは、本書九一年版において示されていたごく短い応答に代わる本格的な応答が示され、あるいは、一九八〇年代中盤から「教育の自由化論」を口火として開始され、二〇〇六年の新教育基本法の制定に結実し、それ以降も展開する新自由主義教育改革への批判が公共性論という切り口から論じられている。

本書の各章と補論を読めば、国民の学習権・教育権論の「限界」を論じる時期ではまだない、ということは了解できよう。

例えば、「貧困家庭の児童」の問題をも扱う一九六〇年に公にされた論稿である「児童憲章とその問題点」(〔補論Ⅰ〕)における「親の権利の実現と切り離して子どもの権利を要求し、現実の社会環境から隔離されたところに子どもの「よい環境」を望むことはおひとよしのセンチメンタリズムか、さもなくばまやかしであるといえよう」という六〇年も前の一文は、現在における政策と議論の状況を見て書いたかのようである。貧困の連鎖からの脱出という旗印のもとに、貧困家庭の子どもの受験学力形成に焦点を置く昨今の政策の問題点を射抜いているだけでなく、貧困家庭の子どもの問題を「子どもの貧困」として論じる現在の言説の曖昧さをも衝いている。

また、新教育基本法のもとでの国家の教育統制を、「教育国家」から「教育企業国家」

への変容、そして、「国権論的公共性論」の「国家的公共性論」による包摂としてとらえ、「市民的(人権論的)公共性論」を対峙させていることに(追補「憲法と新・旧教育基本法」)、大衆国家型公教育との対決を済ませている国民の学習権・教育権論の変わらぬ切れ味の良さが示されている。

本書を読み終わった後に立てられるべきなのは「なぜ古くなったのか」という問いではなく、国民の学習権・教育権論は「なぜ今でも新しいのか」という問いとなるはずである。この問いへの私の答えを示せば、次のようになる。

その理由の第一は、子どもの人間としての成長発達という事実から、〈子ども・親〉関係と〈子ども・教師〉関係を規律する道徳的原理を導き出し、それを可能にする措置を取るべきこと、あるいはそれを不能にする措置を取るべきでないことを国家に命じるというスタイルを採用していることにある。理由の第二は、国家による上からの疑似的共同性の強要を、それがいかなる原理に基づくものであれ拒絶し、あくまでも、子どもの権利を実現する人間関係を当事者が選び取りながら下から共同性を実現するというスタイルを採用していることに求められる。

子どもと親と教師、それに研究者も加わりながら、子どもの発達の法則性を明らかにする「発達教育学」(堀尾輝久『人間形成と教育』岩波書店、一九九一年)が実践を通して発展させられていき、それに応じて子ども・親・教師間のあるべき道徳的関係が革新され、さらには国家の条件整備義務の在り方も改革されていく。つまり、人間の成長発達の法則性の共同的探究を通じて、教育に関する道徳哲学と政治哲学における「べき」を導出し、革新するという論理を構造的に示したことに、国民の学習権・教育権論の普遍的意義があるのだ、というのが私の答えとなる。

本書の「あとがき」で堀尾先生は、国民の学習権・教育権論を言わば棚上げするという昨今の流れに対して、それは現在の政府主導の教育改革を追認、黙認することに他ならないという趣旨の短い指摘を行っている。国民の学習権・教育権論を取り巻く状況が、研究者の学説批判における無作法から研究者自身の主体的危機にまで進行していることに深い懸念が示されているとも言える。

もっとも、この短い指摘は、ことの一面を正確に言い当てるものではあっても、その全体を叙述するものではない。

「自分はなぜ公教育でつらい思いをしたのか」、「なぜ自分の学びたいという要求が満たされてこなかったのか」という問いを自覚した青年が、この問いと学的に向き合い、公教育をどのように改革すべきかを論じるという流れは着実に育っている。彼らは青年堀尾がみせた必死の跳躍に驚き、それへのあこがれを未来への原動力としながら、国民の学習権・教育権論を継承、発展させる研究を旺盛に展開している。

教育条件整備・教育財政の研究では「子どもの発達の必要を充足する」ということを

原理に据えることが前提になっている。教師の労働条件を教育条件としておさえ、教育労働の固有性を守り、育てようとする教育労働法研究も再生してきている。そして、親の拒否権と親の学校参加権との関係や「公教育における自由」に関わる、より洗練された議論も展開されるようになっている。

新しい世代の要求をともに探り、確認し、この要求をともに育み、その実現を探求する。国民の学習権・教育権論の深奥に座り、そして、青年堀尾が体験したはずの「教育の原理」が、今、大学院までをも含む青年期の教育にあたるすべての教師によって自覚されなければならないのだろう。

本書の解説の域を超えるところにまで来てしまったようである。本書の復刻をきっかけに、「国民の学習権・教育権論がなぜ今でも新しいのか」、「それはどのように継承、発展されるべきなのか」という問いが広く共有され、優れた答えが示されるべきなのだと述べて、解説を終えることにしたい。

(教育法研究者)

本書は一九九一年三月、同時代ライブラリー『人権としての教育』として岩波書店より刊行された。岩波現代文庫収録にあたり、補論の一部を割愛し、新たに二つの論考を追補した。

人権としての教育

2019年8月20日　第1刷発行

著　者　堀尾輝久《ほりおてるひさ》

発行者　岡本　厚

発行所　株式会社　岩波書店
〒101-8002 東京都千代田区一ツ橋2-5-5
案内 03-5210-4000　営業部 03-5210-4111
https://www.iwanami.co.jp/

印刷・精興社　製本・中永製本

© Teruhisa Horio 2019

ISBN 978-4-00-600410-1　　Printed in Japan

岩波現代文庫の発足に際して

新しい世紀が目前に迫っている。しかし二〇世紀は、戦争、貧困、差別と抑圧、民族間の憎悪等に対して本質的な解決策を見いだすことができなかったばかりか、文明の名による自然破壊は人類の存続を脅かすまでに拡大した。一方、第二次大戦後より半世紀余の間、ひたすら追い求めてきた物質的豊かさが必ずしも真の幸福に直結せず、むしろ社会のありかたを歪め、人間精神の荒廃をもたらすという逆説を、われわれは人類史上はじめて痛切に体験した。

それゆえ先人たちが第二次世界大戦後の諸問題といかに取り組み、思考し、解決を模索したかの軌跡を読みとくことは、今日の緊急の課題であるにとどまらず、将来にわたって必須の知的営為となるはずである。幸いわれわれの前には、この時代の様ざまな葛藤から生まれた、人文、社会、自然諸科学をはじめ、文学作品、ヒューマン・ドキュメントにいたる広範な分野のすぐれた成果の蓄積が存在する。

岩波現代文庫は、これらの学問的、文芸的な達成を、日本人の思索に切実な影響を与えた諸外国の著作とともに、厳選して収録し、次代に手渡していこうという目的をもって発刊される。いまや、次々に生起する大小の悲喜劇に対してわれわれは傍観者であることは許されない。一人ひとりが生活と思想を再構築すべき時である。

岩波現代文庫は、戦後日本人の知的自叙伝ともいうべき書物群であり、現状に甘んずることなく困難な事態に正対して、持続的に思考し、未来を拓こうとする同時代人の糧となるであろう。

（二〇〇〇年一月）

G349
〈物語と日本人の心〉コレクションⅥ 定本 昔話と日本人の心
河合隼雄
河合俊雄編

ユング心理学の視点から、昔話のなかに日本人独特の意識を読み解く。著者自身による解題を付した定本。〈解説〉鶴見俊輔

G350
改訂版 なぜ意識は実在しないのか
永井均

「意識」や「心」が実在すると我々が感じる根拠とは？ 古くからの難問に独在論と言語哲学・分析哲学の方法論で挑む。進化した永井ワールドへ誘う全面改訂版。

G351-352
定本 丸山眞男回顧談(上・下)
松沢弘陽
植手通有
平石直昭編

自らの生涯を同時代のなかに据えてじっくりと語りおろした、昭和史の貴重な証言。読解に資する注を大幅に増補した決定版。下巻に人名索引、解説(平石直昭)を収録。

G353
宇宙の統一理論を求めて
―物理はいかに考えられたか―
風間洋一

太陽系、地球、人間、それらを造る分子、原子、素粒子。この多様な存在と運動形式をどのように統一的にとらえようとしてきたか。科学者の情熱を通して描く。

G354
トランスナショナル・ジャパン
―ポピュラー文化がアジアをひらく―
岩渕功一

一九九〇年代における日本の「アジア回帰」を通して、トランスナショナルな欲望と内向きのナショナリズムとの危うい関係をあぶり出した先駆的研究が最新の論考を加えて蘇る。

G355
ニーチェかく語りき
三島憲一

ニーチェを後世の芸術家や思想家はどう読んだのか。ハイデガーや三島由紀夫らが共感した言葉を紹介し、ニーチェ読解の多様性を論ずる。岩波現代文庫オリジナル版。

G356
江戸の酒 ―つくる・売る・味わう―
吉田元

酒づくりの技術が確立し、さらに洗練されていった江戸時代の、日本酒をめぐる歴史・社会・文化を、史料を読み解きながら精細に描き出す。〈解説〉吉村俊之

G357
増補 日本人の自画像
加藤典洋

日本人というまとまりの意識によって失われたものとは何か。開かれた共同性に向けた、「内在」から「関係」への〝転轍〟は、どのようにして可能となるのか。

G358
自由の秩序 ―リベラリズムの法哲学講義―
井上達夫

「自由とは何か」を理解するには、「自由」を可能にする秩序を考えなくてはならない。法哲学の第一人者が講義形式でわかりやすく解説。

G359-360
「萬世一系」の研究（上・下） ―「皇室典範的なるもの」への視座―
奥平康弘

新旧二つの皇室典範の形成過程を歴史的に検証、日本国憲法下での天皇・皇室のあり方について議論を深めるための論点を提示する。〈解説〉長谷部恭男（上）、島薗進（下）

2019. 8

岩波現代文庫[学術]

G361
日本国憲法の誕生 増補改訂版
古関彰一

第九条制定の背景、戦後平和主義の原点を見つめながら、現憲法制定過程で何が起きたかを解明。新資料に基づく知見を加えた必読書。

G363
語る藤田省三
―現代の古典をよむということ―
竹内光浩
本堂明
武藤武美 編

ラディカルな批評精神をもって時代に対峙し続けた「談論風発」の人・藤田省三。その鮮烈な「語り」の魅力を再現する。岩波現代文庫オリジナル版。〈解説〉宮村治雄

G364
レヴィナス
―移ろいゆくものへの視線―
熊野純彦

レヴィナスが問題とした「時間」「所有」「他者」とは何か？ 難解といわれる二つの主著のテクストを丹念に読み解いた名著。〈解説〉佐々木雄大

G365
靖国神社
―「殉国」と「平和」をめぐる戦後史―
赤澤史朗

戦没者の「慰霊」追悼の変遷を通して、国家観・戦争観・宗教観こそが靖国神社をめぐる最大の争点であることを明快に解き明かす。〈解説〉西村明

G366
貧困と飢饉
アマルティア・セン
黒崎卓
山崎幸治 訳

世界各地の「大飢饉」の原因は、食料供給量の不足ではなく人々が食料を入手する権原(能力と資格)の剝奪にあることを実証した画期的な書。

2019.8

岩波現代文庫［学術］

G367
アイヒマン調書
―ホロコーストを可能にした男―
ヨッヘン・フォン・ラング編
小俣和一郎訳

ナチスによるユダヤ人殺戮のキーマン、アイヒマン。八カ月、二七五時間にわたる尋問調書から浮かび上がるその人間像とは？〈解説〉芝 健介

G368
新版 はじまりのレーニン
中沢新一

西欧形而上学の底を突き破るレーニンの唯物論はどのように形成されたのか。ロシア革命一〇〇年の今、誰も書かなかったレーニン論が蘇る。

G369
歴史のなかの新選組
宮地正人

信頼に足る史料を駆使して新選組のリアルな実像に迫り、幕末維新史のダイナミックな構造の中でとらえ直す、画期的〝新選組史論〟。「浪士組・新徴組隊士一覧表」を収録。

G370
新版 漱石論集成
柄谷行人

思想家柄谷行人にとって常に思考の原点であった漱石に関する評論、講演録等を精選し、集成。同時代の哲学・文学との比較など多面的な切り口からせまる漱石論の決定版。

G371
ファインマンの特別講義
―惑星運動を語る―
D.L.グッドスティーン
J.R.グッドスティーン
砂川重信訳

知られざるファインマンの名講義を再現。三角形の合同・相似だけで惑星の運動を説明。再現にいたる経緯やエピソードも印象深い。

G372
ラテンアメリカ五〇〇年
―歴史のトルソー―
清水　透

ヨーロッパによる「発見」から現代まで、約五〇〇年にわたるラテンアメリカの歴史を、独自の視点から鮮やかに描き出す講義録。

G373
〈仏典をよむ〉1 ブッダの生涯
中村　元
前田專學監修

誕生から悪魔との闘い、最後の説法まで、ブッダの生涯に即して語り伝えられている原始仏典を、仏教学の泰斗がわかりやすくよみ解く。〈解説〉前田專學

G374
〈仏典をよむ〉2 真理のことば
中村　元
前田專學監修

原始仏典で最も有名な「法句経」、仏弟子たちの「告白」、在家信者の心得など、人の生きる指針を説いた数々の経典をわかりやすく解説。〈解説〉前田專學

G375
〈仏典をよむ〉3 大乗の教え(上)
―般若心経・法華経ほか―
中村　元
前田專學監修

『般若心経』『金剛般若経』『維摩経』『法華経』『観音経』など、日本仏教の骨格を形成した初期の重要な大乗仏典をわかりやすく解説。〈解説〉前田專學

G376
〈仏典をよむ〉4 大乗の教え(下)
―浄土三部経・華厳経ほか―
中村　元
前田專學監修

浄土教の根本経典である浄土三部経、菩薩行を強調する『華厳経』、護国経典として名高い『金光明経』など日本仏教に重要な影響を与えた経典を解説。〈解説〉前田專學

G377
済州島四・三事件
―「島〈タムナ〉のくに」の死と再生の物語―
文京洙

一九四八年、米軍政下の朝鮮半島南端・済州島で多くの島民が犠牲となった凄惨な事件。長年封印されてきたその実相に迫り、歴史と真実の恢復への道程を描く。

G378
平面論
―一八八〇年代西欧―
松浦寿輝

イメージの近代は一八八〇年代に始まる。さまざまな芸術を横断しつつ、二〇世紀の思考の風景を決定した表象空間をめぐる、チャレンジングな論考。〈解説〉島田雅彦

G379
新版 哲学の密かな闘い
永井均

人生において考えることは闘うこと――哲学者・永井均の、「常識」を突き崩し、真に考える力を養う思考過程がたどれる論文集。

G380
ラディカル・オーラル・ヒストリー
―オーストラリア先住民アボリジニの歴史実践―
保苅実

他者の〈歴史実践〉との共奏可能性を信じ抜く――それは、差異と断絶を前に立ち竦む世界に、歴史学がもたらすひとつの希望。〈解説〉本橋哲也

G381
臨床家 河合隼雄
谷川俊太郎
河合俊雄編

多方面で活躍した河合隼雄の臨床家としての姿を、事例発表の記録、教育分析の体験談、インタビューなどを通して多角的に捉える。

2019. 8

岩波現代文庫[学術]

G382
思想家 河合隼雄
中沢新一
河合俊雄編
心理学の枠をこえ、神話・昔話研究から日本文化論まで広がりを見せた河合隼雄の著作。多彩な分野の識者たちがその思想を分析する。

G383
河合隼雄語録
カウンセリングの現場から
河合隼雄
河合俊雄編
京大の臨床心理学教室での河合隼雄のコメント集。臨床家はもちろん、教育者、保護者などにも役立つヒント満載の「こころの処方箋」。〈解説〉岩宮恵子

G384
新版 占領の記憶 記憶の占領
―戦後沖縄・日本とアメリカ―
マイク・モラスキー
鈴木直子訳
日本にとって、敗戦後のアメリカ占領は何だったのだろうか。日本本土と沖縄、男性と女性の視点の差異を手掛かりに、占領文学の時空間を読み解く。

G385
沖縄の戦後思想を考える
鹿野政直
苦難の歩みの中で培われてきた曲折に満ちた沖縄の思想像を、深い共感をもって描き出し、沖縄の「いま」と向き合う視座を提示する。

G386
沖縄の淵
―伊波普猷とその時代―
鹿野政直
「沖縄学」の父・伊波普猷。民族文化の自立と従属のはざまで苦闘し続けたその生涯と思索を軸に描き出す、沖縄近代の精神史。

2019. 8

岩波現代文庫［学術］

G387
『碧巌録』を読む
末木文美士

「宗門第一の書」と称され、日本の禅に多大な影響をあたえた禅教本の最高峰を平易に読み解く。「文字禅」の魅力を伝える入門書。

G388
永遠のファシズム
ウンベルト・エーコ
和田忠彦訳

ネオナチの台頭、難民問題など現代のアクチュアルな問題を取り上げつつファジーなファシズムの危険性を説く、思想的問題提起の書。

G389
自由という牢獄
―責任・公共性・資本主義―
大澤真幸

大澤自由論が最もクリアに提示される主著が文庫に。自由の困難の源泉を探り当て、その新しい概念を提起。河合隼雄学芸賞受賞作。

G390
確率論と私
伊藤清

日本の確率論研究の基礎を築き、多くの俊秀を育てた伊藤清。本書は数学者になった経緯や数学への深い思いを綴ったエッセイ集。

G391-392
幕末維新変革史（上・下）
宮地正人

世界史的一大変革期の複雑な歴史過程の全容を、維新期史料に通暁する著者が筋道立てて描き出す、幕末維新通史の決定版。下巻に略年表・人名索引を収録。

2019. 8

岩波現代文庫[学術]

G393
不平等の再検討
―潜在能力と自由―
アマルティア・セン
池本幸生
野上裕生 訳
佐藤仁

不平等はいかにして生じるか。所得格差の面からだけでは測れない不平等問題を、人間の多様性に着目した新たな視点から再考察。

G394-395
墓標なき草原(上・下)
―内モンゴルにおける文化大革命・虐殺の記録―
楊海英

文革時期の内モンゴルで何があったのか。体験者の証言、同時代資料、国内外の研究から、隠蔽された過去を解き明かす。司馬遼太郎賞受賞作。〈解説〉藤原作弥

G396
過労死・過労自殺の現代史
―働きすぎに斃れる人たち―
熊沢誠

ふつうの労働者が死にいたるまで働くことによって支えられてきた日本社会。そのいびつな構造を凝視した、変革のための鎮魂の物語。

G397
小林秀雄のこと
二宮正之

自己の知の限界を見極めつつも、つねに新たな知を希求し続けた批評家の全体像を伝える本格的評論。芸術選奨文部科学大臣賞受賞作。

G398
反転する福祉国家
―オランダモデルの光と影―
水島治郎

「寛容」な国オランダにおける雇用・福祉改革と移民排除。この対極的に見えるような現実の背後にある論理を探る。

2019.8

岩波現代文庫［学術］

G399
テレビ的教養
―一億総博知化への系譜―
佐藤卓己

「一億総白痴化」が危惧された時代から約半世紀。放送教育運動の軌跡を通して、〈教養のメディア〉としてのテレビ史を活写する。〈解説〉藤竹 暁

G400
ベンヤミン
―破壊・収集・記憶―
三島憲一

二〇世紀前半の激動の時代に生き、現代思想に大きな足跡を残したベンヤミン。その思想と生涯に、破壊と追憶という視点から迫る。

G401
新版 天使の記号学
―小さな中世哲学入門―
山内志朗

世界は〈存在〉という最普遍者から成る生地の上に性的欲望という図柄を織り込む。〈存在〉のエロティシズムに迫る中世哲学入門。〈解説〉北野圭介

G402
落語の種あかし
中込重明

博覧強記の著者は膨大な資料を読み解き、落語成立の過程を探り当てる。落語を愛した著者面目躍如の種あかし。〈解説〉延広真治

G403
はじめての政治哲学
デイヴィッド・ミラー
山岡龍一
森 達也 訳

哲人の言葉でなく、普通の人々の意見・情報を手掛かりに政治哲学を論じる。最新のものまでカバーした充実の文献リストを付す。〈解説〉山岡龍一

2019. 8

岩波現代文庫［学術］

G404
象徴天皇という物語
赤坂憲雄

この曖昧な制度は、どう思想化されてきたのか。天皇制論の新たな地平を切り拓いた論考が、新稿を加えて、平成の終わりに蘇る。

G405
5分でたのしむ数学50話
エアハルト・ベーレンツ
鈴木 直訳

5分間だけちょっと数学について考えてみませんか。新聞に連載された好評コラムの中から選りすぐりの50話を収録。〈解説〉円城 塔

G406
デモクラシーか 資本主義か
―危機のなかのヨーロッパ―
J・ハーバーマス
三島憲一編訳

現代屈指の知識人であるハーバーマスが、最近十年のヨーロッパの危機的状況について発表した政治的エッセイやインタビューを集成。現代文庫オリジナル版。

G407
中国戦線従軍記
―歴史家の体験した戦場―
藤原 彰

一九歳で少尉に任官し、敗戦までの四年間、最前線で指揮をとった経験をベースに戦後の戦争史研究を牽引した著者が生涯の最後に残した「従軍記」。〈解説〉吉田 裕

G408
ボンヘッファー
―反ナチ抵抗者の生涯と思想―
宮田光雄

反ナチ抵抗運動の一員としてヒトラー暗殺計画に加わり、ドイツ敗戦直前に処刑された若きキリスト教神学者の生と思想を現代に問う。

2019. 8

岩波現代文庫[学術]

G409

普遍の再生

—リベラリズムの現代世界論—

井上達夫

平和・人権などの普遍的原理は、米国の自国中心主義や欧州の排他的ナショナリズムにより、いまや危機に瀕している。ラディカルなリベラリズムの立場から普遍再生の道を説く。

G410

人権としての教育

堀尾輝久

『人権としての教育』(一九九一年)に「「国民の教育権と教育の自由」論再考」と「憲法と新・旧教育基本法」を追補。その理論の新しさを提示する。〈解説〉世取山洋介

2019.8